国家社会科学基金教育一般课题
"师范生专业能力分阶行为指标及学习支持体系研究"（BIA160138）研究成果

师范生专业能力与学习支持系统

Structured Professional Competence and
Learning Support System for Pre-service Teachers

吴卫东　胡　敏　潘瑶珍／著

科学出版社
北　京

内 容 简 介

本书聚焦师范生素养构成中的能力要素，构建了基于"素养-工作逻辑"的师范生专业能力的结构模型，包括基于未来的原能力和基于现实的胜任力。根据"二元能力"框架开发了师范生专业能力分阶行为指标体系以及相应的学习支持系统。在此基础上，将师范生的专业能力结构模型和行为指标体系应用于卓越师范生的培养，探讨了基于能力诊断的卓越师范生的培养过程与培养模式。本书结合理论研究和实践研究，期望寻找途径或可操作的范式，引领师范生朝着优秀教师的目标成长。

本书可以作为师范生成长的指导用书和在职新教师自我成长用书，也可作为新入职教师培训参考用书。

图书在版编目（CIP）数据

师范生专业能力与学习支持系统 / 吴卫东，胡敏，潘瑶珍著. —北京：科学出版社，2021.6
ISBN 978-7-03-069126-2

Ⅰ. ①师… Ⅱ. ①吴… ②胡… ③潘… Ⅲ. ①高等师范教育-师资培养-研究-中国 Ⅳ. ①G655.2

中国版本图书馆 CIP 数据核字（2021）第 109257 号

责任编辑：崔文燕 / 责任校对：杨 然
责任印制：李 彤 / 封面设计：有道文化

科 学 出 版 社 出版
北京东黄城根北街 16 号
邮政编码：100717
http://www.sciencep.com

北京建宏印刷有限公司 印刷
科学出版社发行 各地新华书店经销

*

2021 年 6 月第 一 版　开本：720×1000　1/16
2021 年 6 月第一次印刷　印张：14 1/4
字数：260 000
定价：99.00 元
（如有印装质量问题，我社负责调换）

前　言

探索教师专业成长一直是我的职业生涯中最重要的研究旨趣与研究内容。多年来，在对教师专业能力及其行为表现的研究中，我总在思考：一个优秀的教师究竟是如何成长起来的？他们的起点和到达目标的过程中的每一个阶段都有哪些特点和差异？我的工作让我有很多机会接触到一线中小学名师。我对他们成长的经历了解得越多，就越注意到一个令人惊讶的现象——成为优秀教师的人大多不是在匀速运动中"磨"出来的，而是最初就具有爆发力和持久性。当我去追寻他们的成长起点时，我更加清晰地认识到，新教师起跑的爆发力源于师范教育所给予的底蕴，正是他们成长的初始状态给予他们迅速生长的力量，在众多的同行中脱颖而出。这正如婴幼儿的成长具有关键期一般，如果在0—3岁没有打好情感、思维、语言的底色，错过了发展的关键时期，日后在形成社会性、思维品质及语言能力等方面便会遇到重重困难。教师也是如此，正如1996年国际教育大会第45届会议提出的建议书《加强教师在多变世界中的作用之教育》指出的："应该对刚开始从事教师职业的教师给予特别的关注，因为他们的最初职位及他们将要进行的工作，对其以后的培训和职业具有决定性的影响。"如果在参加工作的前三年不能很快进入教师角色，那么在以后的时日里，大部分教师只能成为"教书匠"，而很难成为优秀教师。如果把教师的成长比作一座大厦的话，那么师范教育就是奠基的工程，教师的许多基本素养是在职前教育这一成长的关键期中积淀的，每一位新教师都是在师范教育中获得了成长的基石。

就我自身的职业和研究经历而言，从事教师的职业后培训工作让我开始关注教师专业发展的基本规律以及教师成长的关键能力和必备品格，并意识到教师的个人知识和认知风格是影响教师教育教学效能的关键因素。在开展优秀教师和新手教师比较研究的过程中，我发现了教师从业潜能的重要性，与此同时，我的职业生涯也从职业后的培训转向师范生的职前培养，让我有机会从教师职业后的发展状态反观师范生职前培养的得与失，进而在实践中进行不断的改革与创新。

行动研究是我比较推崇的研究范式，因为它是一种对行动的研究，为了行动的研究，也是在行动中开展的研究。2015年，我在德国帕绍大学访学期间，对德国教师培养的职业潜能诊断、角色定位见习、"三明治"式的导师陪伴实习等创新性的教师教育模式充满了好奇，对师范教育中师范生成长为优秀教师的奠基工程深深着迷，回国后开启了卓越教师培养的理论研究与实践探索。在课题长达四年的研究中，我们聚焦师范生素养构成中的能力要素，构建了基于"素养-工作逻辑"的师范生专业能力的结构模型，它包括基于未来的原能力和基于现实的胜任力两部分。原能力主要指向个体的内在素养，胜任力主要指向外在的岗位需求。这两类能力互相支撑、互相影响，原能力可以通过岗位实践外化为胜任力，胜任力又可以通过感悟沉淀为原能力，两者阴阳相济，内外相补，通过修炼与实践获得发展。在此基础上，我们不仅对各项能力维度的概念进行了界定，而且对每一项能力的专业行为指标进行了细分，对师范生专业能力成长的教学支持体系做出了探索。

为了在实践中应用我们的专业能力结构模型和行为指标体系，并且使之获得修正与完善，我们连续5年组建"国际化卓越教师培养创新实验班"，将理论研究成果直接应用于师范生的培养工作。我们期望能够找到途径或者可操作的范式，引领我们的师范生向着优秀教师的目标成长，也期望他们真正获得持续的原动力，支撑他们一路披荆斩棘，永葆教学的热情，收获丰硕的果实。

研究与写作的过程是漫长而曲折的，但是每一次讨论与交流都让我们觉得充满力量；每前进一小步都让我们感到兴奋又充满期待。正如我们希望本课题的研究成果能够为教师的专业成长带来清晰而明确的指导与助益，我们的每一位成员在此过程中也获得了对自身教师角色和专业能力的重新认识。本书是课题小组成员倾力研究的成果和结晶。何伟强老师是卓越班坚忍不拔的践行者，他作为励志导师，每天坚持陪伴学生日课，在晨跑、晨读中磨炼学生的毅力，终使卓越班成为省内教师教育的品牌；邵艳红老师对师范生潜能诊断情有独钟，对卓越师范生潜能诊断的工具进行了量化分析；胡敏老师关注德国师范生的实习环节，翻译并撰写了与德国教师教育相关的所有章节，完成了国家级项目结题所有烦琐的工作；

潘瑶珍老师远在美国，认真梳理了我国师范教育课程体系发展的逻辑脉络，为师范专业认证理念下的课程体系建构奠定了扎实的基础，她绘制了全书的所有图表并进行统稿，终使毛坯的书稿能清晰地呈现给读者。本书可以作为师范生成长指导用书和在职新教师自我成长用书，也可以作为新教师培训的参考用书。

为了更好地呈现研究成果，本书设计了六章内容：第一章绪论，主要探讨本书研究的缘起和意义、研究的问题与研究设计（吴卫东）；第二章师范生的专业能力，主要探讨了多元视域的教师角色、政策维度的教师专业标准、学术视域的教师能力和师范生的专业能力结构（吴卫东、胡敏）；第三章师范生专业能力分阶行为指标，主要探讨师范生专业能力分阶行为的德国研究以及基于"二元能力"的分阶行为指标体系（吴卫东、胡敏、潘瑶珍）；第四章基于专业能力的学习支持系统，主要探讨师范生的课程体系、实践教学体系以及教师专业发展学校建设的浙江经验（潘瑶珍、胡敏、吴卫东）；第五章卓越师范生培养的个案研究，主要探讨卓越师范生的选拔、卓越师范生的培养目标、模式与过程（吴卫东、胡敏、潘瑶珍）；第六章结语，主要讨论了本书研究的主要困惑和研究的未来走向（吴卫东）。

本书研究的创新之处主要有四个方面。①选题的前瞻性与探索性。虽然各国都在开展教师专业标准的研究，但是用合格教师的专业标准作为衡量师范生专业能力的要求容易挫伤师范生的专业自信，本书研究首次关注了师范生专业能力行为指标体系的构建，使师范生的成长可对照可视化、可操作的行为要求，促进师范生的实践活动得以标准化、科学化。②研究构思的逻辑性和缜密性。本书研究首先从元分析研究开始，以教师的"工作逻辑"作为师范生专业能力的逻辑起点，通过与德国帕绍大学教师教育中心研究团队的合作，在教学这一关键能力点上讨论什么是好的教学，然后提炼支持好教学的教师能力以及行为指标，构建起相适应的学习支持系统。通过卓越师范生的培养与成长进行修正，研究思路缜密，逻辑性强。③研究方法的科学性与针对性。本书研究属于综合研究项目，既需要梳理已有的教育研究成果，尤其是元分析的研究成果，同时需要采用大样本问卷调查的定量研究方法，并辅以德尔菲法等定性研究方法。不同的研究内容采用具有针对性的研究方法，以保证研究结果的效度与信度。④研究资源的多元性与国际性。本书研究资源较为丰富，有一个项目平台、一个基地平台和一个中德合作平台。"基于国际视野的 APP 卓越中学教师培养项目"是本书研究的项目平台；浙江外国语学院"国际化卓越教师培养创新实验班"是本书研究的基地平台；与德国帕绍大学教师教育中心研究团队的合作是本书研究的中德合作平台。这些平台既是本书的特色之处，同时也为研究的开展提供了支持。

在写本书的前言时，我恰好收到了令人振奋的消息，我们第一届卓越师范班的一位学生获得了省中小学青年教师教学竞赛的特等奖。我感到无比欣慰和自豪。在对已毕业的卓越师范生进行回访与跟踪的过程中，我们清晰地看到了他们迅速成长的足迹，在年轻教师的群体中，他们耀眼而璀璨。我们坚信，这正是本书研究的价值与意义所在。

课题的研究和著作的完成得到了多方的帮助与支持。如果没有德国帕绍大学赛伯特教授团队让我们经历师范生潜能诊断的全过程，就不会打开我们研究师范生培养的视野；如果没有麦格特夫劳教授团队对师范生分阶行为的理性思考与实践探索，就不可能有该课题本土化的研究；如果没有福克斯博士师范生实习体系的架构，就无法引发我们对卓越师范生项目的浓厚兴趣。课题组衷心感谢田正平教授、陈洪捷教授、张斌贤教授、宣勇教授、洪岗教授、刘力教授亲历本课题的开题报告与结题的同行反馈论证，不仅为本课题提出了富有创见性的研究思路，而且为本课题研究成果的咨政价值与未来研究的拓展指明了方向。

世界的未来依赖于我们的教师，教和学是人类所有追求中最崇高、最迫切需要的！教师能够把原能力和胜任力整合于教学中，在与自我、学生、学科的密切联系中彰显生命成长的本质时，就能够发挥出惊人的教育力量。我们期望本书能够帮助师范生和新教师获得成长的深厚的基石，透过原能力的强健成长，获得卓越的胜任力，走出一条迷人的教与学的旅途。

吴卫东
于杭州桃源小镇
2020 年 12 月 18 日

目　　录

前言

第一章　绪论 ·· 1

第二章　师范生的专业能力 ··· 19
 第一节　多元视域的教师角色 ·· 21
 第二节　政策维度的教师专业标准 ··· 28
 第三节　学术视域的教师能力 ·· 36
 第四节　师范生的专业能力 ·· 47

第三章　师范生专业能力分阶行为指标 ····································· 61
 第一节　一项来自德国的研究 ·· 63
 第二节　基于"二元能力"的分阶行为指标 ··························· 70

第四章　基于专业能力的学习支持系统 ····································· 87
 第一节　师范生的课程体系建构 ·· 89
 第二节　师范生的实践教学体系 ·· 97
 第三节　教师发展学校建设的浙江经验 ······························· 107

第五章　卓越师范生培养的个案研究 ······································· 129
 第一节　卓越师范生的选拔 ·· 131
 第二节　卓越师范生的"三实三能"培养目标 ····················· 144
 第三节　卓越师范生的培养模式和培养过程 ······················· 154

第六章　结语 ··· 161
第一节　本书研究的主要困惑 ···························· 163
第二节　研究的未来走向 ································· 171

附录 ·· 183
附录 1　师范生专业能力分阶行为指标调查问卷 ········ 185
附录 2　德国教师教育改革与发展研究 ··················· 186
附录 3　帕绍大学的 PArcours 课程 ······················· 204
附录 4　浙江外国语学院国际化卓越教师培养创新实验班
成长手册 ··· 205

第一章

绪　论

2018年9月世界银行发布的《2018年世界发展报告：学习——实现教育的承诺》指出，全球教育中学习面临危机，而学习危机的直接原因之一是教师往往缺乏进行有效教学的技能或动力。[①]该报告还指出，教师是影响在校学习效果的最重要的因素，而几乎在所有国家，立志成为教师的15岁学生在PISA[②]评估中的平均得分都低于国家平均分。这是基于现实发出的全球范围内对教师教育的深深担忧。

改革开放40多年来，尽管我国教师教育取得了很大成就，但无论是在教育发展的内部，还是社会对教育的期待，都存在较大差距。审视时代的教师专业发展，在教育自身和社会环境方面都还存在挑战与困境。要提高我国基础教育质量，也需要从教师来源抓起。"振兴民族的希望在教育，振兴教育的希望在教师。"[③]这是这个时代最有张力的教育呐喊，也是对中国教师教育寄予的厚望。

师范生是教师教育的特殊对象，是未来教师群体源源不断的生力军。师范生的整体素质和专业能力能否适应培养具有核心素养的人才的需要，直接影响和决定着我国基础教育的改革和发展。就这个意义而言，高等教育能否培养出合格的师范生具有重要的战略意义。

---

① 世界银行. 2018. 2018年世界发展报告：学习——实现教育的承诺. 胡光宇，赵冰译. 北京：清华大学出版社，13.

② 国际学生评估项目（Program for International Student Assessment，PISA）是一项由经济合作与发展组织统筹的学生能力国际评估计划。

③ 中国教育改革和发展纲要. http://old.moe.gov.cn/publicfiles/business/htmlfiles/moe/moe_177/200407/2484.html. [2020-10-07].

一、研究的缘起与意义

对师范生专业能力和学习支持体系的研究主要缘于四个方面：一是教师专业化发展的趋势对教师专业能力提出了更高的要求；二是当前我国的师范教育面临的危机和挑战；三是师范类专业认证的现实要求；四是核心素养视域下的双重身份挑战。由此，本书从教师核心素养的内涵出发，探求促进教师职前教育的科学化和标准化，构建一体化的教师教育模式，以系统地提升师范生的专业能力。

（一）研究的缘起

1. 教师专业化发展的趋势

对教师职业的专业性认识是一个不断发展的过程。20 世纪 50 年代，美国兴起专业结构功能理论，提出了一般专业的五个指标。将教师职业与这五个指标进行对照，却得出一个结论"教师职业并不是一个真正的专业"，这引起了人们对教师职业专业性的反思。1966 年，联合国教科文组织（United Nations Educational, Scientific and Cultural Organization, UNESCO）与国际劳工组织（International Labor Organization, ILO）就教师的专业性质发表《关于教师地位的建议书》，首次提出了"教师工作应被视为专业"的观点。

自 20 世纪 60 年代以来，教师职业的专业化发展在教师教育领域成为焦点问题。1996 年，联合国教科文组织第 45 届国际教育大会强调，通过实施高水平的师范教育和终身教育，创设以多样化的评价体系为支撑的职业结构，以及提高教师的物质和社会地位，来提高教师的专业化水平。无论是国际组织还是各国政府教育主管部门，无论是教育学界还是社会学界，都承认教师是专业人员，教师必须进行专门的培养和培训，教师职业随着社会的发展必将更加专业化。[1]此后，教师教育改革成为全球议题，教师教育的新政策、新理念、新思想不断涌现，教师的质量问题成为教师教育改革的焦点，各国都强调合格教师的教师认证标准，教师教育的重心普遍上移，提高教师教育专业的学术性和研究水平；加强大学与中小学的密切联系、理论与实践相结合，教师能力的重要性不断凸显，以能力为取向的教师教育改革成为潮流。[2]

我国教师专业化的发展也是顺应世界潮流而不断变革创新的过程。1978 年 10 月，《教育部关于加强和发展师范教育的意见》颁布，明确了师范教育的重要地位，

---

[1] 柳海民, 孙士杰. 2003. 试论教师专业化及其专业化培养. 东北师范大学学报（社科版），(5)：113-118.
[2] 张颖. 2010. 20 世纪 80 年代以来发达国家教师教育发展的趋势. 高等教育研究，(11)：102-105.

为此后我国教师专业发展奠定了基础。20世纪90年代中后期，社会对教师的诉求从"能教"逐步转向"会教"，关注的焦点从教师的专业知识逐步转变为专业能力。2000年后，教师专业化成为教育研究的热点，相关政策陆续出台，有效推进了教师专业发展。随着教师专业化的推进，不仅教师履行教学功能的知识、能力和品性等专业发展的结果受到关注，教师专业发展的过程、自主意识和各种内蕴性品质也逐渐受到重视。[1]

随着国际化和信息化的发展，学生发展核心素养成为社会关注的焦点。社会对教师专业的诉求从知识本位、能力本位转变为素养本位。这要求教师抛弃陈旧的专业观念和取向，构建合时、崭新的专业理念，重构合乎时代发展的专业内涵。[2]这种专业理念和专业内涵是教师知识、能力和情感的升华，要求教师唤起内在的价值自觉，主动捕捉时代变革对教育者发展带来的影响，以终身学习的意识推动自身专业水平的提升。[3]

专业标准是专业化的重要标志，是职业成熟的体现，我国教师专业化的过程是从教师合格到教师资格再到教师标准不断完善的过程。1986年颁布的《中华人民共和国义务教育法》指出，"要建立教师考核制度……考核合格者，发给证书……具备合格学历证书和专业合格证书，才能担任教师"。随着教师专业标准的明确化，我国逐步从教师合格证书阶段过渡到教师资格证书阶段。1993年颁布的《中华人民共和国教师法》第一次以国家法律的形式确立了教师资格的国家标准，标志着教师资格制度开始迈入法制规范阶段。1995年，我国相继发布《中华人民共和国教育法》《教师资格条例》，规定教师必须持证上岗，对教师资格证的申请条件、标准要求、考核形式和认定程序都做了明确说明。2000年9月，我国的教师资格认定工作全面铺开，至2004年底，首轮教师资格认定工作完成。[4]2009年3月，教育部出台《关于进一步做好中小学教师补充工作的通知》，开始实施全国统一教师资格考试；2011年11月，率先在湖北和浙江实施教师资格统考试点，2012年新增河北、上海、海南、广西4个省级行政区，2013年又新增山西、安徽、山东、贵州4个省。截至2014年9月，加上吉林、陕西、江苏总计有13个省级行政区参加教师资格证的统一考试。目前，除了少数地区（如新疆、西藏、内蒙古等）外，我国已普遍实施中小学教师资格考试制度。

为规范教师教育的课程和教学，2011年10月，教育部颁布《教师教育课程

---

[1] 朱旭东,周钧.2007.教师专业发展研究述评.中国教育学刊,(1)：68-73.
[2] 曾文茜,罗生全.2017.国外中小学教师核心素养的价值.外国中小学教育,(7)：9-16.
[3] 黄友初.2018.改革开放40年来我国教师专业化的回顾与展望.课程·教材·教法,(11)：11-17.
[4] 陈尚琼,余仁胜.2015.我国中小学教师资格考试制度的回顾与展望.课程教材教法,(4)：98-104.

标准（试行）》。这是我国教育史上第一个关于教师教育课程的国家标准，体现了国家对教师教育课程的基本要求，也是制订教师教育课程方案、编写教材、建设课程资源以及开展教学和评估活动的依据。这些标准和制度不仅促进了教师来源多元化、教师培养规范化，也为建立中国特色教师教育体系提供了制度保障，表明我国教师专业发展逐步走上了科学化、法治化和规范化轨道。2012年9月，教育部颁布《幼儿园教师专业标准（试行）》《小学教师专业标准（试行）》《中学教师专业标准（试行）》；2013年9月颁布《中等职业学校教师专业标准（试行）》，2015年9月颁布《特殊教育教师专业标准（试行）》。我国系列教师专业标准的颁布标志着我国教师教育专业化开启了新的征程。

2. 我国教师教育的危机与挑战

回溯新中国成立以来的教师教育改革之路，我国大体从"师范性"取向的办学模式（1949—1999年）逐渐转向"学术性"取向的办学模式（2000年以来）。由于"文化大革命"时期否定了师范教育的特殊性，各地师范学校受到严重破坏，课程设置缺失教师教育的特质，部分师范院校撤并，教师大量非自然减员。改革开放后，恢复和增设师范院校成为当时教师培养的主要工作。到1980年，全国师范院校达到172所，是1977年的3倍。[①]为缩短教师培养周期，尽快解决教师缺口矛盾，1980年6月，教育部召开改革开放后第一次全国师范教育工作会议，确立中等师范院校（简称"中师"）、高等师范院校（简称"高师"）专科和本科三级教师教育体制。其中，高师本科主要培养高中教师，高师专科主要培养初中教师，中师培养小学教师及幼儿园教师。该体制为我国培养了大批合格教师，对改善我国师资的短缺做出了重大贡献。同时，我国也十分重视在职教师的继续教育。教师缺口较大，所以补充了很多社会人员，这导致改革开放初期我国中小学教师的学历合格率较低，因而，此后的很长一段时间，在职教师继续教育主要集中在学历补偿教育。到1999年，我国小学、初中、高中的教师学历合格率分别达到95.90%、85.63%和65.85%[②]，基本满足了我国基础教育发展对教师合格学历的要求。

2000年以后，随着教师缺口和学历偏低问题在一定程度上得到缓解，我国教师教育逐渐从满足数量转变为注重质量。2001年，国务院颁布的《关于基础教育改革与发展的决定》提出，"要完善现有师范院校为主体、其他高等学校共同参与、培养培训相衔接的开放的教师教育体系。推进师范教育结构调整，逐步实现三级

---

① 金长泽. 2002. 师范教育史[M]. 海口：海南出版社，153.
② 金长泽. 2002. 师范教育史[M]. 海口：海南出版社，265.

师范向二级师范的过渡"。因此，我国的教师教育体系呈现多元化、开放性和终身性的办学趋势。

第一，职前教师教育更加多元化。从办学层级看，由中师、高师专科和高师本科的"旧三级"向专科、本科和研究生的"新三级"转变，进而迈向学士、硕士和博士的教师教育新模式。从20世纪90年代开始，很多师范院校升格或转型，1999—2014年，我国高师本科院校由87所增加到113所，开展教育硕士培养的院校由29所增加到139所，师范专科学校由140所减少到60所，中师由815所急剧减少为125所。[①]如今，教育硕士和教育博士的招生规模逐步扩大，学士、硕士和博士的教师教育培养模式逐渐形成。

第二，教师教育体系更加开放。2001年颁布的《国务院关于基础教育改革与发展的决定》鼓励综合性大学和其他非师范类高等学校设立教育学院系或开设获得教师资格所需的课程。截至2014年，已有57所综合性大学、152所地方综合性学院和34所独立学院参与教师教育；非师范院校培养的本科、专科师范生约占全国师范生总数的47.1%。[②]由此可见，综合性大学已成为我国教师教育的重要阵地。2018年，《中共中央、国务院关于全面深化新时代教师队伍建设改革的意见》指出，要支持高水平综合大学开展教师教育，推动一批有基础的高水平综合大学成立教师教育学院，设立师范专业，积极参与基础教育、职业教育教师培养培训工作。为了凸显教师教育性质，师范院校纷纷整合力量成立教师教育学院，强化师范教育质量。

第三，教师教育从学历教育逐步转为终身教育。1996年，第五次全国师范教育工作会议提出，"九五"期间师资培训工作要在完成部分教师学历补偿教育任务的同时，及时转向面向全体教师的继续教育。1999年6月，教育部师范司颁布《中小学教师继续教育的规定》，对继续教育的类型、教育教学机构与形式、教学时间、条件保障、行政管理以及奖惩措施做了具体规定。这标志着在职教师教育进入全新阶段，体现了教师教育的终身性。2000年，教育部启动"跨世纪园丁工程"，首次在国家级层面开展骨干教师培训，让各高等学校以竞争的方式参与教师的职业后教育，为职前职后一体化开展教师教育奠定了基础。为促进中西部教师专业发展，2003年，教育部启动"全国教师教育网络联盟计划"，借助互联网平台开展远程教师教育，有效解决了偏远地区教师专业发展的瓶颈问题。2010年，我国实施了"国培计划"，截至2016年11月30日，中央财政累计投入"国培计划"

---

① 黄友初. 2018. 改革开放40年来我国教师专业化的回顾与展望. 课程·教材·教法，(11)：11-17.
② 《中国教育年鉴》编辑部. 2015. 中国教育年鉴（2014）. 北京：人民教育出版社，270.

资金 107 亿元，累计培训中小学教师（包括幼儿园教师）1100 多万人。①这些举措为促进在职教师的专业发展起到了重要作用。

改革开放 40 多年以来，教师教育获得了长足的发展但也迎来了危机与挑战。

首先，教师教育的应有功能被弱化。中央部属及省属重点师范院校逐渐向综合化发展道路转向，师范类专业所占比重越来越小。师范专业也不再是这些院校的重点建设对象，在"双一流"建设学科名单中仅有两所一流大学包含了教育学。最早一批设立教育学院的综合性大学，在建设过程中逐渐转向了以教育科学研究和硕博研究生培养为主的研究型发展道路，而学术型人才与师范型人才的培养逻辑存在着较大差异，因此，综合性大学并没有真正成为基础教育阶段教师培育的专业化基地。与此同时，非师范类专业的学生似乎只要掌握了相关的学科知识，有一定的学历背景，参加心理学和教育学的考试和教育教学实践面试后，即可取得教师资格证而可能成为教师。这样的教师入职低门槛全然忽视了教师的职前培养阶段，而专业的培养阶段对教师的职业生涯是至关重要的。师范生在成为教师之前，必须先学习相关的教育理论与实践知识，这样才能成为一名教师。而综合型院校的学生没有接受过相关教育理念的滋养，加之，综合型高校缺乏培养专业教育者的经验和人员，对教育需求的市场信息了解不足，对未来教育的知识内核知之甚少，综合型院校的内环境不够完善，这在一定程度上降低了教师专业化程度，势必导致教师队伍的良莠不齐。②

其次，教师教育的专业化水平不高。一项覆盖了 11 个省级行政区的"高等师范院校师范生培养状况调查"显示：①教师教育类课程比例低。师范类专业学科专业类课程比例高，教育类课程比例相对较低。从 27 所师范院校的课程结构看，学科专业类课程的学分数与比例普遍较高，最高的甚至达到 65.9%，最低为 38.7%；而教育类课程的学分数与比例相对较低，一般为 20—30 个学分，占课程总学分数的 10%—30%。②师范生的实习满意度低。有 90%的师范生对实习环节不满意。实习中最主要存在以下问题：一是实习时间短。各师范院校的实际实习时间普遍偏短，从 6 周到 10 周以上不等，除了部属师范大学以外，其他各类师范院校有 20%左右的学生实际实习时间少于 6 周。由此可见，尽管教育部提出了师范生在校期间到中小学教育实习半年的实施办法，但是目前师范生教育实习时间长度与此还有较大差距。二是师范生实际授课时数少。23%的师范生指出，实习

---

① 首批国培计划"优秀案例"公布. http://www.moe.gov.cn/jyb_xwfb/gzdt_gzdt/s5987/201709/t20170901_312876.html. [2021-01-04].

② 张志宏，郭亚林，窦道阳. 2015. 教师教育问题的多维透视. 教育理论与实践，(35)：32-34.

最大的问题是实际授课时数太少。几乎所有专业的师范生30%以上授课时数在10课时以下。其中，教育技术和化学分别高达63%和66.4%的师范生授课时数在10课时以下。③师范生参与学术活动不积极。师范生参与校内各类课程活动情况参差不齐，按活动的均值排序如下："社团活动"（M=3.35）、"寒暑假社会实践"（M=3.34）、"家教或教育类兼职"（M=3.23）、"志愿者活动"（M=3.16）、"教育类竞赛"（M=2.96）、"学术讲座及论坛"（M=2.93）、"专业兴趣小组"（M=2.74）、"学术科研项目"（M=2.65）。可见，师范生参与学术科研活动的情况并不理想。①

最后，教师教育职前职后一体化机制仍未建立。教师专业化强调教师应进行终身学习，所以，在教师专业化的职业发展过程中，对于教师的教育不应仅仅局限于入职前的培养，而应贯穿于教师职业生涯的始终。教师的职业教育应包括教师职前教育、入职教育和在职教育三阶段。这三个阶段既应有明确的职能分工，又应该在一体化的概念下设计教师成长的不同发展目标。师范教育阶段重在关注师范生的专业与师范素养的养成，入职阶段重在帮助师范生实现角色的转变，在职教育重在关注教师实践智慧的激发、提升与凝练。不同阶段分工合作，真正建立起政府、高等学校和中小学协同育人的一体化机制。然而，现实的教师教育系统中三个教师教育阶段的责任主体单一，培养目标孤立，课程体系割裂，没有建立起可持续发展的教师专业发展体系。

教师教育面临的这些危机与挑战需要我们直面，因为其不仅为我们指明了教师教育改革需要突破的瓶颈问题，同时引导我们寻求教师教育改革的突破口，以师范生能力导向的核心素养为逻辑起点，重构师范生的学习支持体系。

3. 师范类专业认证的现实要求

师范类专业认证作为完善我国教师教育质量保障体系、提高教师教育质量的战略性举措，对于全面深化高校教师教育综合改革具有重要意义。2014年底，教育部开始在江苏和广西开展师范类专业认证试点，经过两年多的探索，在认证标准与认证模式等方面积累了丰富的经验。②在充分调研和总结经验的基础上，2017年，教育部颁发《普通高等学校师范类专业认证实施办法（暂行）》，出台了《中学教育专业认证标准》《小学教育专业认证标准》《学前教育专业认证标准》，由此师范类专业认证开始在全国范围内广泛推行。

师范类专业认证对于提高教师教育质量和基础教育教师队伍整体素质具有重

---

① 丁钢等. 2014. 中国高等师范院校师范生培养状况调查与政策分析报告. 上海：华东师范大学出版社，71-109.
② 刘博智. 2017-11-09. 师范类专业将实行三级监测认证. 中国教育报，(01).

要意义。首先，师范类专业认证能够促进高校师范类专业全面深化综合改革，引导高校师范类专业建立合理的质量保障体系。长期以来，我国师范院校的教师教育存在培养目标定位不明确、课程结构不合理、课程内容陈旧空泛、教学方式单一老套和教育实践环节薄弱等问题。[①]近年来，教师教育体系走向开放也促使很多综合院校参与到教师教育体系中。综合性大学在参与教师教育中也出现了一些新问题，很多高校还没有建立合理的教师教育质量保障体系，一些原有的质量保障体系也很难适应新的教育形势。师范类专业认证能够为高校师范类专业发展提供有针对性的认证建议，帮助高校师范类专业发展突破瓶颈、构建完善的质量保障体系。其次，师范类专业认证能够提高师范教育的社会认可度，获取更多的办学资源和发展空间。[②]国家对师范类专业进行统一认证，能够提高高校师范类专业的社会认可程度，通过认证的高校师范类专业，能够在国家政策支持、资源配置以及社会用人单位认可等方面获得更大的优势，有效地扩大高校师范类专业的办学资源和发展空间，促进高校形成良性的教师教育模式。

专业认证是专业成熟度的主要标志之一。在师范专业准入放开、规模扩大和质量进展缓慢的背景下，师范类专业认证的实施将有助于摸清我国师范教育的状况，为师范教育质量提升提供依据，强化师范院校的使命意识，提高教师培养质量。师范类专业认证构建了纵向三级递进、横向三类覆盖的分级分类认证标准体系，2017年由教育部颁发的教育专业认证标准是我国政府颁布的第一个分级分类专业认证标准。三级监测认证之间相互衔接，逐级递升，覆盖中学教育、小学教育、学前教育三类专业，规范和引导师范专业合理定位，特色发展，追求卓越。师范类专业认证以"产出导向、学生中心、持续改进"为基本理念。

（1）人才培养以产出为导向

强调以师范生的学习成果为导向，对照师范毕业生核心能力素质要求，评价师范类专业人才培养质量。将专业发展的关注重点落实到成果，即将培养目标及毕业要求作为专业建设的核心导向，在课程体系设置、教师教学指导、实践教学改革过程中，专业负责人、教学管理者、教师需要明确本专业人才培养目标和毕业要求，有效地帮助学生达成培养目标。因此，一方面要关注培养目标是否具体落实到实际的教育内容以及学生培养的整个过程中，以及毕业生是否真正获得了目标要求的素质和能力；另一方面要注重对学生学习结果的关注和评价，关注学生的整体发展。

---

① 高芳. 2010. 高师院校教师教育存在的问题与对策. 教育探索，(12)：101-102.
② 胡万山. 2018. 师范类专业认证背景下教师教育改革的意义与路径. 黑龙江高教研究，(7)：25-28.

（2）以师范生的真正发展为中心

强调遵循师范生成长成才规律，以师范生为中心配置教育资源、组织课程和实施教学。专业认证考查的不仅仅是优秀毕业生的数量及占比，更关注全体师范生整体的能力发展水平和培养目标达成度。这需要各专业在人才培养过程中着眼于全体师范生的整个学程的教育；在专业定位中突出师范生群体的发展需求；在课程设置、教学策略以及管理评估中，明确所有师范生是否获得应有的教育和资源，是否达成预期的教育效果。

（3）专业质量的持续改进

强调对师范类专业教学进行全方位、全过程评价，并将评价结果应用于教学改进，推动师范类专业人才培养质量的持续提升。要加强自我持续不断改革的意识和能力，建立起有利于持续改进的质量保障体制机制。专业认证通过定期外部评估的方式促使各专业内部建立一定的自我评估和改革发展机制，建立起配套的专业质量管理监督体系，促使评估结果成为及时反馈并指导专业的依据。

师范类专业认证强调培养目标与学校办学定位、办学条件以及社会人才素质需求相符合，目标内容表述明确、清晰。高校师范类专业要构建合理、明确的培养目标体系：一是根据学校办学定位和办学条件调整专业培养目标。学校办学定位是学校专业培养目标的总目标，调整师范类专业培养目标，要使其成为学校办学目标的子目标之一，不可脱离学校办学定位另设专业培养目标；办学条件是人才培养的基础和保障，只有使师范类专业培养目标在学校办学条件的支撑能力之内，才能更好地促进培养目标的实现。二是根据师范生毕业要求调整培养目标。高校要认真考察基础教育对教师能力素质的需求，结合基础教育各阶段的教师专业标准，制定明确的师范生毕业素质要求体系，并将毕业要求和培养目标对应起来，形成清晰合理的专业培养目标体系；要保证所有毕业要求都有与之相符的培养目标，并要使培养目标能够在实践中分化为具体、可操作的子目标，增强可监测性。三是培养目标表述清晰明确、凸显优势和特色。培养目标的表述要尽可能清晰、明确，反映本专业毕业生未来的社会发展和专业发展预期，充分结合学校办学状况，将学校办学优势和特色转化为师范专业的优势和特色。

专业认证对培养目标规范化、标准化表述，并提出了"一践行，三学会"的师范生毕业要求，即践行师德、学会教学、学会育人、学会发展。这些专业认证的具体要求对重构师范生的专业能力提出了现实需求。

4. 核心素养视域下的双重身份挑战

"核心素养"一词最早出现在1997年欧盟理事会和经济合作与发展组织

（Organisation for Economic Co-operation and Development，OECD）共同发布的研究报告中，欧盟将其定义为"在知识社会中每个人发展自我、融入社会及胜任工作所必需的一系列知识、技能和态度的集合"①。基于关键能力的界定与选择，欧盟提出核心素养主要包括使用工具进行沟通的能力、在异质集体中交流的能力、自律行动的能力三个方面。无论是 OECD 的核心素养、欧盟的关键能力，还是美国的 21 世纪技能、澳大利亚的综合能力等，都共同指向具备适应 21 世纪工作与生活的关键能力。自此，发展学生核心素养成为全球范围内教育政策、教育研究领域、教育实践的重要议题，成为统领各国教育改革的上位概念，引领并拉动课程教材改革、教学方式变革、教师专业发展、教学质量评价等关键教育活动。②这些关键性活动的内在逻辑是，学校改革的核心环节是课程改革，课程改革的核心环节是课堂改革，课堂改革的核心环节是教师专业发展。③欧洲理事会文化合作教育委员会在讨论核心素养和教师教育的关系中曾提到，假设每个个体都可以获得核心素养，教师也应当具备核心素养，如果教师不具备这些素养，就很难促进学生的素养发展。④因此，教育改革的内外一致性决定了基础教育的改革必然引起教师教育的价值联动。

教师是核心素养引领下的教育改革的参与者和实施者，其理解核心素养的程度、发展学生核心素养的能力以及自身所应具备的核心素养都成为推动这场教育改革的动力。同时，指向学生核心素养的教学目标、课程体系、教育内容、教育评价等一系列教育变革必然引起教育体系中师生角色的变化，教师在旧的教育体系中所适用的定位、技能、策略、教学方法在新的教育体系中往往捉襟见肘。为适应学生核心素养引领下的教育改革需要，更好地培养 21 世纪所需的优秀教师，教师核心素养的培养迫在眉睫。教师核心素养的发展具备连续性与阶段性特征，是一个持续发展、不断完善的过程。在培育教师核心素养时应从教师终身发展的视角切入，切实把握教师在不同成长过程中的素养要求，将核心素养分层次、分阶段地融入教师职前培养和职后培训过程中，保障教师成长和发展的各阶段均能体现核心素养的内涵，形成一种纵向衔接、层层递进的核心素养发展模式，切实将教师核心素养的培育贯彻到教师教育一体化建设中。⑤

---

① The European Parliament and the Council of the European Union. 2009. Recommendation of the European Parliament and of the Council of 18 December 2006 on key competences for lifelong leaning. Official Journal of the European Union,（8）：18.
② 褚宏启，张咏梅，田一. 2015. 我国学生的核心素养及其培养. 中小学管理,（9）：4-7.
③ 钟启泉. 2016. 基于核心素养的课程发展：挑战与课题. 全球教育展望,（1）：3-25.
④ Gordon J, Halasz G, Krawczyk M, et al. 2009. Key competences in Europe: Opening doors for lifelong learners across the school curriculum and teacher education. Case Network Reports,（87）：15.
⑤ 赵垣可，范蔚. 2017. 深化课程改革背景下教师核心素养发展问题研究. 河北师范大学学报,（5）：83-88.

核心素养是国际教育改革的主流概念，中国学生发展核心素养是对我国基础教育课程中"双基"目标与"三维"目标的深化与超越。核心素养聚焦个体的文化基础、自主发展、社会参与三大领域，勾勒出学生在学科性、个体性、社会性发展维度整体的素质要求，最终指向培养"全面发展的人"，体现了不同发展阶段学生素养的连续性和一致性的特点。师范生扮演着当下"学生"和未来"教师"的双重角色，既是核心素养所描绘的目标主体，也是未来培养培育学生核心素养的主导者。[①]只有师范生具备一般意义的"核心素养"，同时兼备教师特殊的"核心素养"，才有可能在未来成就"全面发展的人"。因此，就师范生的培养目标而言，其具有双重性，这必然导致师范教育课程体系的变革；就培养的方式而言，核心素养不能被直接教授或传递，更多地需要通过体验、实践逐渐养成。这就对师范教育提出了新的挑战。

鉴于以上背景，我们究竟应该以怎样的哲学逻辑构想作为未来教师的核心素养？师范生究竟应该具备哪些核心的关键能力？如何将这些核心的专业能力具体外显为可观测的行为指标体系？怎样才能将这些行为指标体系分解落实到各个实习阶段当中？师范生实践性课程体系以及教师发展学校，需要为组织和开展师范生的实习教学搭建什么样的学习支持体系？这一系列问题都是本书研究力图探索与回答的。

（二）研究的意义

本书在中德合作的背景下，借鉴德国教师教育的经验，在理性建构师范生专业能力的基础上，制定适合我国师范生发展不同阶段的行为指标体系，并在此基础上着力探索重构师范生的课程体系、实践教学体系和教师发展学校等学习支持系统，力图在教师教育的理论建构和个案实践等领域有所创新。

1. 有利于丰富教师核心素养的内涵

为应对全球变革、教育改革的挑战，逐步将教师教育从知识、技能、情感三维度的提升转向教师核心素养的培养，各国纷纷建立相应的教师核心素养模型或框架，因为它是教师教育改革的逻辑起点，也体现了各国教师教育的价值取向与目标导向。教师的核心素养一般以关键能力的形式加以表征，各国的教师核心素养主要通过多维视角展开，本书研究尝试以二元思维为哲学依据，把师范生专业能力作"二维四象"的建构，提出了以指向自我修养的"原能力"为基础，以指向教育职责的"关键能力"为主体，并提出了师范生专业能力的"稳定"与"可

---

① 朱桂琴. 2017. 核心素养视域下的师范生实践教学变革：方向、困境与路径. 教育发展研究，(12)：46-51.

变"的另一建构维度,从而建构了师范生专业能力的立体模型。这一建构旨在解决师范生专业潜能与毕业要求之间的矛盾,同时从历史的视角、发展的角度阐述师范生的培养目标,有助于变单一取向的能力建构为二维取向的能力建构,变静态思维为动态思维,进而拓展师范生专业能力建构的研究视角。

2. 有利于促进教师职前教育的科学化和标准化

体现师范生核心素养的专业能力是集知识、技能和态度于一体的关键能力,其内涵随着时代的发展不断丰富。从历史的视角看,师范生传统的专业能力培养是师范教育重要的内容,一般师范院校会切实关注对诸如普通话和口语表达能力、书写规范汉字能力、教学工作能力和班主任工作能力等师范能力的过关训练,能力训练手册对各种能力提出了具体过关的内容要求,但是并未对师范生的专业能力进行见习和实习阶段的层级划分,不同能力也仍然缺乏行为指标的描述。为了使师范生的实践教学体系更具有针对性,使师范生在见习与实习过程中明确目标,并能开展自我评估,使实践指导教师能有依据地对师范生的实践水平做出评价,需要对不同实践阶段师范生的专业能力进行分阶行为指标的研究,以促进教师教育的实践教学体系更科学化和标准化。

3. 有利于构建一体化的教师教育模式

教师的专业发展一般分为职前期、入职期和在职期三个发展阶段,我国的教师专业标准只是规定了入职期教师的资格要求,对职前期师范生以及职业后教师的专业能力要求都缺失必要的标准。本书研究指向师范生的专业能力和分阶行为指标,试图探讨教师职前教育对教师专业能力培养应达到的程度,它是以我国教师教育标准为框架,并在此基础上提出师范生专业能力阶段性的要求与行为指标,努力建构从准教师到新教师以及发展为成熟教师的专业能力发展的连续过程。教师的专业能力在不同的发展阶段有不同的内涵要求和行为标准,厘清不同发展阶段的差异性有助于区别职前教师培养与职后教师培训的关注重点,从而构建起连续性、一体化的教师教育模式。

4. 有利于系统地提升师范生的专业能力

专业能力的形成是一个螺旋上升的渐进过程,需要在真实的教育场景中通过知识的获得、技能的训练和态度的养成积淀而成,并在解决问题的过程中不断反思、升华。本书研究以师范生"二维四象"专业能力结构为逻辑起点,把每一种能力在职前阶段的行为表现具体化,通过开发师范生"任务清单式"的分阶实习手册,拟将师范生专业能力及分阶行为指标融入师范生实践能力培养的各个环节;借助实习手册,师范生便可以有计划、系统、循序渐进地掌握各种专业能力;并借助外显的诊断和评估工具了解师范生自身的教育教学、科学研究力、自我发展等能力的水平，及时反馈调整，以提高微格教学以及教育场景中师范生专业能力的培养水平，切实提高师范生的专业能力。

5. 有利于提升师范生实践环节的教学效果

师范生的实践教学环节是整合师范生专业知识、技能与态度的场域性学习环节，是形成师范生核心素养不可或缺的教育教学组成部分。从传统意义上师范生的基本功训练到现代教育场域中各种关键能力的形成，师范生实践教学环节迎来了前所未有的挑战。首先，实践教学场域的建设有待完善。师范生的实践教学场域包括高等学校内部的实验教学中心以及校外的实践基地建设。就内部实验教学中心而言，除了传统意义上的"三字一话"实验室、微格教学实验室外，能适应基础教育需求和变化的各种新型教师教育实验室，如数字化虚拟仿真实验室、拓展性课程实验室、创客中心等还未被纳入教师教育实验中心体系；校外的实习学校与高校的联系是松散与被动的，教师发展学校的标准化建设仍未引起足够重视。其次，实践教学师资队伍的专业化水平不高。高校内部的"双师型"学科教学法教师数量不足，教学团队无法构建，专业发展面临诸多困境。本书研究通过与教师发展学校合作，共同开发"学校文化"系列师范生实习课程，具体包括校园文化、角色文化、班级文化、课堂文化，建立起师范生的学习支持体系，切实增强师范生实践教学的有效性。

二、研究的问题与研究设计

现阶段，我国教师教育改革取得了长足进步，师范生的整体学历水平与专业知识准备等方面较以往有了显著提升。但是，他们的"职业适应性"尤其是"专业能力"参差不齐，一些人走上工作岗位后会遇到职业发展瓶颈。那么，师范生究竟应该具备哪些核心专业能力？如何将这些核心专业能力具体外显为可观测的行为指标体系？怎样才能将这些行为指标体系分解落实到各个实习阶段当中？要搭建什么样的学习支持体系来发展师范生的专业能力？本书研究对这些问题做出了理论与实践的探索。下面详细阐述研究问题与总的研究方法。

（一）研究问题

本书研究重点关注师范生专业能力的逻辑起点、框架结构与行为指标，并探索师范生专业能力发展的学习支持系统。具体聚焦以下三个研究问题：

1. 师范生专业能力的逻辑起点与结构

师范生的专业素养是基于教师专业标准的逻辑框架而设计的,我国教师专业标准的分类逻辑主要依据"素养逻辑",它是"学科逻辑"与"工作逻辑"的融合。"学科逻辑"主要以专业知识的方式展开,"工作逻辑"主要以专业能力的形式表达。以《小学教师专业标准》为例,把教师的素养分为 3 个维度(专业理念与师德、专业知识、专业能力)14 个领域 60 条基本要求。师范生作为准教师的素养结构是否完全符合这样的"素养逻辑",就其专业能力而言,其逻辑起点与结构究竟是什么?

师范生专业素养的内涵丰富,本书研究重点关注专业能力的领域,也就是说主要依据"工作逻辑"的形式表达本书研究最基本的核心问题,因为它是本书研究的终始问题。本书研究指向的是人的发展,师范生的专业能力就是发展的目标,只有明确了发展目标,研究才具备了逻辑起点,才能统领研究的另外两个问题。

2. 师范生专业能力的分阶行为指标

所谓"能力"是指成功地完成某种活动所必需的个性心理特征,分一般能力与特殊能力。[①]前者指各种活动都必须具备的基本能力,如观察力、记忆力、抽象概括能力等;后者指从事某些专业性活动所必需的能力。人的各种能力是在素质的基础上,在后天的学习、生活和社会实践中形成和发展起来的,它具有内隐性和稳定性。能力往往通过个体的行为加以表现。

师范生的专业能力通过其专业行为加以表达,在师范生成长的过程中,怎样的行为表现表明其积淀了某一种专业能力?师范生不同的成长发展阶段对某些专业能力的行为表达是否有层级差异?其具体指标体系怎样?

3. 师范生专业能力发展的学习支持系统建构

师范生专业能力的形成主要通过实践教学体系加以保障,由于师范生培养缺乏实践教学的专业能力标准,师范生的见习、实习和研习目标与阶段划分不清楚,专业能力培养无序,并且缺乏外显的量化评估工具。因此,构建师范生专业能力发展的学习支持系统就成为提高教师教育质量不可或缺的环节。同时,大学与实习学校尚未在师范生培养这一领域形成 U-S 共同体,使得师范生的实习呈现大学培养与实践学习的形式链接、实际割裂的状态。

综合以上三个研究问题,本书研究力图连通教师教育的职前与职后阶段,将研究问题聚焦探索我国师范生的专业能力结构与分阶行为指标体系,并构建促进

---

① 夏征农. 2002. 辞海(1999 年缩印本). 上海:上海辞书出版社, 1224.

师范生专业能力成长的学习支持体系。研究内容可细分为四：其一，我国师范生培养机制的历史考察，从中挖掘师范生应具备的核心专业能力和师范生的学习支持系统；其二，开展教师专业标准的国际比较研究，初步圈定师范生的专业能力范围，理性定位新教师的从教起点；其三，建构我国师范生专业能力结构及相应分阶行为指标体系；其四，研发师范生专业能力学习的支持体系，构建课程体系、实践体系和教师专业发展学校（professional development schools，PDS）三足鼎立的学习支持系统。

（二）研究的设计

1. 总体框架

本书研究主要致力于探索师范生的专业能力结构和行为指标体系，在此基础上，探索并尝试建构适合于师范生专业能力成长的学习支持系统，并以卓越师范生的培养研究为案例，开展实践探索。研究的总体框架如图1-1所示。

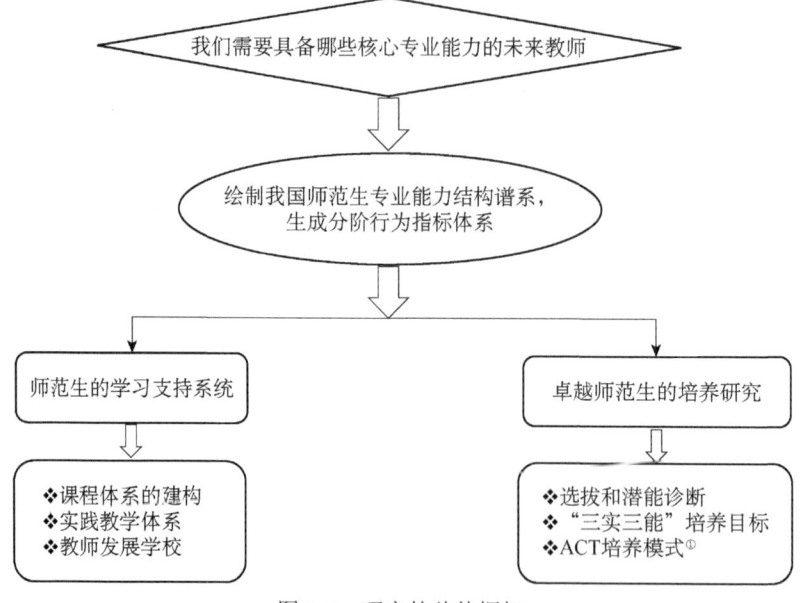

图1-1 研究的总体框架

2. 研究重心和难点

本书研究的重心为建构师范生专业能力结构与分阶行为指标体系。课题组成

---

① ACT培养模式即志向驱动（aspiration-driven）、素养导向（competence-oriented）、靶向培养（target-cultivated）。

员进一步将其分解为如下两个生长点，也是本书研究重点。①师范生能够胜任教育教学所需的核心专业能力结构是什么？主要借助元分析的方法对已有的研究结果进行定量综合的分析，以此来初步圈定能力结构图谱，然后通过德尔菲法对其进行再确认。②每一能力维度所对应的外显行为指标体系如何合理、有序分阶？

本书研究难点是职前职后一体化背景下的师范生分阶行为指标体系的建构，并在此基础上建构课程体系、实践教学体系、教师发展学校建设。

（三）研究思路与方法

1. 基本思路与技术路线图

本书研究的基本思路和技术路线如图 1-2 所示。

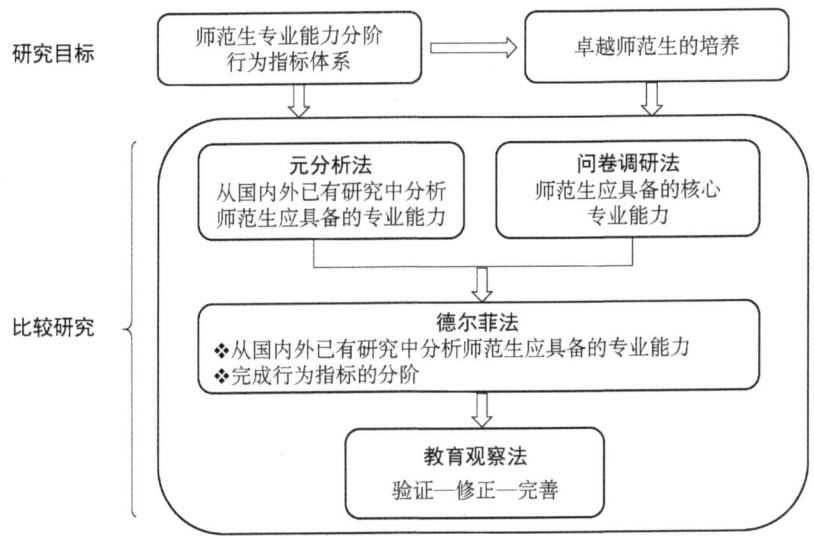

图 1-2　研究的基本思路与技术路线

研究目标 1：能力结构与行为指标体系研究。此项研究包括师范生专业能力结构和相应的分阶行为指标体系。在师范生培养与教师教育领域，课题组与德国帕绍大学教师教育中心有长期的合作研究基础，并进一步达成研究共识。因此，课题组将与帕绍大学教师教育中心联动开展研究，即主要在中德比较的视野下借助元分析法、问卷调查法和德尔菲法来揭示师范生的核心专业能力。主要研究：①中德双方对既有研究进行元分析的综合统计研究，从中归纳出 20 条核心能力；②运用问卷法，通过网络调研搜集在教育研究者、教育管理者、一线教师与在校师范生四类群体的眼中，师范生所应具备的能力；③中德双方借助德尔菲法，对

①和②的研究结论进行至少 3 轮专家咨询，确认师范生的专业能力结构胜任力框架，并对师范生的行为指标进行初步分阶；④运用参与式教育观察法，中方课题组跟踪师范生的实习过程，最终形成我国师范生的专业能力结构与分阶能力指标体系。

研究目标 2：师范生的学习支持体系。主要研究：①师范生的课程体系的建构；②师范生的实践教学体系的建构；③教师发展学校的建设。

2. 具体研究方法

（1）元分析法

这一方法可被视为一种量化的文献综述，它强调在定量层面上综合各项已有独立研究的成果，从而形成一个较为综合的结论。课题组将通过各种途径收集国际上较具代表性的师范生（以及教师）专业能力标准与教师核心素养的相关研究成果，初步绘制出师范生的专业能力结构图谱，以此作为后续研究的基础。

（2）问卷调查法

为了解师范生、在职教师、教师管理者和教师教育研究者等人群对师范生能力结构的认识，我们将基于元分析的统计结果设计"师范生专业能力结构调查问卷"。问卷的调研结论将与元分析的研究结论一并成为德尔菲法的背景资料，递交至参与研究的专家处。

（3）德尔菲法

以元分析和问卷调研的结论为背景资料，以背对背的通信方式征询专家小组成员（不超过 20 人）对"师范生专业能力结构和分阶行为指标体系"的意见。经过 4 轮匿名征询，当每位专家不再修正自己的意见时，专家小组的意见也将趋于集中。最终，课题组将据此得出的研究共识作为此项研究的初步结论。

（4）教育观察法

课题组成员对 30 名师范生的教育实习进行长期跟踪，开展参与式观察，以此验证"师范生专业能力结构和行为指标体系"的可靠性和"学习支持体系"的适应性，以及寻找进一步修正与完善能力结构、相应指标体系与各类支持体系的现实依据。

第二章

师范生的专业能力

师范生的专业能力是教师专业能力的职前延伸,也是教师职业素养的重要组成部分。教师的职业素养从心理品质看,一般分解为专业知识、专业技能和专业态度,分别对应认知、行为与情意三大系统。这种品质性的素养分类是人们研究教师角色的基本逻辑。

第一节　多元视域的教师角色

教师是一种社会角色,任何一种社会角色都有与这一角色的社会地位相联系并按规范执行的行为模式,这一行为模式是社会所期待的角色行为应遵守的标准。就教师个体而言,人们会对从事教师角色的个体有角色期待,即对处于一定社会地位的人应有的角色行为的希望,这种角色行为是被社会规范了的行为。[①]因此,教师角色是一种社会规范的行为标准,在不同的文化、不同的地域、不同的历史阶段,人们对教师角色的行为标准的期待是有差异的,就教师个体而言,其自身对教师角色的行为期待也会有认知上的渐变。

一、历史视域的教师角色

我国古代很早就出现了教师的角色。朱熹在《白鹿洞书院揭示》中说"尧、舜使契为司徒,敬敷五教"。尧和舜曾经任命"契"做"司徒","司徒"这个称谓后来演变为一种官职,就是管理和教育人的意思,也就是现在的教师。司徒的主要职责就是"敬敷五教",也就是恭敬地传播"五教"。这个职责对教师角色行为做出了初步的规范。首先是"敬",即"恭敬"之意。《论语·子路》载"居处恭,执事敬",也就是说,为人要恭谨,做事要专一。朱熹进一步解释为"恭见于外,敬主乎中"[②]。这充分说明古人对教师角色不仅有做人的规范,更有做事的要求;不仅关注外在的行为表现,更关注内在的品格修炼。"敬"是对教育者职业态度的要求,"圣贤进德修业,不离一敬","敬"的反义词是"肆",就是随意、放任、不负责任的意思,就是无法履行教书育人的责任。其次是"敷",即传播、流布的意思,教师要传经布道,不仅自己懂得做人的道理,修炼自我,还要具有以天下为己任、兼爱他人和诲人不倦的精神。再次就是"五教",即传播的内容,强调教师的职责首先在于自我修炼,是与其传播的内容不可分割的。古人关注五种主要的社会人际关系来实施教育,即父子、君臣、夫妇、兄弟、朋友,是构成社会最重要的五种人际关系,也称为"五伦"。"五伦"是自然而然的,既是人的天性,又是自然的规律。顺应人的天性可以建构起社会伦理基础,遵循自然的规律可以

[①] 辞海编辑委员会. 2005. 辞海. 上海：上海辞书出版社，886.
[②] 朱熹. 1983. 四书章句集注. 北京：中华书局，147.

建立起社会道德标准，这既是教育的应有之义，也是文明社会的开端、和谐社会的基础。孟子进一步将"五教"表述为"父子有亲、君臣有义、夫妇有别、长幼有序、朋友有信"①，使之成为儒家教育思想的核心内容，亦成为数千年中国社会的主流价值观和教育的目的。为了教化人民，"设为庠序学校以教之……夏曰校，殷曰序，周曰庠，学则三代共之，皆所以明人伦也"②。正是因为教师的职责是帮助人们明人伦，教师自身就是人伦关系的示范者，因此，修炼自身的品性是教师的第一职责。只有明人伦，才能够"修身、齐家、治国、平天下"，实现人生的终极目的——"大学之道，在明明德，在亲民，在止于至善"。③

我国古代对教师的职责有了初步的社会规范之后，对教师的品格也有着独特的见解，并影响至今。《列女传》称"契之性聪明而仁，能育其教，卒致其名"④。契的秉性是"聪明而仁"，"聪明"是天赋，是见识；"仁"是爱心，是品格。"仁且智"是教师的必备品格，二者兼具，故能担负起育人的责任，用现在的话来说就是"学高为师，身正为范"，或者是"德才兼备"，只有这样的人，才有资格成为教师。"仁且智"的传统在孔子身上也得到了充分的体现。孔子认为教化民众者要言行一致，以身作则，正所谓"不能正其身，如正人何？"。孔子还谦虚地说："默而识之，学而不厌，诲人不倦，何有于我哉？"他认为教师应该"学而不厌，诲人不倦"。⑤

《学记》是我国历史上第一部专门记录教育与教学活动的著作，虽然全书只有1229个字，但是它对教师角色有着丰富的论述。《学记》指出，教师与学生有着不同的角色要求："凡学，官先事，士先志。"也就是说，在教育这件事上，教师的责任在于尽职，学生的责任首先在于立志。那教师的职责是什么？教师的"仁与智"又体现在哪里？怎样的人可以成为好教师？《学记》指出，要成为教师首先要懂得教育的规律以及教育成功的因素，同时也要懂得教育失败的原因。此所谓"君子既知教之所由兴，又知教之所由废，然后可以为师也"。教育的规律很丰富，比如教师应该知道"教学相长"的道理，即"学然后知不足，教然后知困。知不足，然后能自反也；知困，然后能自强也"；教师应了解不同年段学生的教育目标，"一年视离经辨志；三年视敬业乐群；五年视博习亲师；七年视论学取友；谓之小成。九年知类通达，强立而不返，谓之大成"；教师应了解教育的主要内容，

---

① 朱熹. 1983. 四书章句集注. 北京：中华书局，258.
② 朱熹. 1983. 四书章句集注. 北京：中华书局，258.
③ 朱熹. 1983. 四书章句集注. 北京：中华书局，3.
④ 刘向. 2018. 钦定四库全书 古列女传. 北京：中国书店，14.
⑤ 朱熹. 1983. 四书章句集注. 北京：中华书局，145.

"时教必有正业，退息必有居学。不学操缦，不能安弦；不学博依，不能安诗；不学杂服，不能安礼；不兴其艺，不能乐学"；教师应知道教育成功的因素，"禁于未发之谓豫，当其可之谓时；不陵节而施之谓孙；相观而善之谓摩"；教师要把握教育失败的原因，"发然后禁，则扞格而不胜；时过然后学，则勤苦而难成；杂施而不孙，则坏乱而不修；独学而无友，则孤陋而寡闻；燕朋逆其师；燕辟废其学"。一个好教师就是一个能善喻的老师："故君子之教喻也：道而弗牵；强而弗抑；开而弗达。道而弗牵则和；强而弗抑则易；开而弗达则思。和易以思，可谓善喻矣。"而"记问之学，不足以为人师"；只会"呻其占毕，多其讯，言及于数，进而不顾其安，使人不由其诚，教人不尽其才，其施之也悖，其求之也佛"。这样的人是不适合成为教师的。《学记》对教师角色的具体要求把我国古代"仁与智"的教师品格具体化，并区别了好教师与不合格教师的特点，极大地丰富了教师角色的内涵。

韩愈的《师说》是从批判社会现象入手，论述了教师的作用、从师的重要性以及何人可为师等问题。韩愈认为，"古之学者必有师。师者，所以传道受业解惑也"。教师的主要职责首先就是"传道"。道就是自然界、人类社会发展的客观规律，人类社会发展的规律与自然规律密不可分，"道法自然"，从"天道"悟人道。教师要充分了解万事万物发展的"道"，然后借事喻道，代代相传。从学生的视角看，从师就是学道，"道之所存，师之所存也"。教师另一个重要的职责就是"受业"。"业"是古代学习用的书板。①因此，"受业"可以解释为教书，学生通过学习书本知识掌握基本知识和基本技能。教师第三个重要的职责就是"解惑"。"人非生而知之者，孰能无惑？惑而不从师，其为惑也，终不解矣。"人生有许多错误观念，也有许多迷惑之处，只有不断向老师请教才能纠正错误观念，突破心中的迷惑获得成长。教师的这三项职责也是相辅相成的，韩愈更加关注传道和解惑的价值。他认为，"彼童子之师，授之书而习其句读者，非吾所谓传其道解其惑者也。句读之不知，惑之不解，或师焉，或不焉，小学而大遗，吾未见其明也"。只会讲解书本知识而不会传授大道理和解决学生困惑的老师，只关注了细节却遗失了教育的真谛。韩愈对教师职责的辩证分析，有助于我们更加理性地认识教育活动与教师角色的本质。

二、隐喻视域的教师角色

"metaphor"（隐喻）一词来自希腊语"metaphor"，原意为一种"由此及彼"

---

① 辞海编辑委员会.2005.辞海.上海：上海辞书出版社，1548.

的运动、一种"传送、转换",即在两类不同的事物(本体和喻体)之间进行含蓄的比较,以表明相似或类似的关系。隐喻是一种语言现象,人类语言的基本建构方法就是隐喻与逻辑的奇特结合。人们的日常话语体系中充满隐喻,即使在严密的科学语言中,隐喻也随处可见,哲学越是抽象,就越需要借助隐喻来进行思考。[①]卡里尔说:"语言被称为思想的衣服,然而,更确切地说,它是用肉做成思想的衣服,即身体。我说过是想象织成了这一肉衣;难道不是吗?隐喻是它的原料,看看语言吧,除了几个原始的成分以外,完全都是隐喻,有的仍可以认出,有的已经认不出来;有的仍然充满生命,有的已经完全成熟,失去了色彩。如果说那些原始成分是语言这一肉衣的经纬的话,那么隐喻就是其肌肉、肢体和活的肌肤。没有隐喻的风格你是永远找不到的。"[②]更为重要的是,隐喻是一种人类的认知现象。它是人类将其某一领域的经验用来说明或理解另一类领域的经验的一种认知活动。理查兹甚至提到了隐喻所具有的特殊功能,那就是,"隐喻是掌握生命的一种能力",因为它可以非常容易地"教会给另一个人"。[③]由此可见,隐喻是如此深切地根植于人类的语言与认知之中,同样人类的教育的语言与教育认知中亦有大量的教育隐喻。对教师角色的教育隐喻最经典的有以下三种:

(一)教师是"蜡烛"

这一隐喻是把教师角色的精神特质作为隐喻的相似点,使人感到既喜又忧。一方面,它体现了教师角色"春蚕到死丝方尽,蜡炬成灰泪始干"的无私奉献精神,另一方面又折射了教师角色的诸多无奈。教师燃尽自己照亮别人是以学生为中心的理念,但是教与学是一个相辅相成的过程,教师在发展学生的同时,也要获得自身的成长,否则这样的教育活动是不可持续的。"蜡烛论"把教师抽象为"圣人",把教师比作蜡烛有舍身成仁的悲壮,有时成为教师沉重的角色包袱。教师不仅要照亮别人,更需要不断地充电,成为照亮学生的"长明灯"。

(二)教师是"人类灵魂的工程师"

这一教师隐喻是苏联教育家米哈伊尔·伊凡诺维奇·加里宁提出的,它包含十分丰富而复杂的内涵,具有双重特性。一方面,它说明教师从事的是崇高的事业,教师角色在塑造年轻一代的品格中起到了关键性的作用,影响年轻人形成良

---

① 束定芳. 2000. 隐喻学研究. 上海:上海外语教育出版社,33.
② Carlyle T. 1937. Sartor Resartus. New York:Odyssey Press,73.
③ Richards I A. 1996. Die Metapher. In Anselm HaverKamp(Hrsg.). Darmstadt:Wissenschaftliche Buchgesellschaft,31-52.

好的思想道德和行为习惯，从而塑造着学生的灵魂；另一方面，将教师比喻为"工程师"，反映的是一种工业思维的模式，学生被看作无生命的零件，忽视了生命个体的自主性与差异性，学生丰富多彩的个性经过工程师的塑造成为批量生产的、规格划一的工业产品和标准件。用固定的工程模式塑造活生生的人的灵魂背离了教育的本真与初心。教育活动不是简单的塑造，而是如雅斯贝尔斯在《什么是教育》中所说的"一朵云推动另一朵云，一棵树摇动另一棵树，一个灵魂唤醒另一个灵魂的事业"。

（三）教师是"园丁"

捷克教育家夸美纽斯在《大教学论》一书中把教师的工作比喻成"园丁"的工作，他认为"把来到世上的人的心理比做一颗种子或一粒谷米是很正当的，植物或树木实际已经存在种子里面"①。"泥土（《圣经》经常把人心比作土）接受各种各样的种子，只要园丁不缺乏信心和勤劳，同一座园地能够种蔬菜，能够种花木，也能种各色香草。"②"人类与树木的境遇是相似的。因为一株果树能从自己的树干上自行生长，而一株野树则在经过一个熟练的园丁的种植、灌溉与修剪以前，是不会结出甜美的果实来的，同样，一个人可以自行长成一个人形，但是若非先把德行与虔诚灌输到他的身上，他就不能长成一个理性的、聪明的、有德行和虔信的动物。"③因此，人的培养工作就与园丁的工作有许多异曲同工之处。把教师比作"园丁"就其本质而言是一种农业思维模式：一方面，它重视学生的生长性，既考虑了学生发展的共性，也充分考虑了学生发展的差异性和阶段性的特点；另一方面，农业耕作的模式过分依赖自然环境，教师的作用也十分有限，因为种子没有园丁的培育也会自己生根发芽，开花结果。

因此，无论把教师角色做何隐喻都存在利弊，它只折射了教师角色某一维度的要求。隐喻自身的模糊性特征决定了它无法全面、系统地表达教师角色的丰富内涵。

三、未来视域的教师角色

教师的使命随着时代的变化而不断变化，不变的是教师始终须对人的一生负责任。因此，不同的历史时期对教师的角色期待就会不同。伴随着未来教育形态

---

① 夸美纽斯.1999.大教学论.傅任敢译.北京：教育科学出版社，15.
② 夸美纽斯.1999.大教学论.傅任敢译.北京：教育科学出版社，16.
③ 夸美纽斯.1999.大教学论.傅任敢译.北京：教育科学出版社，29.

和学生学习方式的革命性变革，未来教师的角色将有别于以往传统教师角色而呈现出多元化的特征，教师角色的复杂性和专业性不断凸显。在培养学生核心素养的背景下，教师的使命就是使学生能够适应这个变化的时代，活出自己生命的意义和价值，以及对这个社会尽公民的义务。教师应该成为学生品格的引路者、学生学习的支持者、学生发展的促进者和自我成长的学习者。

（一）教师是学生品格的引路者

教师在学生面前呈现的是其全部人格，而不仅仅是专业水平。学生对教师的敬意或轻视、喜欢或拒斥不仅仅是因为教师的专业，更是因为教师的全部人格。尽管作为能动的个体，学生不会完全被教师左右，但是教师的教育会成为一种力量，可以引导人前进和向上。作为学生品格的引路者，教师必须修炼自身的品格，成为具有完整人格的人。"仁且智"是古代教师最重要的品格，面向未来的教师还应具备"雅与毅"的特质。"仁"即爱人，是教师最重要的品格，爱是教育的意义所在，没有爱就没有教育；"智"是教育者的智慧，是对教育对象、教育现象、教育问题进行完整的理解、判断与决策；"雅"是教师个体的言行表达，就其品质而言，具有合乎规范的、高尚的和美好的特质，教师的一言一行成为潜移默化地影响学生的无可替代的力量；"毅"是教育者的意志品质，其应面对学生的挑战和自身的欲望，秉持水滴石穿的精神。

（二）教师是学生学习的支持者

在全球化、信息化的背景下，教师不再只是知识的传授者。学生的学习资源、学习环境和学习方式都发生了深刻的变革，学生将根据自身的兴趣、需要和目标寻找教师，学习将是个性化、设计型的；基于互联网的学习将突破时空的限制，也不受同龄人学习进度的束缚；学习将不再是记忆前人的经验和知识，而是掌握实践的技能，探索前所未有的领域。①场景式、跨学科、个性化的学习需要教师成为学习资源的开发者、学习环境的创设者、学生学习的诊断者，学生学习活动的支持者。未来的课程与教材开发、教学设计将广泛应用数字技术，通过数字媒介，学习内容将呈现可视化、虚拟化和全息化等特征，教师将不断开发支持学生自主学习的资源、软件和平台，构建跨年龄、跨空间的线上线下学习网络，并为学习者提供丰富的网络资源与在线指导；教师基于真实与虚拟两种学习环境，以项目或主题创设学习情境，让学生面对真实问题，创设具有开放性、生活性、现实性

---

① 荀渊. 2019. 未来教师的角色与素养. 人民教育，（12）：36-40.

的学习场景，跨学科开展探究性学习，探索基于STEAM①理念的创客教育等新的学习范式；基于核心素养的学习活动将打破传统纸笔的标准化测试，大数据平台为学生过程性的学习活动提供了及时诊断的可能性，无论是知识的学习、技能的习得、思维方式的改变还是学生能力的发展，教师都可以通过大数据的信息收集以及动态的档案管理提供个性化的诊断与学习策略，以提高学生的学习效率与学习质量。

（三）教师是学生发展的促进者

促进学生的发展是教育的终极意义，没有发展就没有教育。那么，学生发展的目标究竟是什么？2014年，教育部印发《关于全面深化课程改革落实立德树人根本任务的意见》，首次提出"中国学生发展核心素养"的概念，主要指学生应具备的、能够适应终身发展和社会发展需要的必备品格和关键能力。中国学生发展的核心素养以科学性、时代性和民族性为基本准绳，以培养"全面发展的人"为核心目标，具体化为文化基础、自主发展、社会参与三个方面、六大素养和十八个要点。文化基础是学生对传统的继承，具有学科性，主要通过人文与科学两大类支撑学科培养学生的人文底蕴与科学精神；自主发展关注的是个体性，作为具有能动意识的个体，学生只有学会自主学习与健康生活，才能养成完整的人格；社会参与是学生社会性的表达，个体只有在不断的责任担当与实践创新的过程中才能成就完善的人生，丰盈有意义的生命。因为所有真实的生命的意义都有一个共同标志，那就是它们都具有普遍意义——能够为众人分享，为他人接受，"生命，就意味着奉献"②。社会性是学生完整人格的集中表现。当教师成为学生核心素养发展的促进者时，其关注的不仅仅是教学的方法，更是育人的艺术，教师应该成为发现学生、了解学生、理解学生生命成长的参与者与促进者。

（四）教师是自我成长的学习者

在变动不居的时代，成长型的人格特质是适应变化的重要前提，学习应该成为未来教师的生存方式。教师的成长主要有三条路径：专业引领、同伴互助和实践反思。首先，教师要通过与各种专业人士的对话获得成长。这种对话不仅仅是场域中的对话，更是跨越时空的对话，教师应该成为不断与智者开展对话的阅读者。培根就把阅读不同类型的书籍对人格养成的价值表达得非常深刻："读史使人

---

① STEAM指科学（science）、技术（technology）、工程（engineering）、艺术（art）和数学（mathematics）。
② 阿尔弗雷德·阿德勒. 2016. 自卑与超越. 杨颖译. 杭州：浙江文艺出版社，9.

明智，读诗使人灵秀，数学使人周密，科学使人深刻，伦理使人庄重，逻辑修辞使人善辩。凡有所学，皆成性格。"①其次，教师要在共同体中成长。为了更好地提升自我和增强自身的教育教学能力，教师组成相互学习、共谋发展的专业学习和教学改进的组织，他们通过教研、科研等共同体的活动，通过教学观摩、经验分享、相互评价等方式，在平等对话中获得发展。最后，教师要通过实践反思获得成长。教师的反思是指教师以现代教育思想和教育理念为基础，对自己的教育实践进行理性的思考、质疑，评价自身教育活动的有效性和存在的问题，进而不断自我升华、自我完善的建构过程。教师只有成为反思型的实践者，才能不断积累实践性知识，使专业能力可持续发展。

第二节　政策维度的教师专业标准

教师专业标准指国家教育机构依据一定的教育目的和教师培养目标制定出的有关教师培养和教育工作的指导性文件。它是教育部门对合格教师的基本专业要求，也是教师开展教育教学活动的基本规范；是引领教师专业发展的基本准则，也是教师准入、培训、考核等工作的重要依据。教师角色的社会期待只有通过政策层面的规范与表达，才能上升为教师专业标准。对教师专业标准进行研究是近年来教师教育的热点问题。从理论上说，教师专业标准是研究教师与教师教育的基础，为进一步理解教师的专业属性、教师的素质与教育教学能力结构提供理论支撑；从实践上说，只有明确教师专业标准，才能为教师的培养培训、促进教师专业发展等一系列问题指明方向。②

一、各国教师专业标准研制概况

描述一个国家的教师专业标准可以分三个环节：一是描述一国教师专业标准的历史发展；二是描述一国教师专业标准的现状，主要涵盖专业标准包括通用教师专业标准和具体教师专业标准的出台背景、基本理念或原则、维度与框架、具体内容等；三是描述影响一国教师专业标准发展的主要因素，如社会结构和社会制度、意识形态、民俗习惯、经济发展情况、文化氛围等，并依据现状对该国教

---

① 弗兰西斯·培根.2013. 培根随笔. 吴昱荣译. 北京：中国华侨出版社, 58.
② 施克灿.2016. 中国古代教育家理想中的教师标准探究. 教师教育研究, (1)：60-65.

师专业标准的未来发展作初步预测。①受研究资料和研究篇幅的限制，本书主要对相关国家专业标准研制的历史、类型及框架展开分析。

20世纪60年代，联合国教科文组织发出倡议，确认和提高教师专业地位。自此，国际社会对提高教师专业地位的实践走上了正轨。20世纪80年代以后，许多国家相继制定了国家层面的教师专业标准，各种形式的教师专业标准的研发、推行和评估活动在全球逐步开展起来。

美国不仅在教师专业标准制定与实施上走在前列，而且构建了比较完整的教师专业发展研制的组织体系和标准体系；不仅有全国性的教师专业标准，还有州级范围的教师专业标准；不仅研制了核心教师专业标准，还在此基础上研制了各学科的教师专业标准，不仅研制了入职教师的专业标准，还研制了优秀教师的专业标准。②1954年，美国全国教师教育认证委员会（National Council for Accreditation of Teacher Education，NCATE）成立，NCATE制定了职前教师的六条标准，根据教育研究的最新成果和社会发展的需要，每七年对标准进行修订，并依据2008年的标准中的6条制定了22套学科教师专业标准。③1987年，美国州际新教师评价与支持联盟（Interstate New Teacher Assessment and Support Consortium，INTASC）成立并制定了全国通用的教师入职标准，包括十条核心标准，并据此制定了艺术教育、小学教育、英语教育、外语教育、数学教育、科学、社会科学和特殊教学标准。同年，美国国家教师专业教学标准委员会（National Board for Professional Teaching Standards，NBPTS）成立，该委员会是一个独立、非营利、无党派的组织，通过建立各学科标准来认证优秀教师，并授予高级证书，该委员会成立20多年来先后制定了多个基础教育各学科和不同年龄段的优秀教师专业认定标准。2001年，美国优质教师证书委员会（American Board for Certification of Teacher Excellence，ABCTE）成立，专门从事优秀教师专业标准的制定，现已形成分别适用于职前、入职和职后较完善的全国性教师专业标准体系。

英国制定了比较丰富而完善的教师专业标准体系，于1972年颁布的《詹姆斯报告》奠定了现代英国教师教育体系的基础。1984年，英国建立了教师教育认定委员会（Council for Accreditation of Teacher Education，CATE），旨在加强中央对教师教育的管理。1988年，英国首次确立了《合格教师标准》（Qualified Teacher Status，QTS），只有取得合格教师身份的人方可在公立中小学任教。1993年，英

---

① 邵建辉. 2008. 教师专业标准研究——基于国际案例的视角. 华东师范大学博士学位论文.
② 周文叶, 崔允漷. 2012. 何为教师之专业：教师专业标准比较的视角. 全球教育展望, (4): 31-37.
③ NCATE. 2008. Professional Standards for the Accreditation of Teacher Preparation Institutions. http://www.ncate.org/Public/Publications/ProfessionalStandards/tabid/508/Default.aspx. [2011-04-23].

国教育部对《合格教师标准》进行了修订。1994 年，教师教育认定委员会更名为师资培训署（Teacher Training Agency，TTA），致力于建立一个全国范围内的教师教育质量标准体系，为教师教育提供保障。1998 年，英国教育科学与就业部颁布《教师：迎接变化之挑战》（Teacher: Meeting the Challenge of Change），提出了教师生涯中的五个阶段，使教师专业化问题成为英国真正关注的焦点之一。同年，师资培训署颁布《英国中小学教研组长的专业标准》（National Subject Leader Standards）。2002 年，师资培训署颁布《英国合格教师专业标准与教师职前培训要求》（Professional Standards for Qualified Teacher Status and Requirements for Initial Teacher Training）。2005 年，苏格兰首次实施教师标准。标准在实际实施中由 2005 年颁布的《领导力标准》（Standard for Leadership）、2006 年颁布的《职前教师教育标准》（Standard for Initial Teacher Education）、《完全注册教师标准》（Standard for Full Registration）及 2009 年颁布的《特许教师标准》（Standard for Chartered Teacher）构成。[①]2006 年，学校培训和发展署（Training and Development Agency for Schools，TDA）颁布了新的《合格教师资格标准》，它是教师教育培养机构的重要办学依据和指南，它的修订意味着教师教育办学机构必须依据标准的变化做出相应的调整。2007 年，TDA 正式颁布《英国教师专业标准修正案（草案）》。同年，《英国教师专业标准》正式推行，该标准适用于英国学校的各级各类教师。2011 年，英国政府对教师专业标准进行修订完善，将五级标准综合简化为两级，并颁布《教师标准》和《杰出教师标准》两份新的政策文本，于 2012 年 9 月正式实施。

澳大利亚教师标准制定的兴起是一种政府行为，其中包括联邦和州两级政府。他们利用政策、资金、宣传等措施来推动运动的展开。这时期所制定的教育专业标准多为"初任教师专业标准"，属于针对所有新教师的一般性标准。标准制定者多为教育行政机构中的人员，系统的标准制定程式尚未建立，标准的指标设计侧重于达成一定的教育教学目标所应具备的能力、结构，标准的制度建设及评价方法没有受到太多的重视。到 20 世纪 90 年代末，教育专业人士逐渐介入教师专业标准的制定。1998 年，澳大利亚制定并颁布《全国入职教师教育标准与指南》。此时期所制定的教育专业标准在种类上增加了"单科教师标准""优秀专业人员标准"等，并于 2003 年制定颁布了第一个全国性教师专业标准——《全国教师专业标准框架》。随着澳大利亚基础教育改革新战略《墨尔本宣言》的发布，澳大利亚政府在《澳大利亚 2020》规划纲要中承诺，将提高教师质量作为基础教育改革

---

① 陈时见，覃丽君. 2013. 苏格兰教师标准改革及启示. 外国中小学教育，（3）：28-33.

的优先领域，并在 2009 年开始了新的教师标准的制定工作；2010 年 3 月，澳大利亚政府颁布新的《全国教师专业标准》，该标准为基础的资格认证制度、晋升制度、专业发展制度等逐步完善。档案袋评价法、评估中心评价法等衡量教育专业人员是否达成"标准"的方法受到推广。

新西兰教师协会（Teacher Council）开发了新的"注册教师标准"（registered teacher criteria），并于 2010 年正式施行，逐渐取代了之前的合格教师维度（satisfactory teacher dimension）。新西兰于 2010 年颁布专门的教师注册标准，从专业价值观和专业知识观两大方面规定了教师实现成功教学所需要的专业责任、专业知识、专业实践以及专业领导能力。2015 年 7 月，新西兰教师协会转变为教育协会（Education Council），并对《1989 年教育法》进行了修订，要求教育协会建立新的教师资格标准。同年，教育协会将"注册教师标准"更名为"从业教师标准"（practicing teacher criteria），教师想要获取或更新正式教师资格认证，就必须达到相应的标准，校长或专家可以利用该标准对教师进行评估。另外，教师资格认证标准应当与其他专业标准一起得到合理的利用。

近年来，一些亚洲国家（如日本、菲律宾、马来西亚等）也开始对教师专业标准进行研究。2009 年，马来西亚颁布新的教师标准（Malaysia Teacher Standards，MTS），这是东南亚地区第一个以胜任力为基础建立的教师标准。[①]

从各国研究教师专业标准研制的概况不难看出，教师专业标准的研究和制定是教师专业化发展的必然趋势，不同国家依据本国社会发展和教师教育发展的不同需求研究和制定出不同类型的教师专业标准，有些国家的教师专业标准比较成熟，形成了标准体系。尽管各国教师专业标准制定的背景、体系、内涵以及框架结构不尽相同，但是由于教师教育改革的共同趋势，各国的教师专业标准也表现出许多共性。

各国的教师专业标准研制遵循从单一到体系、从入职到优秀、从通用到学科的不断深化和细化的发展过程，也形成了类型丰富的教师专业标准。由于划分依据的差异，教师专业标准的类型也不同，一般依据教师发展阶段、教师专业类型、标准的适用范围等视角将教师专业标准分为不同类型。

依据教师发展阶段，可以将教师专业标准分为职前、入职、在职三类，具体而言分为：师范生专业标准，对象为接受不同专业师范教育的在读大学生，这一标准比较少见，德国比较重视这个标准，通过教师教育标准加以体现；入职教师专业标准，一些国家主要通过各种教师资格认证标准体现这一标准，德国则通过

---

① 刘娟娟，马路平. 2013. 马来西亚 MTS 教师标准及启示. 教育理论与实践，(11)：26-29.

教师国家考试标准体现；优秀教师专业标准，如美国的 NBPTS 通过学科教师标准认证优秀教师，英国教育部则出台了《杰出教师标准》。

依据教师专业类型，可以将教师专业标准分为不同学段、不同学科教师的专业标准，如中国就把教师专业标准分成幼儿园、小学、中学、职业教育和特殊教育五种教师专业标准，美国、澳大利亚、菲律宾等则根据不同学科制定教师专业标准，如科学教师专业标准等。

依据标准的适用范围，可以将教师专业标准分为国家教师专业标准和地方教师专业标准。国家教师专业标准是一个国家关于教师专业标准的最高规定，是指导教师专业发展的全国性标准框架，如美国、英国和澳大利亚曾先后颁布国家层面的教师专业标准，同时，不同的地方也可以依据国家标准制定地方教师专业标准，如英国的苏格兰就曾制定五个不同类型的苏格兰教师专业标准。

尽管各国研制教师专业标准的背景、理念、框架和具体内容不尽相同，但是把教师专业标准从不同的维度进行梳理，同时具体化为各种要求的制定逻辑是共通的，这从各国的教师专业标准的维度设计可见一斑（表 2-1）。

表 2-1 澳大利亚、英国、新西兰、美国等国家教师专业标准的范畴与领域

国家	教师专业标准的范畴/制定机构	教师专业标准的领域
澳大利亚	专业知识	①了解学生及其学习方式；②知道学科内容及其教学方式
	专业实践	①能为实施有效教与学做好规划；②营造并维持安全的、支持性的学习环境；③评价、报告学生的学习，并为其提供反馈
	专业承诺	①参与专业学习；②与同事、家长和社区建立专业关系
英国	专业品质	①与儿童和青少年的关系；②职责与规章；③与他人的交流与合作；④个人专业发展
	专业知识与理解	①教与学；②评价与管理；③学科与课程；④读写算能力与信息通信技术；⑤成绩和差异性；⑥促进学生身心健康发展
	专业技能	①教学设计；②教学；③评价；④监督与反馈；⑤教学反思；⑥创设学习环境；⑦团队合作
新西兰	专业知识	①知道教什么；②了解学习者及其学习方式；③了解情景因素影响教与学的方式
	专业实践	①应用专业知识规划安全、高质的教与学的环境；②利用证据促进学习
	专业价值观与专业关系	①与学习者和学习社区的成员发展积极的关系；②忠诚于本职业
美国	州际新教师评价与支持联合会	①学科知识；②学生学习；③学生的多样性；④教学策略；⑤学习环境；⑥交流手段；⑦教学计划；⑧评价策略；⑨教师的反思与专业发展；⑩合作关系
	国家教师专业标准委员会	①致力于学生的学习；②学科知识及其教学方法；③管理和调控学生学习；④反思自己的实践；⑤学习共同体

资料来源：周文叶，崔允漷. 2012. 何为教师之专业：教师专业标准比较的视角. 全球教育展望，（4）：31-37.

二、德国的教师专业标准

德国的《教师教育标准：教育科学》和《各州通用的对教师教育的学科专业和学科教学法的内容要求》分别于 2004 年和 2008 年由德国各州文教部长联席会议（KMK）决议发布。这两份标准文件对师范生在职前教育结束时需要掌握的知识、能力、态度等方面做了规定，标志着德国教师教育确立了全国统一的标准和要求。

（一）德国教师教育标准制定的背景与功能

制定教师教育标准是德国 21 世纪以来教师教育领域改革的重要举措。德国教师教育标准的出台至少受内外两个方面因素的影响和推动。内部动因主要体现在德国教师教育课程内部结构的矛盾。1998 年，德国各州文教部长联席会议任命了一个由学者和教育行政人员组成的"教师教育联合委员会"，由其负责分析德国教师教育的现状与问题并指明未来教师教育的发展方向。[1]2000 年，该委员会公开发表了一份题为《德国教师教育的前景》的报告。报告指出，当前德国教师教育存在结构性不足，如在大学学习阶段，教育科学、学科教育、学科教学法以及学校实习四个环节结合不够紧密，此外，第一阶段理论学习和第二阶段的预备见习在内容上的衔接也存在不足，致使现有的制度框架未能充分发挥其潜力。[2]外部动因则主要归结于 PISA 测试带来的震惊和博洛尼亚进程的影响。德国在 2000 年由 OECD 发起的 PISA 测试中失利，表明德国 15 岁学生和其他国家学生相比成绩处于中等偏下的位置，且不同联邦州和不同类型的中学教育水平参差不齐。这一结果严重打击了德国民众的教育自信心和自豪感，成为德国基础教育改革和教师教育领域改革的主要推动力。此外，旨在创造欧洲高等教育区的博洛尼亚进程对德国传统教师教育学制难以与欧洲其他国家兼容的问题成为德国教师教育标准出台的外在动因。

德国教师教育标准公布以来，KMK 委员会建议各类承担培养师范生任务的高校将该标准作为改进教师教育课程体系的参考，并建议用于评价职前教育的效果。该标准详细描述了教师理论教育和实践教育环节的对应与整合，体现了对教师教育实效性的追求。此外，该标准的出台有利于实现全国范围内师范生职业素养的横向比较，也有利于德国师范生在全国范围的流动。

---

[1] Kötters-König C. 2002. Sammelrezension: Lehrerbildung. Zeitschrift für Erziehungswissenschaft，(3): 511.
[2] 孙进. 2012. 德国教师教育标准：背景·内容·特征. 比较教育研究，(8): 30-36.

（二）德国教师教育标准的基本理念

德国教师教育标准的制定秉承"素养导向"的价值取向，注重考查师范生在完成职前培养环节时的职业胜任力，即师范生是否能"站稳"讲台。由此，KMK建议开发基于"专业行为素养"的教师教育课程体系。KMK原主席特尔哈尔特（Terhart）认为，教师的专业化与否只能在实践中通过"做"才能展示出来，于是他提出"素养性行为"的概念，其基本属性体现在：①在现实世界里的行动；②具有对行为情景和行动相关的条件敏感性；③在知识和能力以及观念和态度的综合能力中开展工作；④以目标为导向，对工作的结果有所预想，以满足兴趣和需要为导向，令行动者充满积极性。[①]德国"素养导向"的教师教育标准对师范生、教师培养机构以及他们的合作伙伴提出了共同的要求，即捍卫德国教师教育的质量。因此，"素养导向""质量保证"是德国教师教育标准制定的基本理念。

（三）德国教师教育标准的内容框架分析

2004年的《教师教育标准：教育科学》的核心是对未来教师需要获得的教学、教育、评价和创新4个素养领域规定了行为层面的要求。每一素养领域包含具体素养内容，共有11项，每项之下又制定了具体的能力、技能和态度。因此，德国教师教育标准是一套由素养、能力和技能（或态度）构成的三级指标体系。

三、中国的教师专业标准

教师专业标准的研制成为各国教师教育改革的潮流之际，我国教育部分别于2012年、2013年和2015年颁布了5个教师专业标准，标志着我国教师教育的专业化进入新阶段。

（一）中国教师专业标准制定的背景与功能

为了促进教师的专业发展与教育教学质量的提高，1986年，《中华人民共和国义务教育法》首次以法律形式规定："国家建立教师资格考核制度，对合格教师颁发资格证书"，以教师资格考核制度作为我国教师资格认证的依据，为新教师的认定工作提供了制度上和法律上的保障。《中华人民共和国义务教育法》颁布之后，教育相关部门还制定了一些法律法规，为该制度的顺利实行提供了法律保障。2001年，《国务院关于基础教育改革与发展的决定》颁布，为了进一步落实基础教育改

---

① 胡敏. 2020. "素养导向"视角下德国教育实习改革研究及启示. 杭州：浙江大学.

革，提高基础教育的质量，教师专业发展问题提到了前所未有的高度，研究和制定教师专业标准成为教师教育专业化的核心问题。我国学术界真正关注教师专业标准问题始于 2003 年在华东师范大学召开的联合国教科文组织亚太地区"教师专业标准研制专家会议"，之后通过年度性的"国际教师教育论坛"这一高端国际教师教育创新平台的推动而日益引起政府、学界及广大一线教育管理者和实践者的关注。

教师专业标准公布以来，明确规定了教师专业标准"三基本""一依据"的主要功能。我国教师专业标准是国家对合格教师专业素质的基本要求，是教师开展教育教学活动的基本规范，是引领教师专业发展的基本准则，是教师培养、准入、培训、考核等工作的重要依据。它鲜明地确立了教师专业标准作为一种基础性、规范性和引领性的教师专业标准特性，明确了教师专业标准的功能范围。

（二）中国教师专业标准的基本理念

任何一种标准的制定都应秉承一定的价值取向，我国教师专业标准明确提出了"学生为本、师德为先、能力为重、终身学习"的四大基本理念。"学生为本"是教育教学的终极目标，也是教育活动的初心和价值追求——以学生发展为本，强调了以学生为主体，充分调动和发挥学生的主动性。关注教育对象的成长需求，遵循学生身心发展的特点，提供适合个体发展的教育。"师德为先"是实现终极目标的必要条件，教师职业道德是指教师对待事业的态度、对待劳动对象的态度以及教师的自我道德修养，教师爱岗敬业、仁爱之心及诲人不倦的师德品格是教师职业道德的核心表现。教师只有不断修炼自身的德行，才能真正成为影响学生的人生导师。"能力为重"是实现终极目标的关键，也是教师专业性的集中体现。教师把本体性知识、条件性知识、实践性知识和背景性知识运用于教育场景，通过实践反思提升自身的教书育人的实践能力。"终身学习"是实现教育教学终极目标的必要保障。终身学习是当代社会的重要特征，学生的生长性和知识的生长性都要求教师成为终身学习者。终身学习使教师一方面通过理论学习不断充实和完善自己，另一方面学会在实践中反思与升华，使学习成为一种职业生存的状态。

（三）中国教师专业标准的内容框架分析

中国教师专业标准的内容框架分为 3 个层次，具体包含"维度""领域""基本要求"。以小学教师专业标准为例，分为 3 个维度 14 个领域 61 项基本要求。这三个层级不断展开，从抽象到具体。这样的框架设计具有非常鲜明的中国式思维。中国文化"天、地、人"三才的稳定结构影响了中国人的思维方式，3 个维度是指"专业理念与师德""专业知识""专业能力"。这样的三维划分具有非常鲜明的中国式思维和教育学的学术传统。

比较中德两国教师专业标准制定的背景、基本理念和内容框架，可以分析出两国在教师职业能力要求方面的共性与个性。首先，两国教师的专业标准内容框架都采用三级标准体系，对教师职业的要求从宏观、中观和具体微观层面进行分级，体现了层层深入的逻辑特点。其次，中德两国都秉持"能力为重"的价值取向，强调教师职业胜任力的培养。但是，两国教师的专业标准在出台的背景上存在差异，德国教师专业标准的出台更像是一种应对PISA失利的应激反应，当然也有对德国原有教师教育结构性矛盾的反思，但更多地在于外部因素的推动。反观我国，教师专业标准的制定遵循着教师教育发展的自身逻辑，似"水到渠成"。最后，我国教师专业标准更注重师范生"师德"的培养，是对师范生指向内在自我的高尚品德要求，而德国教师专业标准更侧重指向个体外在的技能培养，针对内在自我的要求更多地落脚在培养师范生的反思素养，体现在对教师角色的认知层面。

第三节 学术视域的教师能力

如果说标准更多的是政策层面的表达，那么能力就是学术视角的探讨。能力概念的研究丰富且复杂，至今没有统一的定论。对能力的研究包括对这一概念内涵的界定和外延的描述，《辞海》中对能力作了这样的界定："成功地完成某种活动所必需的个性心理特征。分一般能力和特殊能力。前者指进行各种活动都必须具备的基本能力，如观察力、记忆力、抽象概括力等。后者指从事某些专业性活动所必需的能力，如数学能力、音乐绘画能力或飞行能力等。"[①]这一对能力内涵的描述主要从心理学角度界定，认为能力是人的某种个性心理特征，具有相对稳定的特征。人的各种能力是在素质的基础上，在后天的学习、生活和社会实践中形成和发展起来的。这一能力界定为我们对教师能力的研究奠定了基础。

一、历史视角的教师能力研究

（一）国外教师能力研究

国外教师能力研究分为三个阶段。第一阶段：20世纪初及之前，这是国外教

---

① 辞海编委会. 2002. 辞海. 上海：上海辞书出版社，1224.

师能力研究的经验期。这一时期是经验研究阶段，主要是零散地描述对教师的基本要求，散见在各位教育家的教育思想之中。第二阶段：20世纪初至80年代，这是国外教师能力研究的规范期，这一时期教师能力的概念被正式提出，心理学和自然科学量化研究的方法被引入教师能力研究。第三阶段：20世纪80年代至今，这是国外教师能力研究的发展期。这一时期教师能力的研究成果丰富，并上升为理论层面和政策层面的研究。

第一阶段：20世纪初及之前的教师能力研究仍处在经验期。许多教育思想家对教师的素养和能力要求提出了不同的期待，比较具有代表性的是德国的第斯多惠在《德国教师培养指南》（1835年）一书中的表达。作为世界上第一所师范学校的校长，第斯多惠对教师的素养提出了自己的要求，他特别强调教师激发儿童主动性的能力。他强调，"一切教育和课堂教学的首要任务，就形式而言就是激发学生的主动性"[1]，认为"人的固有本质就是人的主动性。一切人性、自由精神及其他特性都从这一主动性出发；一切创作、思维、注意力、感受，所有的克己、谈话、行动以及所有的自由运动和手势都以主动性为核心力量"[2]，"没有激发便没有发展，天资也就停滞不前。教育就是激发，教育理论就是激发理论"[3]。因此，"教育的最高目标就是激发主动性，培养独立性。从广义上说这就是一切教育的最终目的"[4]。第斯多惠还精辟地论述了教师应具有终身发展的能力："一个名副其实的教师应当以身作则，身体力行，主动号召学生积极行动起来。教师的一言一行，常常影响着学生，都会给学生带来希望和活力。""教师不但本身要进行自我教育，自我完善，同时还要教育别人。教师应当以教育事业为终身职业，自我教育也是终身教育……认识了这一崇高的任务，教师就得首先开始自我修养。教师要言行一致，身体力行，不但要倾听真理，学习真理，而且更重要的是把自己内心拥护的真理和自己的实际生活、思想与意志紧密地联系起来，融为一体，这是教师的自我完善，做不到这一点，就不可能做一个有抱负的真正的人。"他认为教师的人格魅力比说教对学生更有价值。"有人主张只用讲话就可以培养和教育人，这是一种片面的浅见，与教育的本质背道而驰，他们认为只凭单纯传授知识和培养技巧，就可以全面深入影响学生，并且认为教育事业本身是随着时间逐渐完善而达到终点。这纯粹是无稽之谈，是空想。一个好教师从个人和别人的许多宝贵经验中切身体会到，一个人要有所作为，与其说是用本身的知识去影响

---

[1] 第斯多惠. 2001. 德国教师培养指南. 袁一安译. 北京：人民教育出版社，89.
[2] 第斯多惠. 2001. 德国教师培养指南. 袁一安译. 北京：人民教育出版社，22.
[3] 第斯多惠. 2001. 德国教师培养指南. 袁一安译. 北京：人民教育出版社，79.
[4] 第斯多惠. 2001. 德国教师培养指南. 袁一安译. 北京：人民教育出版社，88.

人，还不如说是用自己的思想行为来培养人。"①此外，第斯多惠还论及了教师应该具有把握教材的能力、教学方法的能力等，对教师的素养还特别强调了要"热爱教育事业""热爱真理"。从第斯多惠对教师的期待不难发现，在人们还未对教学的有效性有高追求的时代，人们对教师能力的理解更多倾向于教师应具备对人的发展能力的关注，而不仅是教学能力的娴熟。

1834年，美国第一所公立小学出现，这就需要出现师资培养的机构来解决问题。早在1923年，霍尔（Samuel Hall）在佛蒙特州康考德市设立了培训师资的学校，卡特（James G. Carter）于1827年在马萨诸塞州的兰卡斯特市设立同样的机构，这两所学校是美国师范学校的先驱。②当时，曼（Horace Mann）在考察欧洲教育而称赞普鲁士邦的小学教师知识面广，教学熟练、管理得法，师生关系亲切。③因此，教师能力成为关注的问题。

第二阶段：20世纪初至80年代，这是教师能力研究的规范期。二战以后，由于苏联人造卫星上天给美国的教育领域带来了极大的冲击，美国开始了新一轮的课程改革，布鲁纳在《教育过程》一书中提出了学科基本结构、发现教学法等教育学的新概念，这些新概念、新思想对教师的能力提出了新挑战，人们对教师能力的研究超越了经验的概念，希望通过更加科学的方法规范教师能力并有效地提升教师的能力。1963年，美国斯坦福大学的爱伦（Dwight W. Allen）提出了微格教学训练师范生教学能力的概念，极大地促进了师范生教学能力的细化研究。20世纪70年代，美国佛罗里达州开展对教师能力的研究，提出教师能力主要包括衡量及评价学生行为的能力、进行教学设计的能力、教学演作的能力、承担行政职责的能力、沟通能力、发展个人技巧的能力、使学生自我发展的能力。此时的教师能力主要以外延枚举的方式建构，还没有形成教师能力的理论架构。

第三阶段：20世纪80年代至今，教师能力研究的发展期。从政策层面看，随着全球化的教育改革的进程，美国颁布了一系列教育法案，教师专业发展成为人们关注的焦点；从学术层面看，智能结构、胜任力模型等研究为教师能力结构的研究提供了理论基础，教师能力研究成果丰富。1983年，美国心理学家加德纳（Howard Gardner）提出了多元智能理论，认为每个个体都相对独立地存在着与特定的认知领域和知识领域相联系的八种智能：言语-语言智能（verbal-linguistic intelligence）、音乐-节奏智能（musical-rhythmic intelligence）、逻辑-数理智能

---

① 第斯多惠. 2001. 德国教师培养指南. 袁一安译. 北京：人民教育出版社，23-24.
② 朱旭东. 2011. 教师专业发展理论研究. 北京：北京师范大学出版社，87.
③ 滕大春. 2011. 美国教育史. 北京：人民教育出版社，194.

(logical-mathematical intelligence)、视觉-空间智能（visual-spatial intelligence）、身体-动觉智能（bodily-kinesthetic intelligence）、自省智能（intrapersonal intelligence）、人际智能（interpersonal intelligence）、自然探索智能（naturalist intelligence）。他强调智能是个体解决实际问题和生产及创造出社会需要的有效产品的能力。这样的智能概念是把个体的内在心理特性与社会活动融合起来，超越了认知领域的概念，拓展到个体的社会性的发展。这为教师能力的研究提供了新的心理学视角。1973年，美国哈佛大学麦克利兰（David McClelland）发表了《测量胜任力而非能力》的文章，对以往智力和能力倾向测验提出了批评，他认为真正具有鉴别性的是员工的高绩效行为特征，这就是"胜任力"（competency），它是与工作绩效或生活中其他重要成果直接相似或相联系的知识、技能、能力、特质或动机。这一有创见的概念很快得到了学术界的普遍认可，成为心理学、人力资源管理、教育学等领域的研究热点。美国学者博亚特兹（Richard Boyatzis）对麦克利兰的胜任力理论进行了深入的研究，提出了"胜任力洋葱模型"（图2-1），展示了胜任力构成的核心要素，并说明了各构成要素可被观察和衡量的特点。这些研究为教师胜任力的研究提供了多元的研究视角。

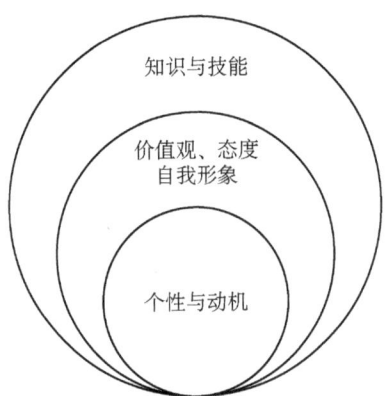

图2-1　胜任力洋葱模型

资料来源：Boyatzis R E. 1982. The Competent Manager：A Model for Effective Performance. New York ：John Wiley & Sons，35.

国外教师胜任力有几项代表性的研究，毕斯考夫（Tom Bisschoff）等运用结构化问卷对教师胜任力包括学习环境、教师专业承诺、纪律、教师的教学基础、教学反思、教师的合作能力、有效性和领导8个层面进行了因素分析，总结出两个因素模型，即教育胜任力（educative competence）和协作胜任力（collaborative competence)。①卡比拉（Muhammad K. Kabilan）提出教师的胜任力评价标准，分别是动机、技能知识思想、自我学习、交互能力和计算能力等5项（表2-2）。

表2-2 卡比拉教师胜任力标准

教师胜任力	标准（定量/定性数据）
动机	显示教师动机、决心、自信、鼓励、支持等，和/或与之相关的发展和结果
技能知识思想	显示教师技能、知识、思想、思考能力等，和/或与之相关的发展和结果
自我学习	显示自我学习、对学习的自我管理、对学习的自我否定等，和/或与之相关的发展和结果
交互能力	显示获得或提高个人合作和社会交互能力、共享、交流能力等，和/或与之相关的发展和结果
计算机能力	显示掌握计算机技术和获得计算机网络相关的技能，和/或与之相关的发展和结果

资料来源：Kabilan M K. 2004. Online professional development: A literature analysis of teacher competency. Journal of Computing in Teacher Education, (2): 51-57.

教师胜任力研究把教师能力从心理学视角的关注拓展到教育学视角的把握，突出教师能力的结构化、可观察、可操作的特性。

（二）我国教师能力研究

我国教师能力研究从20世纪70年代末改革开放之后增多，由于资料占有的情况，本研究仅仅对教师能力梳理了近40年的研究历程。从研究的内容看，教师能力研究从外延、单一、宏观向内涵、多角度、微观转变，不仅关注了教师能力的外延描述，更关注了教师能力的内涵特质；不仅研究了教师能力结构，也研究了教师能力的水平状况、教师能力的形成与发展以及教师能力对教育效果的相关性分析；不仅分析了宏观层面的教师能力，也对能力进行了分层级的微观研究。从研究的思路看主要有两种，一种是实证性研究思路，另一种是解释性研究思路。

教师能力是能力的一种，是与专业性活动相关的特殊能力。对教师能力的界定也较多沿用心理学概念，认为"教师能力是指教师在教育教学活动中表现出来的、直接或间接影响教育教学活动的质量和完成情况的个性心理特征"，"是在实践中发展起来的、反映教师职业活动要求的能力体系"②。宁虹认为，这样的能力描述"对教师能力的界定是以外延性描述呈现的"，"在能力的内涵、结构和外延性描述之间缺少内在一致的解释环节"，宁虹进一步强调，"外延的罗列并不能使实质性内涵得到明确的呈现；与此相关联，内涵不明确的外延表现组合也不能为

---

① Bisschoff T, Grobler B. 1998. The management of teacher competence. Journal of In-Service Education, 24 (2): 191-211.
② 卢正芝, 洪松舟. 2007. 我国教师能力研究三十年历程之述评. 教育发展研究, (1B): 70-74.

自己作为教师能力的结构体系提供合理的依据，无法为自己确定的维度、条款做出超越经验的解释，无法论证自己的体系何以可能完整地和无偏失地呈现教师应有的能力。因此，关于教师能力的实质性内涵是什么的问题是不可回避的"。①宁虹构建了教师能力标准的理论模型，探讨了教师各种能力共通的内涵机构及运作机制（图 2-2）。

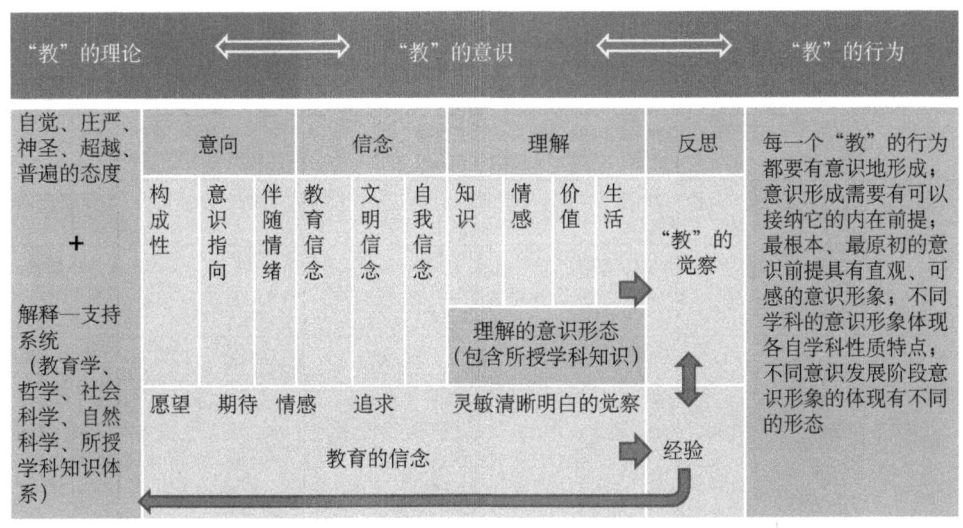

图 2-2　教师能力标准理论模型图
资料来源：宁虹. 2010. 教师能力标准理论模型. 教育研究，（11）：77-82.

在这一模型中，"教"的理论—"教"的意识—"教"的行为是教师能力的基本构成，是教师能力的完整体现。同时，三者之间的关系也表示教师能力构成的基本机制。教师能力内涵从理论到意识到行为的整体结构及其相互影响的关系探讨，使教师能力的研究不断深入，同时扩大了教师能力的内涵。它不仅仅是与教师道德、知识割裂的独立系统，更是将能力视作知识、技能、态度的有机整合，这也是国际上对能力概念理解的趋势。国际培训、绩效、教学标准委员会将能力标准定义为：一整套使得个人可以按照专业标准的要求有效完成特定职业或工作职责的相关知识、技能和情感态度，分别以专业基础、计划与准备、教学方法与策略、评估与评价、教学管理等能力维度提出各项能力以及具体绩效指标。②这两者有异曲同工之处，只是我国的研究更加细致地勾勒了各种要素之间的内在联系。

另外，对教师能力的外延研究从枚举式走向结构化。我国教师能力外延的研

---

① 宁虹. 2010. 教师能力标准理论模型. 教育研究，（11）：77-82.
② Klein J D，Spector J M，Grabowski B，et al. 2004. Instructor Competencies: Standards for Face-to-face，Online，and Blending Settings. Greenwich：Information Age Publishing，13.

究从最初的一级的宏观枚举逐渐走向二级乃至多级的微观描述（表2-3）。

表2-3 几种有代表性的教师能力结构表

研究者	教师能力结构
邵瑞珍等[①]	①思维条理性、逻辑性；②口头表达能力；③组织教学能力
陈顺理[②]	①对教学对象——学生的调节、控制和改造的能力（了解学生的能力、因材施教的能力、启发引导的能力、教会学生学习的能力、组织管理学生的能力）；②对教学影响的调节、控制和改造能力（对教学内容加工处理的能力、对教学方法手段的选择运用能力、对教学组织形式合理利用的能力、言语表达能力、检查教学效果的能力）；③教师自我调节控制能力（较强的自学能力、较强的自我修养能力、敏感地接受反馈信息的能力）
孟育群[③]	①认识能力（思维的逻辑性、思维的创造性）；②设计能力；③传播能力（语言表达能力、非语言表达能力、运用现代教育技术的能力）；④组织能力；⑤交往能力
罗树华和李洪珍[④]	①基础能力（智慧能力、表达能力、审美能力）；②职业能力（教育能力、班级管理能力、教学能力）；③自我完善能力；④自学能力（扩展能力、处理人际关系能力）
林崇德[⑤]	①教师自我监控能力（教学活动的计划与安排、对教学活动有意识的监察评价和反馈、对教学活动的调节、矫正和自我控制）；②课堂教学基本功（讲、写、坐、画、演）；③学科教学能力
靳莹和王爱玲[⑥]	①基本认识能力（观察力、注意力、记忆力、想象力、思维力）；②系统学习能力（自我能力、专业能力、信息资料的加工利用能力、外语能力）；③调控与交往能力（行为与心理的调控能力、人际交往能力）；④教育教学能力（组织管理能力[教学内容的组织加工能力、课堂教学的组织实施能力、教育管理能力]、表达能力[语言及非语言表达能力、书面表达能力、板书表达能力、情感表达能力、现代教育技术运用能力]）；⑤拓展能力（教师自我发展的规划能力、教育教学知识的扩展运用能力、开展创造型教学的能力、教育科学研究能力）
叶澜[⑦]	①一般能力（智力）；②特殊能力（分为两层：一层是与教师教学实践相联系的，如语言表达能力、组织能力、学科教学能力等；二层是有利于深化教师对教学实践认识的教育科研能力）

资料来源：改编自吴卫东. 2005. 教师专业发展与培训. 杭州：浙江大学出版社，14.

此外，一些学者从结构化的角度研究了教师能力的构成及其关系。申继亮和王凯荣在林崇德研究的基础上进一步对教师教学能力构成的维度进行了系统研究，明确提出了教师教学能力结构模型（图2-3）。

通过对教师能力结构的分析，我们不难发现我国教师教学能力的研究外延不断扩大，从教学拓展至教育活动，有些研究对教师的能力不断细化深入，构建了三级教师能力体系。

---

① 邵瑞珍等. 1983. 教育心理学：学与教的原理. 上海：上海教育出版社，265.
② 陈顺理. 1988. 教学能力初探. 课程·教材·教法，（9）：53-58.
③ 孟育群. 1989. 现代教师的教育能力结构. 教育论丛，（4）：52-58.
④ 罗树华，李洪珍. 1997. 教师能力. 济南：山东教育出版社：27-73，74-258，395-450.
⑤ 林崇德. 1999. 教育的智慧：写给中小学教师. 北京：开明出版社，45-50、54-76、124-153.
⑥ 靳莹，王爱玲. 2000. 新世纪教师能力体系析. 教育理论与实践，（4）：41-44.
⑦ 叶澜. 2001. 教师角色与教师发展新探. 北京：教育科学出版社，237-274.

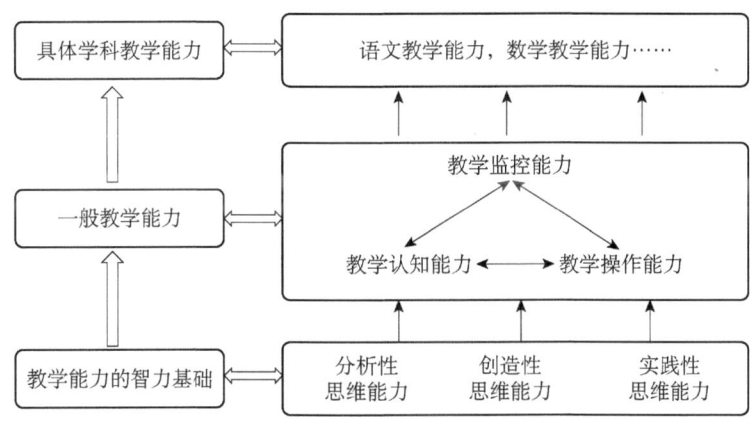

图 2-3 教师教学能力结构模型

资料来源：申继亮，王凯荣. 2000. 论教师的教学能力. 北京师范大学学报（人文社会科学版），(1)：64-71

还有一些学者将教师能力研究从定性描述转向定量分析。比较经典的研究是对教师能力要素的问卷调查研究和教师胜任力模型的定量研究。2007 年，张波通过问卷调查，对教师的教学能力、科研能力、管理能力和创造能力 4 个一级能力指标以及所属的 26 种二级能力指标进行了同意列项率的问卷调查，调查结果表明 4 个一级能力指标和 26 个二级能力指标共同构建了教师能力框架，得出这一结论的调查依据（表 2-4）。

表 2-4　教师能力同意列项率调查表

教师能力一级指标	教师能力二级指标	结果说明
教学能力	把握课程标准和教材的能力、选择运用教学参考书的能力、设计教案的能力、讲授能力、非语言表达能力、实际操作能力、检查教学效果的能力、开展第二课堂活动能力	这八种能力的同意列项率均在 83% 以上。其中支持率最高的是讲授能力（96.52%），其次是把握课程标准和教材的能力（94.35%）
科研能力	选题能力、收集处理信息的能力、运用科研方法的能力、教改实验能力、撰写报告和论文的能力	教师对这五种能力的同意列项率在 83% 以上，其中支持率最高的为教改实验能力（91.74%）
管理能力	认知能力、决策能力、组织协调能力、指导评价能力、信息管理能力、思想教育能力、参与学校管理能力和自我管理能力	教师对这八种能力的同意列项率在 76% 以上。其中，支持率最高的是认知能力和指导评价能力（均为 90.43%）
创造能力	创造性思维能力、更新教学内容的能力、教学法变式能力、创设最佳教学情境的能力、探索思想教育新形式的能力	教师对这五种能力的同意列项率均在 86% 以上。其中支持率最高的是创设最佳教学情境的能力（91.74%）

资料来源：张波. 2007. 论教师能力的建构. 教育探索，(1)：78-80.

21 世纪以来，我国学者开始关注教师胜任力研究，至此，胜任力研究成为教师能力研究的主要领域。对该领域进行系统研究的学者主要是张厚粲和徐建平等，他们把教师的胜任力分为基准性胜任力和鉴别性胜任力。他们运用行为事件访谈技术访谈了 31 名中小学教师，通过对叙述的 180 个关键事件的主题分析和行为编码以及对不同绩效教师胜任特征的差异比较，提炼了教师两种胜任力的不同要素（表 2-5）。

表 2-5 教师的两种胜任力要素表

类型	具体胜任特征		
鉴别性胜任力	提升的动力	责任感	理解他人
	自我控制	专业知识与技能	情绪觉察能力
	挑战与支持	自信心	概念性思考
	自我评估	效率感	
基准性胜任力	组织管理能力	正直诚实	创造性
	宽容性	团队协作	反思能力
	热情	沟通技能	尊重他人
	分析性思维	稳定的情绪	

资料来源：徐建平，张厚粲. 2006. 中小学教师胜任力模型：一项行为事件访谈研究. 教育研究，(1)：57-61.

其中，基准性的教师胜任力要素是所有教师从业者都必须具有的特征，是合格教师的基本要求，鉴别性胜任力要素是优秀教师所具备的共同特征，也是高绩效教师的重要标志。这样的分类教师特征的定量研究并不多见，它为教师的遴选和评价提供了重要依据。

二、基于元分析的教师能力要素

我国教师能力概念丰富而复杂，多数是通过经验的提炼进行描述性分析的结果，比较少量的研究者通过调查问卷、德尔菲法以及访谈技术开展定量研究。本书尝试通过元分析的统计技术对所能收集的研究文献进行教师能力概念的元分析，意在聚焦教师能力概念的共同概念作为构建本书教师能力概念的支撑依据。

（一）研究主题：教师专业能力

以"教师专业能力"主题词，获得期刊类文献 1288 篇，提及师范生专业能力的有 118 篇（根据相关性、综合主题和篇名、关键词等三类检索方式），教师专业能力文献的年度分布如表 2-6 所示。

表 2-6　教师专业能力文献年度分布表

年份（篇）	年份（篇）	年份（篇）	年份（篇）	年份（篇）	年份（篇）	年份（篇）
2017（84）	2016（157）	2015（179）	2014（163）	2013（144）	2012（135）	2011（89）
2010（85）	2009（81）	2008（45）	2007（38）	2006（26）	2005（15）	2004（15）
2003（13）	2002（7）	2000（4）	1999（1）	1998（3）	1996（3）	1986（1）

（二）确定研究样本

根据经过同行评议、杂志影响因子和被引频次大于等于 2 的条件，筛选出 358 篇，其总体趋势如图 2-4 所示。

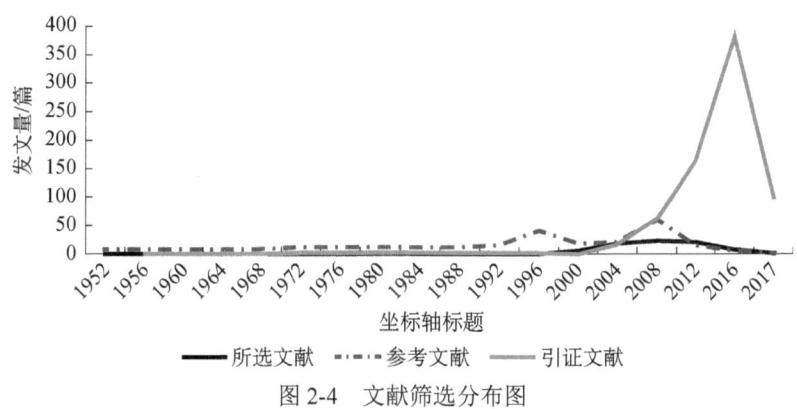

图 2-4　文献筛选分布图

教师专业能力的文献研究如表 2-7 所示。

表 2-7　教师专业能力的文献研究

比较项	研究的主要内容
研究内容及对象评价	主要以阐述教师专业能力的价值、内涵、结构或某项单一能力如教科研能力、课程能力与批判性思维能力的作用与实践培养为主，专门论述师范生专业能力的篇幅占比不大，涉及行为分阶的几乎没有
专业能力体系的构建评价	体系建构以政策文本为主，学者类文献与政策类文本的相似度较高，2000 年前的文献多集聚在教学领域，之后开始转向教学、课程、教育（多指班集体管理与师生关系）
已有研究的研究方法评价	目前国内的研究成果涉及定量研究的占比不大，且使用实证研究多停留在浅层的百分比等
关于教师专业能力的元分析研究	根据搜集到的文献，国内目前还未有对教师专业能力进行元分析的专门文章，据推测可能与我国前期关于教师专业能力研究的定量研究不多有关

国内外研究表明教师能力与教师的教育行为以及教育效果存在高相关，不同的能力要素对教育行为及教育效果的影响不同。申继亮和辛涛的研究结果表明，

教师教学监控能力会显著促进学生学科能力的发展。[①]沃建中利用角色概念、自我评价、现场指导等三种方法作为干预手段对中学数学教师的自我概念的改变对课堂教学能力发展的影响，以及对学生思维品质发展的影响进行了实验研究，实验按实验组、控制组前、后测时间序列设计。实验组接受10周三种方法干预的训练。前后测的工具包括：①中学数学教师课堂教学能力测验；②中小学教师自我概念量表；③中学生数学思维品质测验。对所得数据进行了协方差分析。教师的课堂教学能力，具体包括认知、操作和监控三种能力，研究结果表明：①中学数学教师课堂教学能力是可以改变的，变化程度由高到低依次是认知能力、操作能力和监控能力；②每个维度上各个成分在实验干预情况下，变化速度不一样；③中学数学教师课堂教学能力的提高可以有效地促进学生思维的深刻性、灵活性、独创性、批判性、敏捷性品质的发展。[②]

研究中收集到的定量实证研究为42篇，且其中公布原始数据、样本信息和运用统计学中平均值和方差等来表明所论述的维度与专业能力之间存在显著关系的文献更少。尽管如此，文献元分析依然为我们建构教师专业能力提供了支撑依据。

（三）元分析的初步结论——教师专业能力

本书认为，教师的能力结构研究既需要对能力的内涵作出界定，也需要对能力的外延与特征进行结构化的表达。从内涵看，教师能力是集内在意识与外在行为的统一体，可以用"洋葱模型"表达，最里层是动机，中间层是态度与信念，最外层是知识与技能，最里层、中间层是相对稳定的心理特征，比较难以观察与评价，最外层是可变的，通过学习和训练比较容易习得与评价。从外延看，教师能力分为指向教师个体发展的原能力以及指向与职业活动相关的胜任力。表2-8呈现了关于教师能力的元分析结果。

表 2-8 教师能力的元分析结果

一级能力	二级能力	二级能力
原能力	自我完善能力	自学能力
		专业发展能力
	自我监控能力	反思行为的能力
		控制情绪的能力
胜任力	教育能力	班级管理能力
		个别教育能力

[①] 申继亮，辛涛. 1995. 论教师教学的监控能力. 北京师范大学学报（社会科学版），（1）：67-75.
[②] 沃建中. 1994. 提高中学数学教师课堂教学效能的研究. 心理发展与教育，（3）：34-39.

续表

一级能力	二级能力	三级能力
胜任力		家长沟通能力
		与其他教师合作能力
	教学能力	教学设计能力
		教学组织与实施能力
		教学评价能力
	教育研究能力	发现真实问题的能力
		课题研究能力
		论文写作能力
		持续改进教学行动的能力
		分享与发表研究成果的能力

第四节 师范生的专业能力

教师的专业成长一般分为职前、入职和在职三个阶段，不同发展阶段对教师的能力要求是不同的。以美国为例，不同的专业学术机构为不同发展阶段以及发展水平的教师制定专业标准，对教师的能力进行规范。这充分表明教师能力与师范生的能力要求是有差异的。

一、师范生专业能力与教师能力的差异

师范生的专业能力是指师范生为职业准备和专业发展所必需的整合专业知识、技能和态度的素养总和，是师范生在职前教育阶段需要培养的能力。它与教师能力在内涵界定上有共性，但是在其外延结构、形成过程等方面具有自身的特殊性。

（一）师范生专业能力的基础性

师范生的专业能力是教师能力的前延与准备部分。无论是教师能力中指向自我成长的原能力还是指向职业发展的胜任力，都需要在职前培养阶段有必要的准备。专业能力是基础，一方面需要师范生的能力结构中尽可能涉及教师能力的各要素，另一方面师范生能力的层级要求有别于教师能力的要求。然而，在已有师

范生能力的研究结果中，基础性的这两方面要求显然是比较缺失的。如陈明银从师范生要成为合格的教师应具备的知识和能力角度，分析出从教能力内容包括良好的知识结构体系、较强的语言表达能力、书面材料的写作能力、熟练的板书、图示技艺、教学活动的组织能力、班主任工作技能和熟练使用现代信息技术的能力。①这些能力要求主要包括教学能力、班级管理能力、育人能力、教育研究能力、自我发展能力等没有纳入师范生的能力体系。

（二）师范生专业能力的技能性。

师范生的能力是教师能力的低级阶段，它表现出技能的特性，能力从内涵看如果是知识、技能和态度整合的话，那么这三个要素在师范生的能力内涵构成中，技能的比重相对比较高，师范生能力的形成主要通过模仿和训练获得，把能力分解为各种技能要素，通过微格训练加以掌握。能力的原理性知识，以及通过实践获得的态度、信念等在师范生阶段难以感悟，因此，许多研究者把师范生的能力主要定位在课堂教学的基本功。如范向前和刘彩霞依据教师专业成长规律、职前教师教育课程标准和高校办学实践对师范生从教能力进行解读，认为从教能力内涵包括三笔字书写技能、普通话技能、教学设计、说课与课堂能力、教育技术、教育科研、班主任工作、职业发展与求职技能八项专业能力。②

（三）师范生专业能力的内倾性

作为未来的教师，师范生需要面对不断变革的社会与教育，其专业能力应具有适应变化的特性，在教师的能力结构中，指向教师职业的胜任力是具有时代性和开放性特征的，它的外延是教师能力的易变部分；指向自我的原能力是教师能力的基础与根本，它的外延具有相对稳定的特征，但是原能力具有生长性，原能力修炼的境界越高，适应外在变化的能力就越强。因此，师范生的能力培养应更多关注指向自我的原能力的养成，然而，在师范生能力结构中，由于急功近利的价值追求，人们往往把关注的焦点放在与职业相关的胜任力获得上。

二、师范生专业能力的建构逻辑

师范生专业能力的建构是本书的核心内容，它是在教师能力结构框架的基础上探讨师范生专业能力的特殊内涵，从能力框架的建构逻辑看，可有三条依据：

---

① 陈明银. 2004. 师范从教能力的要素分析及其培养. 新乡教育学院学报，（4）：45-46.
② 范向前，刘彩霞. 2014. 师资供给过剩背景下师范生从教能力的内涵与发展. 中国高教研究，（1）：71-74.

一是师范生专业能力建构的理论基础；二是师范生专业能力的政策要求；三是师范生专业能力的现实诉求。

（一）师范生专业能力建构的理论基础

能力建构的理论基础主要有哲学与心理学两大基础。从哲学视角看，基于我国传统的二元观点作为我们建构能力的哲学基础。这一哲学观点源自中国文化的源头之作《易经》，《易经》从复杂的生活经验中抽象出阴、阳两个对立的基本观念。阴阳这一对哲学范畴在中国古代哲学中有着重要的地位，对后世的哲学、科学都有着深远的影响。阳代表积极、进取、刚强、阳性；阴代表消极、退守、柔弱、阴性。自然中有大量阴阳二元的对立存在，如昼与夜、白与黑、正与反等等，世界就在这两种对立统一的力量运动推移下发展，自然界的阴阳之天道也完全适用于人道，因为天人合一。就个体而言就有人己、内外、身心、言行等二元之对立统一。坤卦《文言传》曰："君子敬以直内，义以方外，敬义立而德不孤……"[①]这表明对君子的要求是用严肃的态度来持守内心的真诚，用正当的方式来规范言行的表现。这种二元观点深深根植于中国古代的哲学思维，在明人伦的中国哲学体系中扮演着重要的角色。《大学》开篇就表达了人生的目的："大学之道，在明明德，在亲民，在止于至善。"[②]人生最重要的目的首先是修身明大德，止于至善；然后是亲民，即帮助他人成长，这是人生之本，"物有本末，事有终始，知所先后，则近道矣"，了解人生之本，还需要知道达成人生目的先后的顺序，那就是"修身、齐家、治国、平天下"，这一顺序的基础就是由内而外，修身为先。修身的方式却是从外向内迁移，那就是"先格物致知，后诚意正心"。只有内外兼修，人才能到达至善的境地，这是我国古代哲学的智慧。这样的二元观点成为我们建构师范生专业能力的重要哲学基础。

从心理学视角看，国外胜任力模型的研究是我们构建师范生专业能力结构的重要理据。20世纪年70代初，以麦克兰特为首的研究小组，在探讨卓越工作绩效原因时，引发了一场革命，被称为"胜任力运动"。[③]这场运动以1973年发表的"测量胜任力而非智力"一文为标志。他在该文中指出，学校成绩、智力、能力倾向测验不能预测职业或生活成就，应该用胜任特征测试替代它们。他认为那些在工作中取得优秀业绩者，之所以卓尔不群，不是因为学习能力，而是因为具有自

[①] 傅佩荣. 2017. 易经卜辞看人生. 北京：九州出版社，126.
[②] 朱熹. 1983. 四书章句集注. 北京：中华书局，3.
[③] 徐建平. 2004. 教师胜任力模型与测评研究. 北京：北京师范大学博士学位论文.

我约束、主动性、人际沟通、团队协作等若干胜任力。[①]麦可兰特认为，胜任力是指"能将某一工作或组织、文化中表现优异者与表现平平者区分开来的个人的潜在的、深层次特征，它可以是动机、特质、自我形象、态度或价值观、某领域的知识、认知或行为技能——任何可以被可靠测量或计数的，并且能显著区分优秀绩效和普通绩效的个体特征"[②]。胜任力模型是指担任某一特定的任务角色需要具备的胜任特征的总和，它是针对特定职业表现要求组合起来的一组胜任特征。20世纪70年代早期，麦克兰特和咨询公司的其他成员在为美国政府选拔驻外机构外交人员时，运用自己开发的行为事件访谈法，建立了第一个胜任力模型。现在，比较认可的胜任力模型主要有冰山模型和洋葱模型。

（二）师范生专业能力的政策要求

2017年，教育部印发《普通高等学校师范类专业认证实施办法（暂行）》，并发布认证标准，覆盖中学教育、小学教育、学前教育三个阶段。其中，第二级、第三级认证从"一践行，三学会"（践行师德、学会教学、学会育人、学会发展）四个方面凝炼师范生的核心素养，并对人才培养方案的认证提出了具体要求，除了培养目标的表述之外，必须有关于师范生毕业要求的具体表述（表2-9）。

表2-9 师范生的毕业要求

四个维度	分解指标	具体要求
践行师德	师德规范	践行社会主义核心价值观，增强对中国特色社会主义的思想认同、政治认同、理论认同和情感认同。贯彻党的教育方针，以立德树人为己任。遵守中小学教师职业道德规范，具有依法执教意识，立志成为有理想信念、有道德情操、有扎实学识、有仁爱之心的好老师
	教育情怀	具有从教意愿，认同教师工作的意义和专业性，具有积极的情感、端正的态度、正确的价值观。具有人文底蕴和科学精神，尊重学生人格，富有爱心、责任心、工作细心、耐心，做学生锤炼品格、学习知识、创新思维、奉献祖国的引路人
学会教学	学科素养	掌握所教学科的基本知识、基本原理和基本技能，理解学科知识体系基本思想和方法。了解所教学科与其他学科的联系，了解所教学科与社会实践的联系，对学习科学相关知识有一定的了解
	教学能力	在教育实践中，能够依据所教学科课程标准，针对中学生身心发展和学科认知特点，运用学科教学知识和信息技术，进行教学设计、实施和评价，获得教学体验，具备教学基本技能，具有初步的教学能力和一定的教学研究能力
学会育人	班级指导	树立德育为先理念，了解中学德育原理与方法。掌握班级组织与建设的工作规律和基本方法。能够在班主任工作实践中，参与德育和心理健康教育等教育活动的组织与指导，获得积极体验

---

① McClelland D C. 1973. Testing for competence rather than for "intelligence". American Psychologist, 28（1）: 1-14.
② McClelland D C. 1973. Testing for competence rather than for "intelligence". American Psychologist, 28（1）: 1-14.

续表

四个维度	分解指标	具体要求
学会育人	综合育人	了解中学生身心发展和养成教育规律。理解学科育人价值，能够有机结合学科教学进行育人活动。了解学校文化和教育活动的育人内涵和方法，参与组织主题教育和社团活动，对学生进行教育和引导
学会发展	学会反思	具有终身学习与专业发展意识。了解国内外基础教育改革发展动态，能够适应时代和教育发展需求，进行学习和职业生涯规划。初步掌握反思方法和技能，具有一定创新意识，运用批判性思维方法，学会分析和解决教育教学问题
	沟通合作	理解学习共同体的作用，具有团队协作精神，掌握沟通合作技能，具有小组互助和合作学习体验

资料来源：中华人民共和国教育部. 教育部关于印发《普通高等学校师范类专业认证实施办法（暂行）》的通知. http://www.moe.gov.cn/srcsite/A10/s7011/201711/t20171106_318535.html.［2020-11-20］.

各高校这三类专业的人才培养方案可以在以上内容的基础上再提出便于评价的具体要求，作为指导课程设计、教学评价的标准。师范类专业认证标准的这些要求是来自国家政策对师范生专业能力的具体要求，是我们构建师范生专业能力结构依据之一。

（三）师范生专业能力的现实诉求

卢正芝和洪松舟对在职教师能力缺失的实证调查研究表明，教师能力水平一直偏低。[①]陈云英和张福成对广东省的68所中学进行调查后发现，教师能力素质中教学优良率为52.7%，教育优良率为41.5%，教研与科研优良率仅为19.1%。[②]张波通过对山东省12所城市中学教师的调查后发现，在教师能力的4个一级项目中，其优良率的排列顺序由高到低依次为教学能力、管理能力、科研能力和创造能力。教学能力中最差的是非语言表达能力（中差率为21.83%），科研能力中最差的是撰写科研报告和论文能力（中差率为29.96%），管理能力中最差的是决策能力（中差率34.36%），创造能力中最差的是探索思想教育新形式的能力（中差率为27.39%）。[③]王桂珍和张大俭对教师能力构成要素调查后发现，在教师心目中不重要的为教改科研能力、创新能力、运用新信息技术能力、信息处理能力。这也说明了这些能力没有引起教师的重视。[④]

此外，宋专茂等运用相关分析、回归分析、主成分分析等统计分析技术，导出影响高师毕业生从教业绩的主要因素及贡献率：第一个因素为教育教学能力，包括知识的教育转化与教育方法的构建能力、教学监控能力、班级管理能力、现

---

① 卢正芝，洪松舟. 2007. 我国教师能力研究三十年历程之述评. 教育发展研究，（1B）：70-74.
② 陈云英，张福成. 1994. 我省中学教师素质现状的调查与分析. 中小学教师培训，（4）：8-10.
③ 张波. 2000. 对当前我国中学教师能力素质状况的分析与思考. 广东教育学院学报，（4）：106-110.
④ 王桂珍，张大俭. 2003. 教师能力结构新探. 沧州师范专科学校学报，（3）：55-56.

代教育技术运用能力，贡献率为21.4%；第二个因素为学科专业知识与能力，包括学科基础知识与能力、学科综合知识与能力、相关学科综合知识与能力，其贡献率为19.33%；第三个因素是职业人格，包括事业心、职业兴趣、职业道德、职业价值观、教育观念等，其贡献率为15.12%；第四个因素是基础知识与能力，包括学生身心发展知识与运用能力、教与学的知识与运用能力、语言表达能力、学生成绩评价知识与能力、教育科研能力等，其贡献率为14.05%；第五个因素是基础心理素质，包括心理健康状况、自我管理能力、人际交往能力、知识建构能力、性格等，其贡献率为10.79%；第六个因素是知识广度，包括人文社会科学与自然科学知识等，其贡献率为8.56%。①

这些实证研究充分表明了师范生能力结构中不可或缺的能力要素以及值得师范教育关注的缺失能力。

三、师范生专业能力的结构模型

师范生的专业能力是指师范生通过专业化的培养所形成的作为教师所需要的关键能力和必备品格。师范生专业能力结构的建构是从模糊到清晰，从片断到系统不断探索的过程。建构师范生的专业能力有两种基本的逻辑依据，一是基于素养逻辑，也就是依据理想教师角色所必备的素养要求建构师范生的专业能力，其设计依据主要通过教师专业标准等相关政策文件的分类维度。二是基于工作逻辑，也就是依据教师角色在工作场域中所需的能力展开设计。一般而言，素养逻辑指向未来，工作逻辑指向现在。师范生在毕业时既要满足毕业要求，也要考虑在工作岗位五年后的素养要求，因此，在建构师范生专业能力的过程中，既要面向未来考虑师范生的素养要求，又要面对现实考虑师范生的岗位要求。本书基于"素养-工作"逻辑建构师范生的专业能力结构，并努力融入中国传统文化的二元思维，建构了师范生专业能力结构图（图2-5）。

图2-5 师范生专业能力结构图

师范生的专业能力由基于未来的原能力和基于现实的胜任力两个部分组成，原能力主

---

① 宋专茂，唐迅等.1998.高师学生职业发展素质测评系统.广州师院学报，(6)：48-52.

要指向个体的内在素养，胜任力主要指向外在的岗位需求。这两类能力互相支撑、互相影响，原能力可以通过岗位实践外化为胜任力，胜任力又可以通过感悟沉淀为原能力，两者阴阳相济，内外互补，通过修炼与实践获得发展。

（一）原能力的构成要素

原能力是未来教师自我完善、自我发展的一种拓展能力，它的内涵丰富，本书重点关注三大能力：终身学习力、社会情感力和角色反思力。为什么我们在关注师范生的能力结构中对这三大原能力如此推崇？这是因为终身学习力和角色反思力是个体向外向内的生长力，社会情感力不仅是师范生能力系统中最能体现教育张力的能力，也是在现实环境中缺失足够关注的能力。

1. 终身学习力

终身学习力不仅是师范生向外求的自我生长力，也是师范生进入教师岗位时获得专业发展必不可少的能力，还是师范生始终保持学习的动力、毅力和能力。

1）学习动力指自觉的内在驱动力，主要包括学习的需要和学习的兴趣，这是来源于内部的自我学习动机。出于对职业理想、自我价值等追求而产生的内在学习动机，会使个体更加积极主动学习，并产生更好的学习效果。因此，师范生对教师职业价值的理解与认同是产生内在学习驱动力的关键因素。

2）学习毅力，即学习意志，指自觉地确定学习目标并支配其行为克服困难，实现预定学习目标的状态。它是学习行为的保持因素，是在学习力中一个不可或缺的要素。学习不是一时性、阶段性的活动，而是需要终身恒久坚持的活动。在这一过程中，个体需要意志的努力去克服各种学习过程中的困难。就教师职业面向未来的特殊性而言，师范生需要养成学习活动恒久的意志力。

3）学习能力，指由学习动力、学习毅力直接驱动而产生的接受新知识、新信息并用所接受的知识和信息分析问题、认识问题、解决问题的智力要素，主要包括感知力、记忆力、思维力、想象力等，它是产生学习的基础因素。在这些基础要素中，思维力是学习能力的核心，因为只有具有成长型思维的师范生才能适应教师角色的要求，从而获得终身学习力。

2. 社会情感力

社会情感力是师范生原能力的重要组成部分，这种不断生长的能力会直接影响师范生社会情感教育能力，同时会影响师范生的职业生存状态。社会情感能力指人们理解与管理自我情绪、感受与共情他人情绪、建立和维持积极关系和做负责任决定的能力。1994年，被称为"情商之父"的戈尔曼（Daniel Goleman）与人共同创办了"学术、社会、情感学习合作组织"（Collaborative for Academic, Social and Emotional Learning，CASEL）。1995 年，戈尔曼在《情商：为什么情商比智商更重要》一书中正式将情绪智力的研究内容划分为五个方面：自我意识、自我管理、自我激励、移情和人际关系。[①]2003 年，CASEL 提出了社会情感学习计划，该组织提出社会情感能力包括自我意识、自我管理、社会意识、人际关系技能和负责任地决策五个维度（图 2-6）。

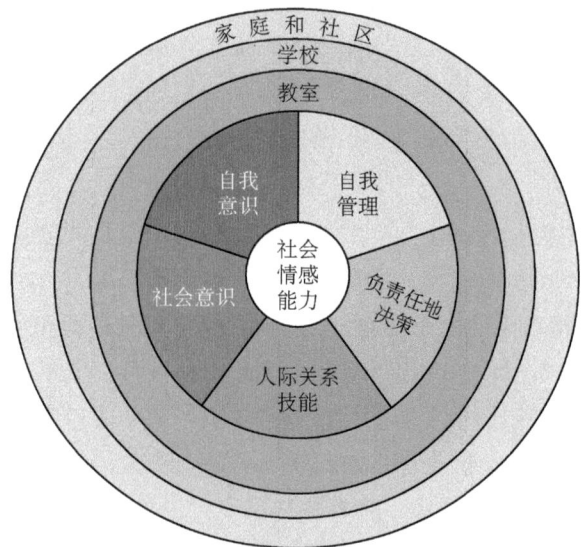

图 2-6　社会情感力五项核心能力

资料来源：社会情感力及五项核心能力. https://casel.org/what-is-sel/. [2020-09-28].

1）自我意识，指准确地判断和认识自身的感受、兴趣、价值观和能力优势；保持自信心。

2）自我管理，指个体管理自己的情绪来处理焦虑，控制冲动，在挫折与阻碍面前坚持不懈；设置目标并监督自己不断向目标靠近和进步，适当地表达自己的情感和情绪。

3）社会意识，指能够理解他人并同情他人，认识并学会欣赏自己与他人的共同点与差异，学会发现并利用家庭、学校和社会的资源。

4）人际关系技能，指在合作的基础上建立并维持健康的、有益的人际关系；抵制不当的社会压力；预防、管理并解决人际冲突；当有需要时向他人寻求帮助。

5）负责任地决策，指在综合考虑道德标准、安全性、社会规则、尊重他人以

---

① Goleman D. 1995. Emotional Intelligence: Why It Can Matter More than IQ. New York: Bantam, 43.

及不同行为造成的可能结果的情况下做出决策;将这些决策技能运用到学习和社会情境中;对自己的组织和社区的健康发展做出贡献。

这五项核心能力相互促进、相互影响,共同构成个体社会情感最基本的技能,是个体健康成长与发展所必须具备的能力,也是实现终身幸福所必备的品质。作为未来教师的师范生不仅在大学阶段要修习"情绪之制裁,意志之磨砺"[①]的课程,更需要具备执行社会情感课程的教育能力。

3. 角色反思力

角色反思力是师范生反思能力的核心要素。反思是一种内省的认识活动,也是把握事物内在本质的重要方式,它是个体通过对自己的活动及活动方式的关注和反省,产生内部经验、体验的过程。角色反思力是指个体对自身所承担社会角色的职业价值、行为规范以及生涯规律等的认知、体验与规划的能力,具体包括职业自我认知、职业自我体验和职业自我规划三个维度。[②]

1)职业自我认知。指对教师职业的价值、教师行为规范以及教师生涯发展规律等的认知,即回答"教师是什么""教师的成长与发展有什么规律""为什么选择教师这一职业"等问题。

2)职业自我体验。主要指个体对职业角色、职业性质以及对自身教育效果的认识、评价进而产生的职业自我效能感以及由此而产生的职业满意、职业倦怠与职业危机等各种感受。自我效能感是各种感受中的核心概念,它影响了教师对职业及职业活动的正向与负向的情感体验。

3)职业自我规划。指教师在对职业自我的观察、判断、评价以及感受的基础上对自身职业发展进程的设计。职业自我设计也就是对自我职业生涯的规划与管理,它包括职业自我定位、职业目标设定、职业目标实现和反馈与修正四个方面,其关键在于弄清楚自己的价值观是什么?自己到底希望从职业中得到什么?自己的优势与局限是什么?

角色反思力的这三个维度贯穿知、情、行三大心理品质,从认知到行动伴随着情感体验,帮助师范生形成必要的专业意识,也是他们学会发展的重要能力。

(二)胜任力的构成要素

胜任力是指在特定工作岗位、组织环境和文化氛围中人们所具备的、可以客观衡量的个体特征及由此产生的可预测的、指向绩效的能力。师范生的胜任力就

---

① 梅贻琦. 2015. 梅贻琦谈教育. 沈阳:辽宁人民出版社,55.
② 吴卫东. 2006. 论教师的职业自我. 全球教育展望,(1):52-56.

是师范生从事教师职业的必备品格及关键能力。本书聚焦师范生的教育能力、教学能力以及研究能力。

1. 教育能力

教育能力就其狭义的理解是指师范生的育人能力，集中表现为教育者在教育活动中与各种主体交往互动的能力，包括与学生群体、学生个体、教师群体和家长群体沟通的能力。本书具体化为师范生的班级管理能力、个别教育能力、同事沟通能力以及家长沟通能力。

1）班级管理能力，指师范生在班级管理活动中运用的，由知识、智力和技能综合构成的影响班级管理活动效率和质量的综合能力。这种能力重在把班集体建设作为管理的核心目标，在把握班集体不同阶段发展规律的基础上，综合引领班级发展愿景的规划、班级的组织建设、班级氛围的营造、班级活动的策划以及班级的日常管理等，逐步把松散的班级建设成为具有共同奋斗愿景、良好人际关系、坚强班级领导核心、严明班级纪律的具有凝聚力的班集体。

2）个别教育能力，指师范生面对个别学生实施有针对性和差异性教育的能力。苏联教育家马卡连柯提出了"平行教育"原则，认为教师的教育能力不仅在于管理好班级集体，更应该教育好每一个学生。个别教育不仅需要分类把握学生群体的特点，如优秀学生、中等学生、后进学生的心理需求与特点，通过观察和研究学生建立班级学生档案，同时需要在具体的教育场景中，对偶发事件中的情节、人物、对话、结果和原因等要素进行专业化分析和判断，进而做出教育决策，并进行教育干预。

3）同事沟通能力，指师范生在教育场景中，与其他教育者为了达成共同的教育目标，从而对一定的班级管理、教学科研等任务进行合理分工，并在此基础上通过沟通获得相互协作、相互配合的能力。教师职业的文化就其本质而言是一种合作文化，这种文化应具有多元开放的价值观念，自主自愿的职业态度，以互动、互利为原则的行为方式三个方面。[1]教师群体要达成价值观、职业态度和行为方式的默契，沟通是必不可少的教育能力。

4）家长沟通能力，指师范生与家长双方彼此传达信息、沟通情感、互通思想、合力解决问题的一种相互联系的过程，在此过程中应秉持双主体的原则。师范生的家长沟通能力由沟通动机、沟通知识与沟通技能组成。判断沟通能力的指标主要通过有效性、适当性和适应力三条标准加以评价。有效性指人际沟通的结果是否达成目的；适当性指人际沟通的行为是否适合当时交谈的情境；适应力指人际沟通过程中双方主体能否改变各自的目标与行为，以满足沟通双方的需求。

---

[1] 姜新生. 2010. 从个人主义到自然合作：教师文化的理性建构. 教师教育研究，（3）：5-9.

2. 教学能力

教学能力指教育者运用系统方法对课程与教学活动的各要素在分析的基础上开展设计、实施与评价的能力，具体包括课程设计能力、教学设计能力、教学实施能力和教学评价能力。

1）课程设计能力，课程改革要求教师的角色发生转变，教师应该参与到课程当中来，成为课程的设计者、组织者、建构者和生成者。课程设计能力指教育者对课程进行构思和对课程的主要组成部分（课程价值取向、课程目标、内容选择、教学活动、学习过程、评价方式）做出安排的方式。对于国家课程，教师应具备根据课程标准对课程做出再设计的能力；对于地方课程和校本课程，教师应具备课程的研发设计能力。本书的课程设计能力主要指教育者对校本拓展性课程的开发能力，具体包括课程计划（标准）设计、教科书编写、课程评价方式开发等。

2）教学设计能力，指师范生对教学任务和教学对象的分析、教学目标的编制、教学材料的选择、教学组织形式、多媒体和方法等教学要素的综合设计能力。对教学任务的分析是在掌握学科课程标准的基础上，对学科教材开展系统分析，把握该学科不同学段、年级、单元等教学任务；对教学对象的分析应关注学生的学习起点、难点和差异点；教学目标的编制要对标中国学生核心素养和学科核心素养的框架要求，在知识、能力以及态度三个维度领域进行编制，教学目标的表述应该包括行为动词、行为条件和行为程度，做到可测量、易评价；教学材料的选择要基于教材并高于教材，选择科学的、有意义的、富有挑战性的学习材料；教学组织形式、多媒体和教学方法的设计要围绕教学目标的达成要求以及学习材料的特点展开。基于核心素养的跨学科、大概念教学设计能力会成为师范生教学设计的关键能力。

3）教学实施能力，指师范生的课堂教学情景创设、课堂教学对话、课堂教学决策以及课堂教学总结的能力。课堂教学情景创设是教学实施能力的起点，通过情景创设吸引学生学习注意力，激发学生学习兴趣的能力；课堂教学对话是课堂运行的方式，师范生通过课堂提问、课堂追问以及课堂反馈的对话方式组织课堂教学活动；课堂是动态生成的教学活动，对于非预设的教学场景需要师范生作出教学决策，拥有改变教学路径，处理课堂偶发事件的能力；教学活动从导入、展开到总结是一个完整的闭环，课堂教学总结是不可或缺的学习环节，总结是对教学过程以及教学效果的反思，不同课型的教学总结有多元策略。

4）教学评价能力，指师范生对教学目标达成度的判断与评定能力，具体分为课堂评价、作业评价、考试评价三个维度。从评价信息收集的空间或渠道看，课堂表现、课后作业、定期测验是学习评价的三条重要的途径。课堂评价主要通过课堂观察加以实现，评价者通过感官或借助技术手段考查和描述学生的学习活动表现，重点观察学生学习参与程度、合作交流意识以及学生学习的情感与态度等学习目标的达成情况；作业指在教学过程中，为了促进学生积极参与，巩固和深化学生所学知识、技能、态度，达到预定的教学目标，教师向学生布置并让其完成的各种类别和各种形式的学业任务，如各种练习作业、表现性作业、学习日记等，作业不仅可以进行量化评价，也可以作为质性评价的主要方式；定期的纸笔测验是考试评价的主要手段，也是量化评价的重要方式，评价者要科学编制测试材料，学会编制双向细目表，既要考查学生对知识技能的理解与掌握程度，还要对学生的思考能力、分析与解决问题的能力进行诊断与测试。

3. 研究能力

研究能力是指师范生运用一定的理论和方法，发现、分析、解决教育问题和表达研究成果的能力，具体包括选定研究问题的能力、制订研究计划的能力、实施研究过程的能力、表达研究成果的能力。

1）选定研究问题的能力，指师范生把教育过程中的现象、困惑、挑战等提炼为教育研究主题的能力，即发现教育问题的能力。师范生发现教育活动中的真实问题并不是一件容易的事，需要在教师的指导下通过教育见习、教育实习等活动在习以为常的教育现象中发现教育问题，通过访谈教师、学生、家长等教育主体发现教育活动中的棘手问题，通过查阅教育文献以及教育教学研究的最新动态等发现教育问题，也可以与理论研究者进行对话和交流发现研究主题。

2）制订研究计划的能力，指师范生在开展研究活动之前对研究活动的各要素进行系统分析、详细规划的过程，主要包括界定研究问题、阐述研究目的与意义、围绕研究目标描述研究内容、确定研究的技术路线与方法、制订研究的步骤和预期成果等。师范生通过撰写研究计划主要明确"为什么研究该问题""研究什么问题""怎么研究该问题"。尤其在确定研究的技术路线时，需要把研究的目标、研究的内容与研究的方法作系统思考，绘制清晰的框架结构图是制订研究计划的关键能力。

3）实施研究过程的能力，指师范生依据研究计划开展研究活动，收集研究资料，分析研究资料，得出研究结论的能力。在实施研究计划中，首先是收集研究资料。研究资料是指在研究过程中与研究问题、研究对象相关的各种信息、数据和证据。研究资料的收集就是根据确定的研究主题，按照研究计划要求，全面科学地归纳和筛选回答研究所需要的资料。收集研究资料的主要途径包括文献梳理、问卷调查、现场访谈、场景观察等，要注重一手资料的获取，并保证资料的真实、准确和有效。分析研究资料是指设计分析框架，运用一定的定量或定性分析方法对收集的研究资料进行分类整理。得出研究结论是指在分析研究资料的基础上，做出合理的逻辑推论或统计推断。

4）表达研究成果的能力，指师范生运用科学严密的逻辑以及理性的学术思维论证主题，描述研究过程，归纳、分析研究结论，并以多元形式撰写研究成果的能力。研究成果依据研究方法的差异可以分为理性思辨型成果、实证研究型成果、叙事研究型成果和经验总结型成果四大类。理性思辨型成果主要通过思辨的方法探讨教育现象是什么、为什么等问题得出的观点性结论；实证研究型成果主要探讨真实的教育问题的现实状况以及各种影响因素之间的关系，一般需要通过定量研究的方法揭示教育现象的本质与规律，主要包括实验研究报告、调查研究报告、个案研究报告等；叙事研究型成果是通过田野研究、口述史研究等质性研究方法对教育现象的产生过程、影响因素等进行叙事式的深描；经验总结型成果是把教育教学活动中的教学设计、案例研究、有效策略、解决问题的过程等进行论点阐述与例证的过程。教育研究成果的表达形式是多元的，具体包括研究论文、研究报告、教学设计、教学案例、教学反思、教学随笔、教学总结等。图2-7勾勒了师范生专业能力的整体框架。

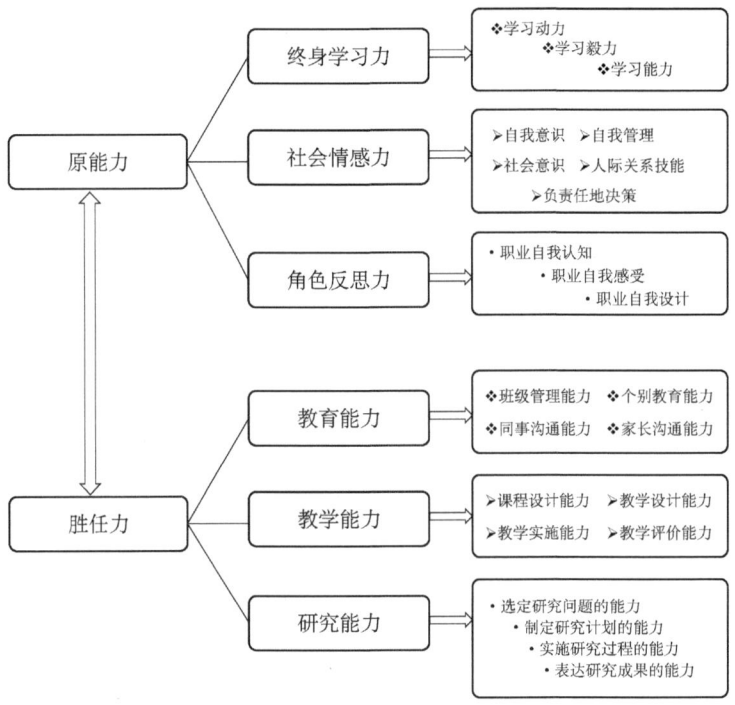

图2-7 师范生专业能力框架图

第三章

师范生专业能力分阶行为指标

指标指预期中打算达到的规格和标准,所有能代表任何一组人、机构或研究中的元素的整体状况和变化的变量都应该称为指标,能力行为指标则是对个体内在能力外化的行为标准进行描述。各个领域都会有自己对应的独特的指标来表征该领域系统的状态、特征和发展情况,教育系统也不例外,人们通过对教育系统内各构成要素的指标体系的建构与检测来了解系统自身的健全情况。一个良好的教育指标体系将提供确定和精准的信息来说明教育状况,并有助于教育改进。

师范生专业能力是教师教育工作者首先需要绘制的图谱,尤其是以核心素养和专业认证为背景的师范生专业能力体系,要被赋予更具有时代特色的内涵。为了便于教师教育工作者和师范生自觉把握专业能力的特征和状况,以及对不同发展阶段的师范生的能力变化有清晰的认知,尝试将师范生专业能力可视化,外化为分阶行为指标系统,不仅是提高师范生培养质量不可或缺的重要前提,也是构建教师教育职前职后一体化培养机制的必然诉求,更是本书在借鉴德国教师教育经验基础上的研究核心。

第一节 一项来自德国的研究

早在2004年,德国各州文教部长联席会议就颁布了德国教师教育标准,为德国教师教育标准化的建设提供了重要的制度保障。[1]奥瑟和奥尔克司在"教师教育体系的影响力"研究报告中指出,教师教育标准为教师的培养提供具体的目标定位、质量评估和能力诊断的标尺。他们认为一个专业化的标准应该既能溯源到不同的理论基础,又能连接各种教师教育的成功经验;既可以作为教师教育质量的评估依据,又能具体化为可实施、可重复的行为方式。[2]就这一要求而言,德国的教师教育标准对教师培养机构具有了普遍的约束力。

问题的关键是文教部的教师教育标准仅对教师的一般能力标准进行了描述,而教师成长的过程,尤其是师范生从教师的角色体验到教师角色的初步形成是一个螺旋上升的过程,在其不同的发展阶段使用统一的能力标准进行评估,有可能挫伤师范生对教师的职业自信。在多年教师教育实践的基础上,德国帕绍大学教师教育中心开展了师范生分阶段教育能力标准及指标体系的建构研究,该研究重在整合师范生不同阶段以能力为核心的培养目标,并构建不同层级的教育能力标准及指标体系,尝试去描述一个专业化的教育能力的螺旋发展进程,并通过指标体系把教师能力的质量变得可视。

一、师范生分阶段教育能力标准的研究目标

任何一项研究都需要对其研究目标进行必要的阐述,帕绍大学项目组针对师范生在教师教育不同的实践阶段中存在的问题,从三个维度提出了研究的学术性目标、结构性目标和操作性目标。

(一)研究的学术性目标

研究的学术性目标旨在解决教师教育研究中的一系列核心问题,并开发分阶

---

[1] KMK. Lehrerbildungs standards. Sekretariat der Ständigen Konferenz der Kultusminister der Länder in der Bundesrepublik Deutschland: Standards für die Lehrerbildung: Bildungswissenschaf-ten (Beschluss der Kultusministerkonferenz vom 16. 12. 2004). http://www.kmk.org/fileadmin/veroeffentlichungen_beschluesse/2004/ 2004_12_16-Standards-Lehrerbildung. pdf. [2018-12-06].

[2] Oser F, Oelkers J. 2001. Die Wirksamkeit der Lehrerbildungssysteme. Von der Allrounderbildung zur Ausbildung professioneller Standards (Nationales Forschungsprogramm 33-Wirksamkeit unserer Bildungssysteme). Chur: Rüegger, 215-342.

段教育能力标准。在教师教育体系中，教师教育能力的发展是核心概念。那么，教师的哪些能力是核心的教育能力？其结构如何？师范生的教育能力是怎么逐渐形成的？大学阶段应提供怎样的学习资源以帮助师范生形成教育能力？对这些问题的思考源于在巴伐利亚州实施的、与教育理论教学并行的第一次师范生角色体验实习（即教育学教学论实习），实习的目标设定与评估都需要适合师范生角色体验实习的标准与指标。项目组在开发这一实习标准的同时意识到，这是一个应使实习的标准涵盖教师所必需的教育能力，同时使不同发展阶段的教师教育能力形成螺旋上升的系统。编写标准的目标在于通过指标看到质量，并成为师范生实习手册的内在逻辑。

（二）研究的结构性目标

研究的结构性目标旨在促进大学教学与学校实践的结合以及教育科学和学科教学的结合。虽然每个联邦州都不一样，但德国教师教育整体上都有一个明确的培养阶段的分割，人们称之为"制度分割"。对师范生而言，他们在大学学习的专业知识很难获得灵活的、贴近的应用。大学的知识证明自己是"笨拙的"，因为它们不能被有效应用于实践。这也造成对大学专业学习的巨大伤害，这些学习内容往往不被理解，甚至被视作无用之学。因此，在大学教学与学校实践之间架起一座桥梁是有益于双方的重要举措。两个培养机构即大学和实习学校都应致力于准备好为师范生提供学习平台。

帕绍大学师范生的实习被分为两个集中阶段来实施：第一个阶段一般在大学阶段的第二学期，是一般的教育学实习，重在体验教师角色的基本要求；第二个阶段在第五学期进行，要考虑学科教学论的问题。不同的实习阶段师范生的教育能力的标准如何协调，以及一般的教育能力如何深化拓展到学科教学能力，是标准需要体现的重要结合。

（三）研究的操作性目标

研究的操作性目标旨在提供师范生和指导教师明确的评估与咨询工具。通过师范生教育能力标准和指标的制定，能够辨别师范生应该具备哪些知识，这些知识如何在实习时反映在能力的提升中。对师范生而言，当这些教育能力具体化为实习手册中的具体要求时，他们就可以借助手册反思在实习中的学习进步，并清晰地了解自己的行为被期望达到哪个水平。标准可以用于自我反思，也可以作为咨询谈话的基础被实习学校和大学指导教师运用，当然也是不同阶段指导教师评估师范生教育能力水平的重要依据。

二、德国师范生分阶段教育能力标准构建的理论依据

究竟师范生的哪些能力可以称为核心教育能力？这是构建标准的重要前提。研究小组以大量有关有效教学的影响因素研究为依据，重点关注教师这一影响因子对学生学习的价值，并以此为依据设计师范生的核心教育能力的框架以及指标体系，他们选择了在德国比较公认的三大研究作为理论基础。

（一）海尔默克的"供给-使用模式"

海尔默克提炼了对学习结果产生影响的6个维度指标：教师的特征、教学活动（供给）、学生家庭背景、学生的学习潜力、学生的学习行为（使用）、教育活动的各种背景条件，以及这些指标与学习结果（收益）之间相互影响的结构关系（图3-1）。

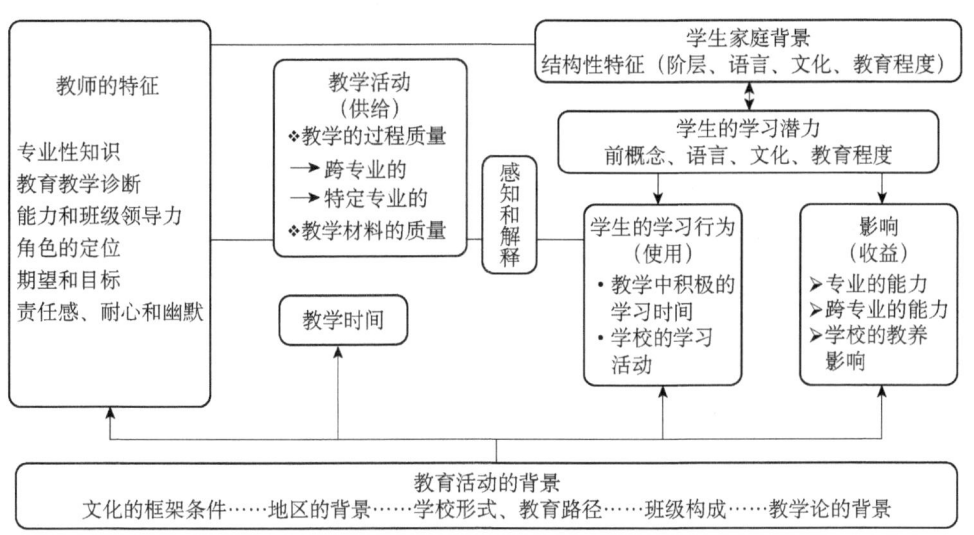

图3-1 海尔默克的"供给-使用模式"

资料来源：Helmke A. 2015. Unterrichtsqualität: Diagnose, Evaluation und Verbesserung des Unterrichts. Seelze-Velber: Klett/Kallmeyer, 69-102.

教学活动作为"供给"的过程，不会直接获得一种收益，只有学生的学习行为（即"使用"）决定性地影响着学习结果。当然，不容否认的事实是，教师的"供给"维度对学习活动的有效性会产生重要影响，如教师个人的特征在价值观、目标定位等方面会对教学设计产生影响，教师的专业水平如学科知识、教学论知识、班级领导等领域的专长会对学生的学习结果产生影响。教师的教学"供给"在教学情境中

是可视的,可以从外部观察和评估。该研究还表明,教师教学中的行为被认定为依赖大学学习中获得的专长。这一论断在制定师范生教育能力标准时具有特别重要的意义,这说明师范生应该在大学阶段获得更多的学科知识和学科教学论知识。

(二)赛德尔和沙瓦尔森的效率因素模式[①]

该模式起源于波尔惠斯制定的终身学习和自我管理学习的因素模式。赛德尔和沙瓦尔森在他们的元分析中确认了影响学生有效学习的因素,因为"这些在教学、学生学习中出现的因素的程度希望得到提高",从而提高学生的有效学习。这里也顾及了与学生实际的学习过程处于不同距离的因素。处在学习过程最末端的因素是知识领域关联(如学科)因素、班级领导、班级氛围和可供使用的学习时间,这些构成设计背景和必要的框架。处在学习过程近端的因素包括目标设定、目标定位及评估、学习行为的实施和提供了4个因素之间的联系枝干的(自我)调节、(自我)监控和(自我)控制领域。以社会互动以及基础的、不同知识领域信息加工形式实施的学习行为展示了受到这些因素影响的原本的学习程序。图3-2呈现了赛德尔和沙瓦尔森的效率因素模式。

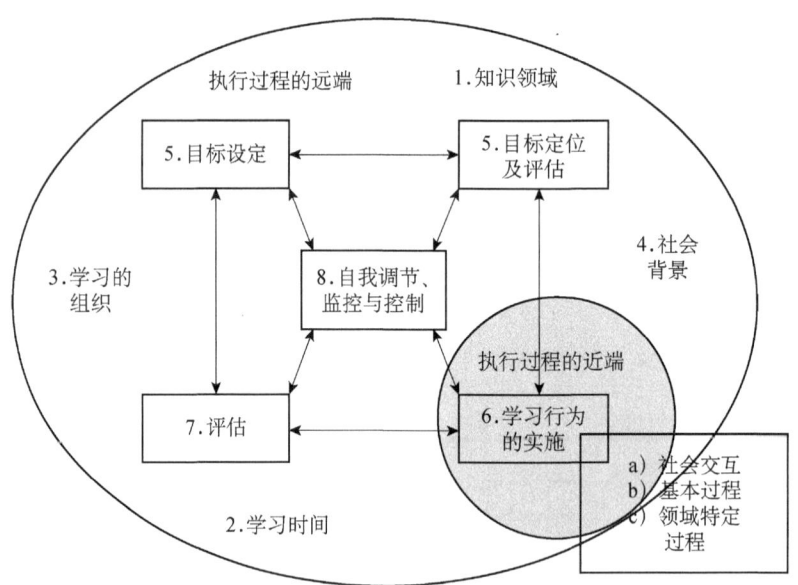

图3-2 赛德尔和沙瓦尔森的效率因素模式

资料来源:Bolhuis S. 2003. Towards process-oriented teaching for self-directed lifelong learning: A multidimensional perspective. Learning and Instruction,13(3):327-347.

---

① Seidel T,Shavelson R J. 2007. Teaching effectiveness research in the past decade: The role of theory and research design in disentangling meta-analysis results. Review of Educational Research,77(4):454-499.

（三）约翰·海蒂的"可视学习元分析"研究

有关教育与教学的研究目前最关键的概念是基于数据分析的。而直接把他们联系在一起的人就是澳大利亚学者海蒂（John Hattie）。他在2008年首次出版了《可视学习》一书，引发了21世纪关于教育问题的大讨论。海蒂的著作在2014年被译成德语，并受到德国教育界的高度认同。可视学习是一项不同寻常的学习研究，这项研究历时15年，超过800个对在校学生学业成就影响因素的分析，在因素表中依据统计的比较量对学习影响的强弱程度提炼了138个因素进行排序。表明了各种影响因素与学习者的学习成就以及学习成果的相关程度。研究的视野涉及学生、家庭、学校、教师、课程以及教学策略这六个维度。他确定了教师个性特质的变量和学生学习结果（成绩和态度）之间的相关度为0.34（$d=0.72$）。8个教师个性特质维度之间的效度如图3-3所示。

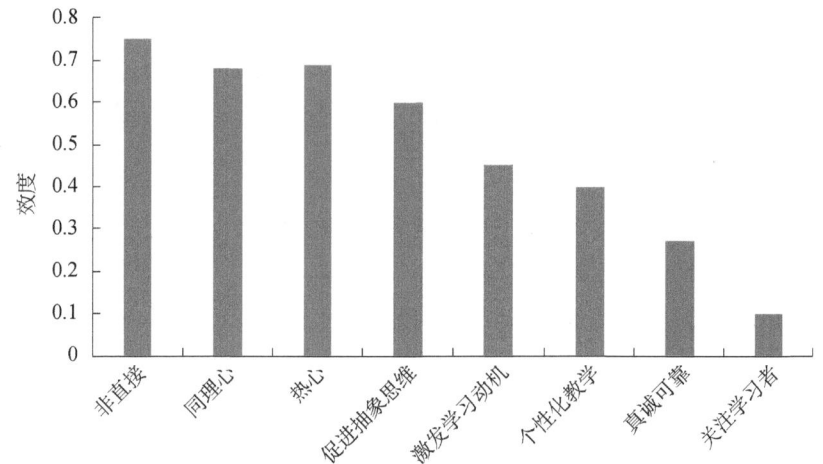

图3-3 教师个性特质对学习结果的效度

资料来源：Hattie J，Beywl W，Zierer K. 2014. Lernen sichtbar machen. Baltmannsweiler: Schneider Verlag Hohengehren GmbH，142.

研究表明，那些具有以上性格特质的老师更愿意全身心地投入课堂，更懂得相互尊重，所以在他们的课堂上很少发生冲突行为，这也会使学生产生更好的学习成果。

基于这些教师维度的有效因子的研究，帕绍大学课题小组从教师的"工作逻辑"出发，提炼了师范生重要的六大核心能力，并阐述了核心能力的一般标准以及可能的指标体系，德国教师教育标准为该项目研究则提供了重要的政策依据。

三、德国师范生分阶段核心教育能力标准与指标体系

德国大学师范生的培养分成两个阶段,第一阶段的主要培养场所是大学,依据师范生教学学段的差异,培养年限从4—6年不等;第二阶段的培养场所在中小学,培养年限为2年。师范生只有通过两次国家考试才有可能获得教师资格。在两个阶段中,德国师范生的培养构建了比较完善的实践教学体系。共分4个螺旋上升的实习环节:教育学实习、学科教学论实习、见习教师实习和专业教师实习4个紧密关联又各有侧重的环节。这些实践环节重心培养教师教育教学的实践能力,德国的研究小组把教师的教育教学能力分为以下6种:教师角色认知,学校组织认知,教学观察与评价,教学计划、实施与分析,班级领导,成绩测查、评价与反馈。其中,核心能力是教学计划、实施与分析,它具体分解为了解教学的结构、课的类型与理论、创设学习环境、时间管理、教材分析、媒介使用、社会形式与方法、应对异质性8个子能力。每一项能力从一般标准与可能的指标两个分项加以具体描述,以学科教学论实习标准为例,表3-1呈现了帕绍大学学科教学论实习标准。

表3-1 帕绍大学学科教学论实习标准

定义	内容	一般标准	行为指标
作为教师的行为:教师角色	教师角色	师范生通过他的行为显示出其具有学生的榜样作用的意识;能够描述被教师所期望的行为的意义,反思自己的教师个人发展的途径;利用机会在通往自己的教师个人之路上去尝试最早的策略	・能够说出教师角色标准的特征 ・能够表达和反思与学生角色的差别 ・能够维持适合角色的距离 ・能够描述成功或不成功地承担新角色的情况并反思其原因 ・能够考虑到教师角色的实现,批判性和建设性地反思自己的专业发展以及自己的发展状况 ・保持一个对学生和教师共同的行为习俗
学校作为学习和生活空间	学校作为组织	师范生能够说出其实习学校的组织结构里最重要的几个因素,能够对此加以说明和解释,并在自己的行动中加以考虑	・描述和说明组织上的规定,如教学开始、全日制照管、节奏…… ・关于有组织的协商使用专业教室的必要性的知识
	学校日常和学校生活	师范生独立承担最初的任务,在学校日常和学校生活的组织领域支持实习指导教师。师范生能够独立承担一个教师在一日过程中单个的阶段	・主动地承担教学、教育和学校生活的任务范围的部分领域 ・主动地参加学生分类教学措施和集体教学 ・教师短时不在时承担监督工作 ・在教学过程的准备和实施中提供组织方面的支持 ・独立地组织预习时间、早晨庆祝活动…… ・准备黑板板书作为整体总结 ・设计背诵课文或背诵页 ・举行座谈会、故事会、一周回顾

续表

定义	内容	一般标准	行为指标
教学观察与评价	教学观察与评价	师范生了解专业化的教学观察的方法，根据原则分析教学体验	• 能够使用简单的观察表观察自己的教学 • 有时能够自己制作表格 • 能够讨论和反思观察过程，越来越多地使用专业的语言
教学计划、实施与分析	教学结构	师范生知道教学的阶段结构，能够根据原则迁移到自己的教学或所观察的教学中去	• 识别所观察的教学的阶段结构，能够反思性地理解 • 独立实施理由充分的、结构清晰的教学课时
	授课形式与理论	师范生区别教师中心的教学和教师引导面向学生的教学，在自己的教学计划中使用学科特色的原则	• 在所观察的教学中能够感受和指出教师中心和教师引导的教学特色 • 能在自己的教学课时里依据原则使用学科特色的原则 • 能够在不同的对学习过程的功能性中描述直接教导阶段和学生中心的教学阶段
	创设学习环境	师范生知道不同的学习环境，为设计自己的教学课时撰写一份在原则理论上扎实的原因说明	• 能够感受和描述所旁听的课堂里不同的学习环境，鉴于可能的选择性做出比较 • 能够（参与）组织不同的学习环境 • 能够根据原则自我创设学习环境 • 能够在选择某个学习环境的理由陈述上与理论的基本知识挂钩
	时间管理	师范生用自己的教学尝试融入不同的学校计划层面，知道继续发展个人时间管理的必要性	• 能够观察并把自己的教学排入学校的计划层次 • 能够在与同学、大学教师和实习教师的谈话中反思不同的个性化时间管理解决方案
	教材分析	师范生认识教学计划的帮助工具并进行模范性地使用	• 知道正式的教学计划的单个层面，能够在自己的教学课时里实施不同的主题 • 能够说明自己的学科（如果已经提供）的教育标准 • 能够在自己的教学尝试中吸纳学校里引进的计划手段（教材……），根据原则反思性地用于工作
	媒介使用	师范生注意到在教学中教学媒介的不同使用可能性，对它们进行描述并根据原则批判性地反思；在教学尝试中反思性地将媒介使用纳入自己的教学计划之中	• 能够说出可以获得媒介的渠道和地点并选择性使用这项供应 • 能够描述所观察教学中的媒介使用，根据原则考虑到它的适当性进行斟酌 • 在自己的教学计划和实施中考虑到学校的媒体装备 • 能够根据原则分析某一媒介的教学论的适当性和专业的正确性 • 能够在自己的教学中选择、试验性地使用并接着反思传统的和新的媒介
	社会形式与方法	师范生认识不同的方法和社会形式，模范性和有理有据地使用它们	• 师范生在指导教师的教学中主动参与计划、组织和实施不同的社会形式和方法 • 能够在自己的教学尝试中计划并反思社会形式和方法的使用

续表

定义	内容	一般标准	行为指标
教学计划、实施与分析	应对异质性	师范生认识一个班级异质构成的不同维度，了解内部区别的措施，在自己的教学尝试中有理有据地加以使用	• 能够说出可观察到的异质性的定义并联系到班级里 • 能在听课中感受到内部的区别措施（性别、兴趣、成绩有关的……），反思它们的使用 • 在自己的教学尝试里能够让人确认出应对多种多样的学习前提条件的方法上最初的区别对待的能力（比如兴趣区别的工作材料、选择异质的小组组合等）
班级领导	班级领导	师范生描述不同的班级领导策略并在其他人的教学中感受到，根据原则使用预防干扰的和干预性的措施，鉴于其作用进行反思	• 能够辨别学生错误行为和通过教师以及外部的影响引起的教学干扰并分门别类 • 能够说出干扰预防的措施并根据原则来使用
成绩测查、评价与反馈	成绩确定	师范生知道成绩确定的学科典型的与过程和结果有关的形式和程序，根据原则在理论知识的基础上反思它们的使用。知道成绩反馈的不同方法。在指导下发展自己的最初的成绩调查案例	• 师范生能够在所观察的教学中心感受到并描述成绩确定的学科典型的与过程和结果有关的形式和程序 • 能够说出他学科的反馈程序并自己加以使用（比如在小组工作的陪伴中） • 师范生知道成绩确定的相应标准，能够描述它们在自己的教学中的使用，感受到在别人教学中的使用 • 在教师指导下自己发展成绩调查的部分或者主动参与指导教师的成绩调查

资料来源：Mägdefrau J. Standards und Indikatoren für die Entwicklung von Kompetenzen in der Lehrerbildung. https://www.zlf.unipassau.de/fileadmin/dokumente/einrichtungen/zlf/6.1_Praktika_im_Lehramt/Standards_Lehrerbildung_Maegdefrau_et_alta_2014-05-15.pdf. [2021-01-04].

第二节 基于"二元能力"的分阶行为指标

本节阐述在借鉴德国经验的基础上，研究团队开展本土研究构建师范生专业能力行为指标的逻辑依据和调查研究结果。本书主要基于两条逻辑展开研究工作：一是基于师范生专业认证的工作逻辑，把师范生的培养置于教师教育的完整系统中加以把握；二是以教师专业发展阶段为背景，以职前职后一体化为指导思想，以师范生"二元能力"框架为基础，构建准教师（师范生）、五年教师和成熟教师三个阶梯式发展阶段的教师群体专业能力的分阶行为指标体系。在厘清研究逻辑的基础上，研究团队通过调查研究，收集一线名师对师范生专业能力发展过程的主观看法，既可以验证现有师范生专业能力研究的信度，为构建"二元能力"框架提供实际证据。

一、分阶行为指标建构的逻辑依据

构建师范生专业能力行为指标体系是本书的核心内容，也是构建师范生培养学习支持系统的前提。专业能力的行为指标体系构建不仅具有研究的理论价值，也具有较高的实践价值。就理论价值而言，师范生专业能力的行为指标体系是师范生专业能力系统的具体体现，行为指标重在分解各种抽象的能力描述，使各种能力成为可操作、可测量的行为表现，在理论上完善了师范生的培养目标系统，使目标变得更加清晰、明了。就实践价值而言，师范生专业能力指标体系的构建具有双重主体意义：一方面帮助培养者在设计课程目标时有指向，在课程实施时有依据，从而使课程评价更有针对性；另一方面，对师范生而言，行为指标体系是其在理论课程学习时把知识转化成行为的目标指向，也是其在教育见习、教育实习和教育研习等实践课程体系时的能力目标和自我评价的依据。

师范生分阶行为指标体系有两条主要的建构逻辑：一是师范生专业能力分阶的依据源于师范专业认证的基本要求。师范专业认证明确提出在设定专业人才培养目标时，不仅需要详细描述毕业要求的指标点，同时要对毕业五年之后的师范生的能力目标有规定。这一要求表明需要把师范生的培养置于教师教育的完整系统中加以把握，分阶行为指标需要职前职后一体化的表达。二是行为指标的描述主要源于帕绍大学的教师教育标准的行为表述。力求通过可操作、可测量的行为动词描述各行为指标，行为动词的选择主要源于布卢姆教育目标分类理论。

本书的师范生分阶行为指标体系是以教师专业发展阶段为背景，以职前职后一体化为指导思想，以师范生"二元能力"框架为基础，构建准教师（师范生）、五年教师和成熟教师三个阶梯式发展阶段的教师群体专业能力的分阶行为指标体系。这一指标体系具有分阶性、一体化和可操作性的特点。分阶性不仅指准教师、五年教师和成熟教师三个发展阶段，还对专业能力的行为指标点做出了分阶描述；一体化指贯通教师的职前培养和职后发展对教师专业能力行为标准的期待和要求，使得师范生的职前培养能对接教师职后的专业发展，并为其能力的成长奠定扎实的基础；可操作性是指突破对能力的心理描述，变内隐的心理要素的表达为外显的行为指标的规定，使内在的心理特点可视化，使行为主体可以更好地预设和评价自身的专业能力。

二、分阶行为指标建构的调查研究

为了所开发的分阶行为指标切实指向教育领域对不同阶段师范生的要求，本书研究团队首先从调查研究获取第一手资料，初步归纳形成师范生的专业能力行为指标。

（一）编制调查问卷

在《帕绍标准》的启发下，研究团队根据第一次元分析的结果编制《师范生专业能力分阶行为指标调查问卷》，完整问卷参见附录1。

（二）数据收集

研究团队对参加"浙江省名师名校长培养工程"的学员进行调查，收集他们对符合准教师（师范毕业生）、合格教师（毕业5年）和成熟教师（毕业10年以上）三类不同发展阶段教师专业能力的基本描述。第一次调查发放问卷102份，剔除无效问卷，共收回有效问卷77份。根据元分析的结果，第一次调查的内容聚焦两大方面共7大维度。第一方面为教育能力，包括班级管理能力、个别教育能力、和家长沟通能力、与其他老师合作能力。第二方面为教学能力，包括教学设计能力、教学组织与实施能力、教学评价能力。

（三）数据整理

研究团队基于收集到的基本信息，进行同一主题频次排序，然后邀请省内各学科专家、教学法专家和教师教育专家对这些信息进行德尔菲法讨论，初步梳理了专业能力的"行为指标"。表3-2详细地呈现了这些行为指标两大方面7大维度（维度1班级管理能力、维度2个别教育能力、维度3和家长沟通能力、维度4与其他老师合作能力、维度5教学设计能力、维度6教学组织与实施能力、维度7教学评价能力）的具体内容。

表 3-2 师范生专业能力行为指标

素养维度	专业化发展阶段	行为指标
班级管理能力	准教师	• 清楚班级管理要素，建立班级架构； • 能通过表扬、批评等指向性明确的教育行为维持好班级纪律； • 能全面了解班级每一个学生，建立档案； • 有基本的班级目标，带领学生去做规范； • 能在班级工作中树立自己的榜样； • 发挥"小老师"的作用，让班干部成为老师的好助手

续表

素养维度	专业化发展阶段	行为指标
班级管理能力	合格教师	• 能针对班级情况制定符合班情的管理条例； • 能民主选举班级中的课代表、班长等班级管理组织，量化管理班级； • 能使用多种激励方式
	成熟教师	• 能开展班级特色活动，提炼形成一套有效管理的经验、方法、品牌； • 能建设班级的归属感、向心力和价值观、认同感，老师不在也能正常运转； • 思维方式更多地向内，细致了解学生，并能根据教育心理学等理论指导工作实践
个别教育能力	准教师	• 能了解学生的基本情况，正确认识学生； • 能公平对待每一位学生
	合格教师	• 能尽早地发现学生的问题，做好查缺补漏，对其进行相应的教育，及时和家长沟通； • 能主动沟通家长，多方影响孩子，运用心理学知识引导家长改变学生
	成熟教师	• 观察发现并梳理学生的个性特点并因材施教； • 在尊重的基础上"个人定制"，规划学生发展路径； • 实行分层分类教学； • 能及时沟通家长，分析家庭中对孩子的影响根源，和家长一起找到解决策略
和家长沟通能力	准教师	• 不惧怕家长； • 能注意自己的谈话方式，尊重家长； • 掌握一定的谈话策略与艺术
	合格教师	• 能有目的性、有计划地与家长沟通； • 能与家长达成一致，联合家长力量进行教育； • 能体谅家长，有效处理好家长表达的合理性意愿
	成熟教师	• 能与家长共同规划孩子的未来； • 关注家长需求，适切让话题切入； • 能通过不同方式，和不同的家长进行沟通，因人制宜，有的放矢，充分调动各方面的积极因素
与其他老师合作能力	准教师	• 认识到团队精神的重要性，虚心请教； • 能尊重其他教师，和其他教师和谐共处； • 能主动承担工作团队任务，不懂就问
	合格教师	• 能做比较，通过各种形式与同事交流经验并不断反思； • 和其他老师有不同观点时，能包容，并和自己的做比较； • 不恶性竞争，协作共赢
	成熟教师	• 能依托自身优势，在团队中积极引领，帮带同伴； • 立足于新型人际关系，发展教师的交往和合作； • 能有自己的处世风格和境界，乐于分享和接纳
教学设计能力	准教师	• 能初步解读教材，了解教学目标和重难点； • 能设计出符合学生知识、能力、情感价值观等的教学目标； • 能完整地完成一节课的教学设计
	合格教师	• 能钻研教材，根据学生的特点和教材的把握，围绕重点、难点，完成教学设计； • 能制作多媒体，让其辅助教学； • 对环节时长比较清晰，了解每一环节的设计意图； • 不只关心教学流程，也思考学生可能的反应

续表

素养维度	专业化发展阶段	行为指标
教学设计能力	成熟教师	• 能基于学生认知水平，理解学生的已有知识结构； • 能确定适度、分层、具体的目标，能表明可观察到的学习效果； • 有自己的设计风格，体现学科的理念、育人的理念； • 能创造性地解读文本； • 关注学生经验起点，能根据学情、课标设计教学过程，有一定的创新点
教学组织与实施能力	准教师	• 良好的语言表达能力； • 能有序组织学生学习，按教学设计完成教学流程； • 能组织学生进行基本的教学活动，有意识地去调动学生学习的积极性； • 能始终如一地贯彻课堂行为规范； • 能有良好的教学基本功，能合理调整教学节奏和进度
	合格教师	• 能顺利完成一节课的教学，并达成教学目标； • 课堂上与孩子沟通自然，能营造良好的课堂氛围； • 学生能有兴趣地学习，比较专注、愉快
	成熟教师	• 能有效完成一节课，不仅达到目标，还能突破难点，突出重点； • 善于启发诱导，能激发学生兴趣，集中学生注意力； • 能驾轻就熟地、高效地完成课堂教学内容并有所拓展； • 能激发学生自主学习的欲望，主动学习
教学评价能力	准教师	• 能完成作业的批改； • 掌握评价的方式和目的； • 能注重学生学习过程，多方面进行评价
	合格教师	• 能够正确总结出学生作业中普遍存在的问题； • 能看清学生表现的一些问题背后的原因； • 能通过不同的评价用语进行总评； • 能淡化分数，关注问题
	成熟教师	• 能够将量化评价和质性评价相结合，对学生进行评价； • 能根据评价标准开展评价； • 以促进学生发展为核心，发挥不同评价方式的优势； • 能够选择或编制评价工具

资料来源：来自实证研究的归纳。

三、师范生分阶行为指标体系

依据分阶行为指标体系建构的逻辑依据和行为指标调查研究的结果，本书研究团队建构了"二元能力"框架的师范生专业能力分阶行为指标体系，具体分为原能力（终身学习力、社会情感力、角色反思力）和胜任力（教育能力、教学能力、研究能力）两大部分六项重点能力。

（一）终身学习力

终身学习力是师范生向外求的自我生长力，它是师范生进入教师岗位时获得专业发展必不可少的能力。终身学习力是指师范生始终保持学习的动力、毅力和能力。因此，本书从学习的动力、学习的毅力和学习的能力三个维度建构教师终身学习力分阶行为指标（表 3-3）。

表 3-3 教师终身学习力分阶行为指标

分类	学习的动力	学习的毅力	学习的能力
准教师	能通过好奇和兴趣驱动学习	能排除干扰学习的各种因素，克服惰性	能广泛地阅读自己感兴趣的书籍；能形成基本的成长型思维方式
合格教师	能通过成就驱动学习	能克服困难，战胜失败，有计划地学习	能开展专题阅读；能根据情境习惯于运用成长型思维方式
成熟教师	能通过理想驱动学习	能持之以恒，养成终身学习的习惯	能在研究性阅读中形成独创性的成果；能不断地突破自己的思维定势，灵活运用成长型思维方式

对于准教师而言，学习的动力更多地来自兴趣本身，学习的毅力主要在于克服自身的惰性，学习的能力通过阅读的广度以及具有基本的成长型思维方式表现出来；而对于合格教师而言，学习的动力来自工作中的成就驱动，学习的毅力上升到克服困难，战胜失败，并能坚持有计划地学习，学习的能力则体现在能开展有选择性的、主题式的阅读，并体现在根据情境习惯于运用成长型的思维方式；成熟教师的学习动力则是职业理想驱动的，学习的毅力体现在终身学习习惯的养成，学习的能力在于通过研究性阅读形成自己独创性的成果，在不断突破自身思维定势的前提下，灵活运用成长型的思维方式。

（二）社会情感力

社会情感力指人们理解与管理自我情绪，感受与共情他人情绪，建立和维持积极关系、做负责任决策的能力，包括自我意识、自我管理、社会意识、人际关系、负责任地决策五个维度。

从自我意识的角度看，准教师能有意识地体验自身的积极情感（情绪）和消极情感（情绪），并对情感（情绪）的生理表现有觉知；合格教师能对自身在教育教学活动中的积极情感（情绪）和消极情感（情绪）有清晰的体验，并能确定情感（情绪）的来源；成熟教师不仅能体验并表达教育活动中的情感（情绪），并能对情感（情绪）产生的来源和原因有清晰的认知。

从自我管理的角度看，准教师通过学习能掌握表达积极情感（情绪），排解消极情感（情绪）的基本方法；合格教师能在教育场景中运用表达积极情感（情绪），排解消极情感（情绪）的有效方法；成熟教师在教育活动中则能有效控制自身的情感（情绪），始终使自身的心理获得内在的平衡。

从社会意识角度看，准教师能认同学校和班级规范，并能积极遵守规范；合格教师能认同学校的各种规章制度，融入学校组织的集体活动；成熟教师能主动维护学校荣誉，成为学校荣誉建设的引领者。

从人际关系的视角看，准教师能敏感地体察同学、室友的各种情感（情绪）表达；合格教师能敏感地体察学生、同事和家长的各种情感（情绪）表达，并能成为积极的倾听者；成熟教师在体察和分享他人情感（情绪）的基础上，能通过共情等有效策略影响他人的情感（情绪）。

从负责任地决策的视角看，准教师能掌握解决各种教育场景问题的基本方法；合格教师能分析和解决教育场景中的各种常规问题；成熟教师能有效分析和解决教育场景中的各种异常问题，表现出一定的教育智慧（表3-4）。

表 3-4 社会情感力分阶行为指标

分类	自我意识	自我管理	社会意识	人际关系	负责任地决策
准教师	能有意识地体验自己的积极情感（情绪）	能掌握表达积极情感、排解消极情感的基本方法	能认同并遵守规范	能体察同学、室友的各种情感（情绪）表达	能掌握解决各种教育场景问题的基本方法
合格教师	能体验自己在教育活动中的情感（情绪），并确定来源	能运用表达积极情感、排解消极情感的有效方法	能认同集体目标，融入集体活动	能体察学生、同事和家长的各种情感（情绪）表达，并能积极倾听	能分析和解决教育场景中的各种常规问题
成熟教师	能精确表达自己在教育活动中的各种情感（情绪）体验，并能归因分析	能有效控制教育活动中的情感和情绪，使心理获得平衡	能主动维护集体荣誉，并成为集体荣誉的引领者	能通过共情等策略影响他人的情感	能有效分析和解决教育场景中的各种异常问题

（三）角色反思力

角色反思力是指个体对自身所承担社会角色的职业价值、行为规范以及生涯规律等的认知、体验与规划的能力，具体包括职业（角色）自我认知、职业（角色）自我体验和职业（角色）自我规划三个维度。

从职业（角色）自我认知视角看，准教师的角色自我认知主要关注是否适合从事教师职业，合格教师应该能够认识到自己的个性在从事教师职业中的潜能和不足，成熟教师则能认识到自己在从事教师角色过程中的特色与风格。

从职业（角色）自我体验的视角看，对于准教师而言，能在教育见习和实习活动中体会到教师职业的价值感，合格教师能体验到教师职业的成就感，成熟教师则能体验到教师职业带给自身的幸福感。

从职业（角色）自我规划视角看，准教师能初步规划自己的职业生涯，合格教师能在角色自我认知的基础上规划自身的职业生涯，成熟教师则能在不断修正职业生涯规划的基础上引领青年教师的发展（表3-5）。

表3-5　角色反思力分阶行为指标

分类	职业自我认知	职业自我体验	职业自我规划
准教师	能认识到自己是否适合从事教师职业	能在教育见习、实习活动中体会到教师职业的价值感	能初步规划自己的教师职业生涯
合格教师	能认识到自己的个性在从事教师职业中的潜能和不足	能对教师职业有成就感	能根据自己的潜能与不足来规划自己的教师生涯
成熟教师	能认识到自己在从事教师角色过程中的特色与风格	能体验到教育职业的幸福感	能在不断自我修正职业生涯规划的基础上引领青年教师的发展

（四）教育能力

教育能力就其狭义的理解是指师范生的育人能力，集中表现为教育者在教育活动中与各种主体交往互动的能力，包括与学生群体、学生个体、教师群体和家长群体沟通、互动的能力。本书具体化为班级管理能力、个别教育能力、同事合作能力以及与家长沟通能力。

1. **班级管理能力**

从班级的组织建设和愿景规划角度看，准教师能陈述班级管理要素，并建立常规的班级架构，引领学生制定基本的班级发展目标；合格教师能说明班级发展的不同阶段，并通过民主选举构建班级组织，引领学生规划班级发展愿景；成熟教师能阐释班级不同发展阶段教师的工作重点，组建有特色的班级系统，并能引导学生凝练班级文化。

从班级活动与规范纪律角度看，准教师能组织规范性的班级活动，并能通过表扬、批评等指向性明确的教育行为维持好班级纪律；合格教师能组织有特色的班级活动，并能针对班级的具体情况制定符合班情的管理条例；成熟教师能组织主题式、系统化的班级活动，能形成班级的良好风气、和谐的人际关系以及班级的凝聚力。

从教师形象的角度看，准教师能通过准时、整洁等行为以及规范的语言在班级中树立自己的教师形象；合格教师能通过专业化的教师行为在班级中树立榜样；成熟教师能树立威信，提炼形成一套有自己风格的管理经验、形成品牌（表3-6）。

表 3-6 班级管理能力分阶行为指标

分类	班级的组织建构	班级的愿景规划	活动组织	规范与纪律	教师形象
准教师	能陈述班级管理要素，并建立常规的班级架构	能引领学生制定基本的班级目标	能组织规范的班级活动	能通过表扬、批评等指向性明确的教育行为维持好班级纪律	能通过准时、整洁等行为以及规范的语言在班级中树立自己的教师形象
合格教师	能说明班级发展的不同阶段，并通过民主选举构建班级组织	能引领学生规划班级发展的愿景	组织有特色的班级活动	能针对班级的具体情况制定符合班情的管理条例	能通过专业化的教师行为在班级中树立榜样
成熟教师	能阐释班级不同发展阶段教师的工作重点，并组建有特色的班级系统	能引导学生凝练班级文化	能组织主题式、系统化的班级活动	能形成班级的良好风气、和谐的人际关系以及班级的凝聚力	能树立威信，提炼形成一套有自己风格的管理经验、形成品牌

2. 个别教育能力

从建立学生个人档案的视角看，准教师能在了解学生的基本情况，建立学生的个人档案；合格教师能了解不同类型的学生，建立分类档案；成熟教师则能观察并记录学生的个性特点，建立个性化的学生档案。

从了解学生的差异维度看，准教师应能说出学生的差异性及因材施教的原理；合格教师能在具体的教育场景中公平对待每一位学生；成熟教师则能基于学生的个性特点进行因材施教。

从尊重并关爱学生的视角看，准教师能感受到学生的不良情绪；合格教师能疏导学生的不良情绪；成熟教师能运用专业的方法开展心理咨询。

从处理人际冲突的角度看，准教师能及时制止人际冲突；合格教师能化解人际冲突，处理偶发事件；成熟教师能机智地处理人际冲突和偶发事件，并预防再次发生。

从评定学生发展的角度看，准教师能撰写规范的学生评定报告；合格教师能撰写有特色的学生评定报告；成熟教师则能运用现代技术撰写精确化、个性化的学生评定报告（表3-7）。

表 3-7 个别教育能力分阶行为指标

分类	建立个人档案	了解学生的差异	尊重并关爱学生	处理人际冲突	评定学生发展
准教师	能了解学生的基本情况,建立学生档案	能说出学生的差异性及因材施教的原理	能感受到学生的不良情绪	能及时制止人际冲突	能撰写规范的学生评定报告
合格教师	能了解不同类型的学生,建立分类档案	能在具体的教育场景中公平对待每一位学生	能疏导学生的不良情绪	能化解人际冲突,处理偶发事件	能撰写有特色的学生评定报告
成熟教师	观察并记录学生的个性特点,建立个性化的学生档案	能基于学生的个性特点进行因材施教	能运用专业的方法开展心理咨询	能机智地处理人际冲突和偶发事件,并预防再次发生	能撰写精确化、个性化的学生评定报告

3. 同事合作能力

从倾听的角度看，准教师能了解同事的工作性质；合格教师能了解同事工作中的困惑；成熟教师能体察同事在工作中的情感（情绪）变化。

从交流的角度看，准教师能陈述自己工作中遇到的困难，并寻求帮助；合格教师能通过各种形式与同事分享经验；成熟教师有自己的处世风格和境界，乐于分享和接纳。

从学习的角度看，准教师能尊重其他教师，虚心请教；合格教师能包容其他教师的不同观点，欣赏其他教师的不同经验；成熟教师能有归零心态，主动向年轻教师学习。

从合作的角度看，准教师能主动承担团队工作任务；合格教师能主动分担同事的工作，协作共赢；成熟教师则能依托自身优势，在团队中积极引领，帮带同伴（表 3-8）。

表 3-8　同事合作能力分阶行为指标

分类	倾听	交流	学习	合作
准教师	能了解同事的工作性质	能陈述自己工作中遇到的困难，寻求帮助	能尊重其他教师，虚心请教	能主动承担团队工作任务
合格教师	能了解同事的工作困惑	能通过各种形式与同事分享经验	能包容其他教师的不同观点，欣赏其他教师的不同经验	能主动分担同事工作，协作共赢
成熟教师	能体察同事的情感（情绪）变化	能有自己的处世风格和境界，乐于分享和接纳	能有归零心态，主动向年轻教师学习	能依托自身优势，在团队中积极引领，帮带同伴

4. 与家长沟通能力

本书从家校沟通、形成教育合力、教育咨询和教育家长四个维度构建分阶行为指标。

从家校沟通的角度看，准教师能不惧怕家长，与家长进行常规的沟通；合格教师能有目的性、有计划地与家长沟通；成熟教师则能关注家长的需求，与家长产生共情。

从形成教育合力看，准教师能注意自己的谈话方式，让家长配合学校工作；合格教师能与家长达成一致，联合家长力量开展教育；成熟教师能与家长共同规划孩子的未来。

从教育咨询的角度看，准教师能及时记录家长的问题并尝试解决；合格教师能对家长的问题分类整理，提供解决策略；成熟教师能对家长的问题提供专业化的教育咨询。

从教育家长视角看，准教师能运用一定的沟通策略安抚家长的情绪；合格教师能体谅家长，化解家校矛盾；成熟教师能通过家长学校、个别谈话等方式转变家长的教育观念（表 3-9）。

表 3-9 和家长沟通能力分阶行为指标

分类	家校沟通	形成教育合力	教育咨询	教育家长
准教师	不惧怕家长，与家长进行常规的沟通	能注意自己的谈话方式，让家长配合学校工作	能及时记录家长的问题并尝试解决	能运用一定的沟通策略安抚家长的情绪
合格教师	能有目的性、有计划地与家长沟通	能与家长达成一致，联合家长力量开展教育	能对家长的问题分类整理，提供解决策略	能体谅家长，化解家校矛盾
成熟教师	能关注家长需求，与家长产生共情	能与家长共同规划孩子的未来	能对家长的问题提供专业化的教育咨询	能通过家长学校、个别谈话等方式转变家长的教育观念

（五）教学能力

教学能力是指教育者运用系统方法对课程与教学活动的各要素在分析的基础上开展设计、实施与评价的能力，具体包括课程设计能力、教学设计能力、教学实施能力和教学评价能力。

1. 课程设计能力

本书的课程设计能力主要指教育者对校本拓展性课程的开发能力，具体包括课程计划（标准）设计、教科书编写、课程评价方式开发等。

从课程计划（标准）设计的视角看，准教师能仿写简单的课程计划，合格教师能设计完整的课程计划，成熟教师能围绕核心素养系统设计课程标准。

从教科书编写的视角看，准教师能开发教学活动案例，合格教师能围绕课程目标开发系列教学活动案例，成熟教师能把教学案例提升为教科书。

从课程评价方式开发的视角看，准教师能设计相关练习评价课程实施，合格教师能设计档案袋等过程性的评价方式，成熟教师能系统开发练习册、档案袋和考试等评价方式（表 3-10）。

表 3-10 课程设计能力分阶行为指标

分类	课程计划（标准）设计	教科书编写	课程评价方式开发
准教师	能仿写简单的课程计划	能开发教学活动案例	能设计相关练习评价课程实施
合格教师	能设计完整的课程计划	能围绕课程目标开发系列教学活动案例	能设计档案袋等过程性的评价方式
成熟教师	围绕核心素养系统设计课程标准	能把教学案例提升为教科书	能系统开发练习册、档案袋、考试等评价方式

2. 教学设计能力

教学设计能力从七个维度构建分阶行为指标，分别是课程标准解读、教材分析、了解学生、制定教学目标、课堂问题设计、设计作业和练习、编写教案、跨学科教学。

从课程标准解读视角看，准教师应能陈述课程标准的理念、内容和要求，合格教师能阐释并认同课程标准的理念，成熟教师能比较分析不同历史阶段、不同国家的课程标准。

从教材分析的视角看，准教师能初步解读教材，了解课时划分；合格教师能理解教材，分析教材，并能重组教学材料；成熟教师则能重组教材。

从了解学生的视角看，准教师能分析基本学情，合格教师能了解学生的学习起点和学习经验，成熟教师能基于学生认知水平了解学习的起点、难点和差异点。

从制定教学目标视角看，准教师能制定课时教学目标，合格教师能围绕重难点制定课时教学目标，成熟教师能在确定课时目标的基础上设计详细的环节教学目标。

从课堂问题设计视角看，准教师能设计规范的课堂问题；合格教师能设计课堂问题串；成熟教师能设计问题域，预设生成性资源。

从设计作业和练习视角看，准教师能设计不同类型的课堂作业，合格教师能设计螺旋上升的课堂作业和练习，成熟教师能设计可以进行多次教学创作的主题式课堂作业和练习。

从编写教案视角看，准教师能编写一份完整的课堂教学详案；合格教师能编写不同课型的板块式教案；成熟教师能根据学生的不同，同课异构多种类型的教案或按类编写教案。

从跨学科教学视角看，准教师能设计综合与实践活动教学案例，合格教师能设计跨学科教学案例，成熟教师能开展以核心素养为导向的 PBL 教学设计（表 3-11）。

表 3-11 教学设计能力分阶行为指标

分类	准教师	合格教师	成熟教师
课程标准解读	能陈述课程标准的理念、内容和要求	能阐释并认同课程标准的理念	能比较分析不同历史阶段、不同国家的课程标准
教材分析	能初步解读教材，了解课时划分	能理解教材，分析教材，重组教学材料	能重组教材
了解学生	能分析基本学情	能了解学生的学习起点和学习经验	能基于学生认知水平了解学习的起点、难点和差异点

续表

分类	准教师	合格教师	成熟教师
制定教学目标	能制定课时教学目标	能围绕重难点制定课时教学目标	能在确定课时目标的基础上设计环节目标
课堂问题设计	能设计规范的课堂问题	能设计课堂问题串	能设计问题域，预设生成性资源
设计作业和练习	能设计不同类型的课堂作业	能设计螺旋上升的课堂作业	能设计可以进行多次教学创作的主题式课堂作业
编写教案	能编写一份完整的详案	能编写不同课型的板块式教案	能根据学生的不同，同课异构多种类型的教案或按类编写教案
跨学科教学	能设计综合与实践活动教学案例	能设计跨学科教学案例	能开展以核心素养为导向的 PBL 教学设计

3. 教学实施能力

本书具体从激发动机、课堂提问、课堂评价、课堂总结、媒体运用、学习方式、学习环境七个维度构建教学实施能力的分阶行为指标。

从激发动机的视角看，准教师能通过创设情境吸引学生关注课堂教学；合格教师能通过情景创设、游戏活动等激发学生学习兴趣；成熟教师能运用学科自身的特点激发学生的求知欲，促进学生主动学习。

从课堂提问的视角看，准教师能面向全班提出促进学生思考的教学问题，合格教师能根据学生认知水平提出促进高阶思维的教学问题，成熟教师能运用生成性的学习资源以及追问技术促进学生审辨思维的发展。

从课堂评价视角看，准教师能用简单的肯定、否定式的评价语激励学生参与学习活动；合格教师能用规范性的口头语和体态语言评价学生学习活动；成熟教师能运用具有导向、激励和提升功能的评价语言，促进学生开展学习活动。

从课堂总结的视角看，准教师能引导学生回顾整理课堂教学的内容；合格教师能用多种方式帮助学生反思整理学习内容；成熟教师能引导学生自主反思学习内容，分享学习方法。

从媒体运用视角看，准教师能用现代教育媒体辅助教学活动，合格教师能开展微课等技术手段嵌入的教学活动，成熟教师能开展学科和技术融合的教学活动。

从学习方式的视角看，准教师能运用不同方式组织教学活动，合格教师能有效组织小组合作学习，成熟教师能根据教学目标、内容选择灵活的面向全体、小组和个别的教学方式。

从学习环境的视角看，准教师能布置适合学生静心学习的空间环境，合格教师能布置与学习内容相关的空间环境，成熟教师能布置主题式推进的学习空间环境（表 3-12）。

表 3-12 教学实施能力分阶行为指标

分类	准教师	合格教师	成熟教师
激发动机	能通过创设情境吸引学生关注课堂教学	能通过情景创设、游戏活动等激发学生学习兴趣	能运用学科自身的特点激发学生的求知欲，促进学生主动学习
课堂提问	能面向全班提出促进学生思考的教学问题	能根据学生认知水平提出促进高阶思维的教学问题	能运用生成性的学习资源以及追问技术促进学生审辨思维的发展
课堂评价	能用简单的肯定、否定式的评价语激励学生参与学习活动	能用规范性的口头语和体态语言评价学生学习活动	能运用具有导向、激励和提升功能的评价语言，促进学生开展学习活动
课堂总结	能引导学生回顾整理课堂教学的内容	能用多种方式帮助学生反思整理学习内容	能引导学生自主反思学习内容，分享学习方法
媒体运用	能用现代教育媒体辅助教学活动	能开展微课等技术手段嵌入的教学活动	能开展学科和技术融合的教学活动
学习方式	能运用不同方式组织教学活动	能有效组织小组合作学习	能根据教学目标、内容选择灵活的面向全体、小组和个别的教学方式
学习环境	能布置适合学生静心学习的空间环境	能布置与学习内容相关的空间环境	能布置主题式推进的学习空间环境

4. 教学评价能力

本书从课堂观察、作业批改、试卷编制、成绩报告单四个维度构建教学评价能力的分阶行为指标。

从课堂观察的视角看，准教师能撰写观摩课的课堂实录，梳理教学目标、环节和内容；合格教师能运用课堂观察诊断技术分析课堂教学，提炼公开课的优点和缺点；成熟教师能对课堂教学进行全息分析，并在分析优缺点的基础上提出改进建议。

从作业批改的维度看，准教师能规范地批改作业；合格教师能运用多元的方式批改学生的作业，分析作业的质量；成熟教师能用量化工具分析学生的作业质量，并据此改进课堂教学。

从试卷编制维度看，准教师能根据教学目标编制单元测试题，合格教师能科学地编制单元测试卷，成熟教师能用双向细目表等评价工具编制单元和期末试卷。

从成绩报告单的维度看，准教师能撰写规范的学科成绩报告单，合格教师能撰写学习特点分析的学习成绩报告单，成熟教师能撰写量化和质性评价相结合的、个性化的学习成绩报告单（表 3-13）。

表 3-13　教学评价能力分阶行为指标

分类	准教师	合格教师	成熟教师
课堂观察	能撰写观摩课的课堂实录，梳理教学目标、环节和内容	能运用课堂观察诊断技术分析课堂教学，提炼公开课的优点和缺点	能对课堂教学进行全息分析，并在分析优缺点的基础上提出改进建议
作业批改	能规范地批改作业	能运用多元的方式批改学生的作业，分析作业质量	能用量化工具分析学生的作业质量，改进课堂教学
试卷编制	能根据教学目标编制单元测试题	能科学地编制单元测试卷	能用双向细目表等评价工具编制单元和期末试卷
成绩报告单	能撰写规范的学科成绩报告单	能撰写学习特点分析的学习成绩报告单	能撰写量化和质性评价相结合的、个性化的学习成绩报告单

（六）研究能力

本书从研究问题确定、研究方案设计、研究方法掌握、研究实施、研究结果分析、研究成果呈现六个维度构建研究能力的分阶行为指标。

从研究问题确定维度看，准教师能从研究指南中选择适合自己能力的研究问题；合格教师能从教育现实问题中形成自己研究的课题；成熟教师则能确立具有独创的研究课题。

从研究方案设计维度看，准教师能在指导下设计符合规范要求的小课题研究方案，合格教师能独立设计较为严密、可行、具有操作的单项研究方案，成熟教师能设计具有开创性的、综合的研究方案。

从研究方法的维度看，准教师能掌握最基本的教育研究方法，合格教师能熟练掌握常用的教育研究方法，成熟教师则能根据实际情况综合运用各种研究方法。

从研究实施维度看，准教师能经历研究的基本过程，合格教师能切实有效地开展教育研究工作，成熟教师能统领研究全局、协调各方开展研究工作。

从研究结果分析的维度看，准教师能初步分析研究成果，合格教师能从研究成果中提炼出相应的结论、规则，成熟教师能从研究成果中创新教育理念。

从研究成果呈现的维度看，准教师能清楚、规范地表述研究成果，合格教师能用多种形式表达研究成果，成熟教师能关注研究成果的推广与应用（表3-14）。

表 3-14 研究能力分阶行为指标

分类	准教师	合格教师	成熟教师
研究问题确定	能从研究指南中选择适合自己能力的研究问题	能从教育现实问题中形成自己研究的课题	能确立具有独创的研究课题
研究方案设计	能在指导下设计符合规范要求的小课题研究方案	能独立设计较为严密、可行、具有操作的单项研究方案	能设计具有开创性的、综合的研究方案
研究方法掌握	能掌握最基本的教育研究方法	能熟练掌握常用的教育研究方法	能根据实际情况综合运用各种研究方法
研究实施	能经历研究的基本过程	能切实有效地开展教育研究工作	能统领研究全局、协调各方开展研究工作
研究结果分析	能初步分析研究成果	能从研究成果中提炼出相应的结论、规则	能从研究成果中创新教育理念
研究成果呈现	能清楚、规范地表述研究成果	能用多种形式表达研究成果	能关注研究成果的推广与应用

基于调查研究和德尔菲法建构的师范生专业能力分阶行为指标体系尽管力图在广度和层级上体现本书的特色，但是作为阶段性研究的成果只能反映本书研究团队的视野与能力，需要被教师教育实践不断验证与完善。不容忽视的实践价值在于为师范生在其职业生涯的不同阶段清晰地勾勒了自身专业能力的行为标准，在一定程度上保护了他们的职业自信，明确了师范生专业能力发展的方向。本书的教师专业能力分阶行为指标体系也可作为师范生或者在职教师的自我反思工具。

第四章

基于专业能力的学习支持系统

　　基于师范生专业能力的分阶行为指标体系为师范生的培养构建了明晰的专业发展目标与教师教育质量的检测标准，师范生专业能力的形成需要通过专业化的教师教育环境，在师生互动的过程中不断积淀与养成。我们称专业化的教师教育环境为学习支持系统，它是集课程、教学、组织、制度于一体的完整系统，这些环境要素相互联系，彼此支撑，在师范生专业能力的形成与发展过程中成为不可或缺的支持系统，并通过师范生个体内在的动机系统、认知系统、操作系统和社交系统的相互作用促进师范生的专业成长。

　　学习支持是在学习发生前、学习过程中以及学习完成后，能够对已知学习者或学习小组的需求做出反应的所有元素的总和。基于教师专业能力的学习支持系统，我们重点关注课程体系、实践教学体系和教师发展学校这三大基石。

第一节　师范生的课程体系建构

《基础教育课程改革纲要》指出，师范院校和其他承担基础教育师资培养任务的高等院校，应根据基础教育课程改革的目标与内容，调整培养目标、专业设置、课程结构，改革教学方法等。课程体系对人才培养的质量起着至关重要的作用。只有根据社会发展对人才的现实和长远需要，不断优化课程体系，才能真正促进学生发展，提高人才培养的水平。师范生的课程体系是师范生专业能力获得培养和发展的第一大基石。

一、我国师范院校课程体系的历史发展

我国现代小学教师教育制度产生于20世纪初期。长期以来，我国的师范学校系统由中师、师范专科院校、师范大学三个层次组成，分别培养小学、初中和高中教师。1998年，经教育部批准，首都师范大学、上海师范大学、南京师范大学、天津师范大学、东北师范大学五所高等师范院校率先成立了初等教育学院（系），设立小学教育专业，小学教师教育开始实质性地纳入高等教育体系。[①]

课程体系有广义和狭义之分。广义的课程体系指在一定的教育价值理念指导下，课程的各个构成要素在动态发展中统一指向专业目标的过程和系统；狭义的课程体系指课程结构，是各类课程之间的组织和配合。课程体系是一个具有特定功能、特定结构、开放性的知识、能力和经验的组合系统。课程体系通常包括目标、内容、结构、实施和评价等要素。审视我国师范教育的相关政策与课程设置的发展变化，师范教育的课程体系发展可以分为三个阶段：第一阶段，以培养具有基本知识与技能的学科型教师为目标，建立以学科教育为中心的师范教育课程体系；第二阶段，强调师范技能培养与训练，构建以师范性为重的师范教育课程体系；第三阶段，由"师范教育"向"教师教育"转型，逐步构建师范性和学科专业性融合的教师教育课程体系。

（一）以学科为中心的师范教育课程体系

这一阶段主要从新中国成立至20世纪70年代末。以学科为中心的师范教育课程体系，遵循"分科型"教师培养模式，在职前教师录取上分学科分方向，培

---

① 李进.2009.教师教育概论.北京：北京大学出版社，187.

养能够胜任某一门学科教学任务的教师。在课程设置上，重在帮助职前教师建立学科专业知识系统。师范教育的课程主要包括共同必修课、学科专业课和教育类课程，个别专业开设选修课，其中学科专业课程的数量占所有课程的60%以上。共同必修课主要为政治类课程，教育类课程主要为教育学、心理学以及与专业相关的教学法课，两类课程占30%左右。

受制于当时社会、经济、文化的发展，对教师专业的研究与教师职业的认知水平较低，此阶段，我国师范教育的人才培养目标单一，课程体系高度集中和统一，师范教育的课程以学科为中心，围绕某一学科的专业基础理论与基本技能展开。

（二）以师范性技能为重的师范教育课程体系

20世纪80年代初至90年代末期，中师教育在我国迅猛发展。中师教育培养小学教师，采用不分专业不分方向的综合培养模式。中师教育课程设计涉及宽而广的知识内容。从比较有代表性的1989年国家教委颁发的《三年制中等师范学校教学方案》来看，中师教育规定三年制中师开设思想政治、语文、数学、物理学、化学、生物学（包括少年儿童生理卫生）、历史、地理、小学心理学、小学教育学、体育、音乐、美术、劳动技术等14门必修课程，同时开设文化知识、小学各科教材教法、艺术、体育以及适应本地经济发展需要的职业技术教育等选修课程，并加10周左右的教育实践，贯穿于3年学习之中。

首先，中师教育生源优秀，进行全科教育，广博的课程知识领域设置体现了乡村小学教师的培养目标。当时对教师职业的观点认为乡村小学教师不一定要有高学历，而是需要广泛的知识领域，有广博的知识储备。其次，中师教育非常重视教师职业技能的训练，严格要求培养教师的教学基本功，即"三字一话"或再加"一画"，"三字"指毛笔字、钢笔字、粉笔字，"一话"指普通话，"一画"指简笔画。由此，中师教育创造了以"优秀生源，全科教育，重视教师养成，强化教师专业训练，强调一专多能和综合素质培养"为特点的"中师模式"，为我国乡村教育的发展做出了很大的贡献。21世纪初，中等师范学校通过升级为高校、转办职业高中、合并升级为专科学校等形式而逐渐退出历史舞台。

（三）师范性技能和学科专业性融合的教师教育课程体系

此阶段从21世纪初开始。1999年，中央国务院颁布《关于深化教育改革，全面推进素质教育的决定》，提出"要完善教师教育体系"。"教师教育"概念的正式使用拉开了21世纪"师范教育"向"教师教育"转型的序幕，同时我国大力推动过去相对独立、封闭的定向型师范教育体系向开放型教师教育体系的转变。师范教育的课程体系呈现出高度重视素质教育和专业学术能力培养的特点，反映与综合性大学趋同的重视学术性教育的趋势。

2011年，教育部颁布《教师教育课程标准（试行）》，这是我国教育史上第一部关于教师教育课程的国家标准，体现了国家对教师教育课程的基本要求。它旨在通过标准的建立，规范和引导教师教育课程的设置和运行，切实提高教师教育的质量，为每一位教师的成长提供专业的课程保障。

《教师教育课程标准（试行）》提出了教师教育课程设置的基本理念是"育人为本""实践取向""终身学习"。近10年的教师教育课程体系在国家政策的指导下不断突破原有的学科结构与内容，特别是在吸收国际先进教育理念，注重培养师范生的全面素养与专业特长以及丰富实践性课程等方面，师范院校都获得了一定的发展。从课程体系来说，师范院校小学教育课程模块结构虽然各有差异，但是基本上可以分为通识教育课程、学科专业课程、教育学专业课程、技能拓展型课程、实践性课程等模块，力求小学职前教师能同时具备师范性技能与学科专业素养。

二、教师教育课程体系的现状与问题

《教师教育课程标准（试行）》的颁布和全国教师资格考试的变革影响了高师院校教师教育课程体系的结构与内容，以浙江省为例，大部分高师院校对教师教育课程体系进行了新的探索。调查浙江省高师院校近年的培养方案，以开课频次为统计变量，可以看到小学教育专业教师教育课程的开设状况（图4-1）。

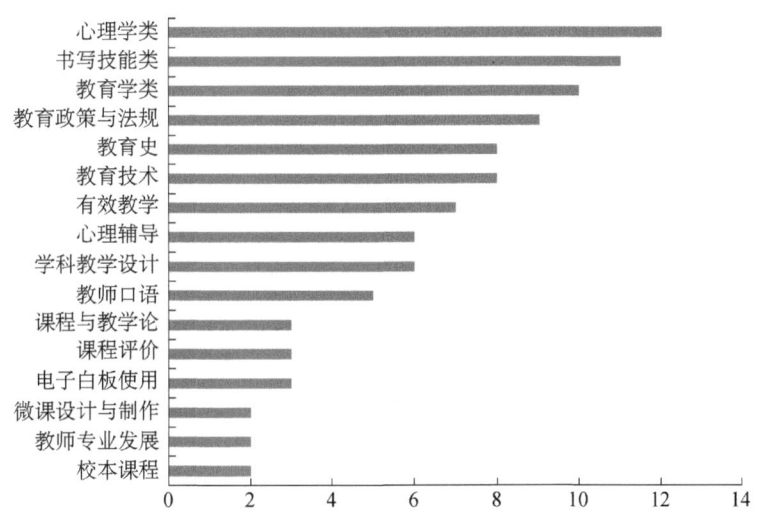

图4-1　高师院校（浙江省）小学教育专业教师教育课程频次

资料来源：汪贤泽. 2016. 关于浙江省教师教育课程现状的研究. 全球教育展望，45（9）：109-117.

从调查研究的结果看，心理学、教育学和教学的技能技巧是教师教育课程的重要组成基础。首先，几乎所有高师院校都加强了心理学类、教育学类、教育技术和教育史等基础性课程；其次，书写技能类（含三笔一画）、教师口语、学科教学设计、使用信息技术支持教学等师范性技能训练类课程比例明显上升。这也实证了现阶段整个教师教育课程体系，注重师范性技能和学科专业性融合的特点。

综观现有教师教育课程体系，都注重未来小学教师胜任力的培养，特别是教学能力的培养，其次为育人能力的培养。在部分师范院校教师教育课程体系中，也增加了一些发展未来小学教师研究能力的课程，但是总体上比较薄弱，仅以1门或2门研究方法或统计学方法的课程来体现。而在发展未来小学教师的原能力方面，几乎没有课程显性地聚焦培养未来教师的终身学习力、社会情感力和角色反思力。

联合国教科文组织在研究报告《反思教育：向"全球共同利益"的理念转型》（Rethinking Education: Towards a Global Common Good）中，特别强调了教师和教育工作者在全球教育格局中的重要性。在文化多样、环境多变的新时代背景下，我们应该培养什么样的教师成为教育改革追求的主题。教师职业的专业性更多体现在其课程的专业性。2011年，教育部颁布《教师教育课程标准（试行）》，标志着我国新一轮教师教育课程改革的启动。"尽管说改革已经很久，但是师范教育本身的观念改革恐怕远没有重视和认清。这种滞后就带来了整个培养方案设计中，价值取向、思维方式和系统结构存在的问题。"[①]从教师教育课程体系所培养的未来教师的能力来看，现行的课程结构与课程内容强调教学能力和育人能力的培养。其存在的问题主要有以下几个方面。

（一）缺乏发展未来教师研究能力的课程

教师要改变传统的"教书匠"式教学，转型为新时代的"育人者"，研究能力不可或缺。教师身处教育的现场，时时面临教学的困难、学生心理与行为的变化以及学校与家庭关系的起伏，教育的现场即为研究的现场，只有教师研究自己遇到的教育现场，教育者即研究者，才能不断地获得教育的智慧与专业的成长。调查研究发现，虽然个别师范院校增设了文献检索、教育研究方法方面的课程，但是在发展未来教师的研究能力上，总体还比较薄弱。

（二）缺乏发展未来教师终身学习力的课程

当今之世界，信息和知识的产出呈指数级增长。21世纪教育的目标是让儿童

[①] 叶澜，王屹轩，韩艳梅. 2013. 叶澜：教师的魅力在于创造. 上海教育，（16）：32-36.

成为终生学习者,由此教师自身应具有终身学习力。教育与课程的持续变革也对教师的终身学习力提出了要求。例如,当前小学阶段,许多课程常以综合课程的形式出现,学科间融合越来越普遍,近年来整合了科学、技术、工程、数学和艺术的 STEAM 教育的盛行。这些变革是未来教师在学校教育中未曾经历与学习的。唯有培养未来教师的终身学习力,才能使教师在变革的世界、变革的教育中具备成长与发展的能力。从当前小学教育专业的培养方案和教师教育课程的课程体系中,鲜有课程涉及培养教师的终身学习力。

(三)缺乏发展未来教师社会情感力的课程

教育是有灵魂的活动,而不是机械化的生产流程。当前,我国中小学校对学生的社会责任感、自信心、积极的人际关系等能力的发展给予了越来越多的关注。近年来,随着我国经济社会发展和工业化、城镇化进程的推进,农村地区出现了大量留守儿童。由于与父母长期分离,缺乏亲情关爱和有效监护,许多留守儿童出现了心理健康问题甚至极端行为。这些困难和问题严重影响了儿童的健康发展,直接影响着育人效果。在中小学开展社会情感学习项目,有助于促进学生的身心健康成长和全面发展,是全面推进素质教育的必然要求。教师自身社会情感能力的发展有助于提升教师自身的幸福感、心理健康、教学能力和工作表现。同时,教师是学生的模范和表率,培养有社会情感能力的学生需要有社会情感能力的教师。综观当前小学教育专业教师教育课程体系,虽然心理学类课程与教育学类课程是各高师院校的重要基础性课程,但是这类课程的内容往往较为陈旧,教学方式囿于课堂讲授,无法为未来教师提供习得社会情感力的机会。

(四)缺乏发展未来教师角色反思力的课程

我国著名的心理学家林崇德教授认为,"反思就是用批判和审视的眼光去看待自己的思想、观念和行为,并做出理性的判断和分析,从而实现自己思想、观念和行为的巩固、完善和变革"[①],并据此提出"优秀教师=教学过程+反思"的教师成长模式。教师的角色反思能力,指教师为了实现有效的教育、教学,对已经发生或正在发生的教育、教学活动以及这些活动背后的理论和假设,进行积极、持续、周密、深入、自我调节性的思考,而且在思考过程中,能够发现并清晰表征所遇到的教育教学问题,不断地调整与把握自己的角色,寻求多种方法来解决问题。教师的角色反思能力需要在教学的现场与教育的情境中有目的地培养与运

---

① 李新敏. 2006. 基于新课程的教师反思——试论语文教师专业发展的策略. 华东师范大学硕士学位论文.

用才能形成。在当前小学教育专业教师教育课程体系中，在理论上几乎没有真正的课程引导未来教师去认识并反思在不同情境中教师的角色，在实践上也没有为教师反思能力的形成提供充分的锻炼机会。

三、教师教育课程体系构建的策略与建议

课程体系是提高教育质量的关键，系统而又深刻地影响着专业的人才培养质量和水平。高师院校本科小学教育专业课程体系的合理与否直接关系着未来小学教师的素质、初等教育的发展。优化教师教育课程体系，可以采用如下的策略与建议。

（一）在课程目标上，建立卓越教师的培养目标

明确小学教育专业的培养目标是优化教师教育课程体系的前提和基础。教师教育培养目标的确立主要依据《教师教育课程标准（试行）》《教育部关于实施卓越教师培养计划的意见》等国家文件的要求。2014年，《教育部实施卓越教师培养计划的意见》提出，要培养师德高尚、专业基础扎实、教育教学能力与自我发展能力突出的高素质专业化中小学教师。2018年颁布的《教育部关于实施卓越教师培养计划 2.0 的意见》更加强调综合、专业化和创新，明确提出其总体思路是培养造就一批教育情怀深厚、专业基础扎实、勇于创新教学、善于综合育人、具有终身学习发展能力的高素质专业化创新型中小学教师。

卓越教师的培养目标只有落实在教师教育课程体系中，才能真正实现具有终身学习发展能力的高素质专业化创新型中小学教师的培养目标。高师院校在设计课程体系时，适宜将培养目标进行有效分解与逐级指标化，将目标、课程、能力相互对应，有利于将培养目标真正落到实处。

（二）在课程内容上，丰富以能力为导向的课程模块

从当前教师教育课程体系的调查与分析可知，当前课程体系缺乏发展未来教师研究能力、终身学习力、社会情感力和角色反思力的课程。在终身学习思潮勃兴、学习型社会构建和新课程改革呼声高涨的背景下，未来教师是否具备这些能力决定了他们能否胜任教师这一职业。

应丰富以能力为导向的课程模块，要变革当前较为笼统和模糊的教育学类课程的设置，比如教育学、教育心理学、心理学基础等以及一些学科教学课程，例

如小学语文教学技能、小学数学教学技能、小学英语教学技能等，代之以对最新的教学研究成果和知识、人类成长和发展的研究以及多元的方法和策略加以应用的课程。特别要增加以跨学科主题为内容的课程、以案例导向为基础的课程，以及学习型社会支持不同类型的学习者和学习方式的课程。

以能力为导向的课程模块注重具体情境中帮助学习者完成学习任务，使其身心获得有益的成长。当前我国小学教育小班化趋势正在形成，有些学校教师包班制越来越明显，综合课程和强调整合的 STEAM 课程盛行。因此，教师教育课程必须加强课程内容的综合性、整合性、情境性，以帮助未来小学教师形成可迁移的研究能力、终身学习力、社会情感力和角色反思力，以便更好地支持多元学习者的学习。

（三）在课程结构上，调整与改进课程的比例结构

课程比例在一定程度上影响着课程教学效果和人才培养质量。教师教育课程必须调整好各类课程之间的比例，处理好必修课与选修课的比例、理论课与实践课的比例。

1. 适当减少必修课，增加选修课比例

必修课是保证学生基本学历、对所有学生都有统一要求的、学生必需学习的课程。而选修课是适应学生兴趣差异、允许学生自由选择的课程。我国师范院校教师教育的必修课程偏多，选修课程开设比例小，随意性强，两者设置比例相差悬殊。

选修课程不是必修课程的补充，二者不存在主次之分，具有同等重要性。在课程体系优化过程中应增加选修课程的比例与门类，给予学生充分的自主权和个性发展空间。一般来说，选修课应该保持在 30%—40%。必修课与选修课应相互作用，构成一个有机整体，共同为促进学生的发展服务。所以，应适当减小必修课比例，增大选修课比例。在选修课程中，可以突破专业限制，开设跨学科、跨年级的选修课，从课程体系的顶层设计丰富的能力导向型课程，以促进学生发展自己的兴趣与特长。

2. 增加实践类课程的比例

要培养和发展未来教师的胜任力和原能力，呼吁实践型课程。《教师教育课程标准（试行）》要求实践类课程要占教师教育学时总数的 40%。而目前，在实际的小学教师培养过程中，实践类课程的比例严重不足。特别是未来教师的教学能力、育人能力、社会情感力和角色反思力，无法通过以讲授为主的理论课程得到发展，

而必须在教学实践中反复地运用并且通过教师不断反思,才能真正内化成根植于教师自身的能力。

(四)在课程实施上,采用多样化的课程教学方法

《教师教育课程标准(试行)》要求改进教学方法和手段,使基础教育课程改革精神落实到未来教师的培养过程中。教师教育课程的实施必须改变传统的以教师为中心、以教师讲授为主的教学方式,应用参与式、研究性、理论与实践相结合的教学方式,帮助未来教师获得多样的体验与锻炼。研究证明,类似习明纳式研讨会、教师工作坊等研讨的方式比单纯的讲授式教学更有效。

教师在实际的教学工作中遇到的问题通常是具体的、复杂的,抽象的理论知识未经参与式的学习与应用,往往不能获得有效应用。习明纳式研讨会和教师工作坊有助于未来教师对先进的课程理论与学习理论有深入的理解,与真实案例相结合的习明纳式研讨会和教学工作坊,能让未来教师在进入实践环节之前了解一线教师真实的教学情景和师生互动关系。然后,再通过多样的实践性课程(例如见习、实习、教师发展学校培养),不断地去模仿、培养和运用教学能力、育人能力、角色反思力和社会情感力等。只有这样,未来教师才能够获得可操作的实践性知识,并将其发展为胜任力和原能力。

(五)在课程评价上,结合能力指标体系

长期以来,我国许多教育研究者认为教师的专业能力受学科内容的专业知识和教育学、心理学的科学原理与技能制约,把专业性等同于专业领域的科学知识与技术的成熟度。这种基于知识的评价能够引导未来教师掌握扎实而丰厚的理论知识,但无助于将掌握的知识转化成复杂教学情境中的胜任力和促成教师专业发展的原能力,导致教师教育未能为教育实践做好充分的准备。

教师教育课程的评价若能结合能力指标体系开展,则有助于改变基于知识的评价结果。能力指标体系强调教师的"专业能力"不是停留在所规定的科学技术、理论知识、合理技能上,而是融合在这些知识对问题情境所展开的"反思"以及适应这种问题情境的判断基础——实践性学识。实践性学识的发展不同于理论性知识,它是借助行动中形成的经验及对经验的反思,基于情境问题解决的需要重新解读、选择、取舍、融合广泛的理论知识所形成的一种知识。从这个意义上说,对于教师教育课程的评价理应基于未来教师在具体教学情境、教学行动中的表现(即能力)来进行。与能力指标体系相适合的评价方式,则是具有情境性、真实性、

参与性、合作性、发展性等特征的表现性评价,具体的方式有课堂观察评价法、档案袋评价法等。

教师的胜任力和原能力具有经验性、案例性、综合性、缄默性与个体性等实践性知识的特征。它存在于一定的情境中,往往难以言传,只能在教学情境中通过行动、反思的持续互动才能形成,只能在真实问题解决的过程中展现。教师教育课程体系应该从各个要素出发,从课程的目标、内容、结构、实施以及评价等方面,指向发展教师的胜任力和原能力。在实践的过程中,我们构建了指向教师专业能力发展的小学教育专业人才培养方案。

第二节 师范生的实践教学体系

丁钢等在《中国高等师范院校师范生培养状况调查与政策分析报告》中指出,教育类课程与教学并不是师范生教育专业素养的主要贡献者,高等师范院校中的教育类课程与教学的实践性还须进一步加强教育实习和见习这些直接接触和介入实践的部分,至少在师范生自己看来,这些似乎扮演了更重要的培育专业素养的角色。[①]但是,承担教师职前培养任务的各类高校现有的教育实习模块呈现诸多共性问题。来自上述报告的"师范生教学实践能力培养状况分析"的专题报告结论与建议表明,实习经历对师范生有较为积极的意义,但是部分院校、部分专业实习时间不足,实习经费不足,因此建议结合学校及学会的实际情况,开展多种实习模式,实际授课时数需进一步增加。实践教学体系是师范生专业能力获得培养与发展的第二大基石。

一、我国师范院校实践教学体系的历史发展

"师范生实践教学体系"和"师范生理论教学体系"是彼此对举的概念,实践教学体系是师范生能否成为一名合格教师的重要组成部分,两者共同构成了职前教师教育的课程体系。不同的学者对师范生实践教学体系的内涵进行了多样化的界定。张云霞认为,"师范生实践教学体系包含校内和校外两个层面,具体而言包括专业能力模块(三笔字、教学技能)、教育实习(课程实习、专业见习、毕业实

[①] 丁钢,李梅,孙玫璐等. 2014. 中国高等师范院校师范生培养状况调查与政策分析报告. 上海:华东师范大学出版社,64-67.

习、顶岗实习等）"①。还有学者认为，"实践教学体系是师范教育的重要组成部分，是由各种实践教学形式等若干事物和意识相互联系构成的一个整体，包括技能课教学、社会调查、社会实践、教育科研、教育见习、教育实习、教师培养目标、实践教学手段、实践教学环境、实践教学保障等要素"②。再如，"实践教学体系是一个包括教育实践目标、教育实践内容、教育实践指导、教育实践评价以及教育实践经费保障等诸要素在内的综合体系"③。总之，师范生实践教学体系包含实践教学的发展系统，具有理论性、实践性、经验性、智慧性、系统化、多层次等综合特征。我国的师范生实践教学体系在不同的历史时期亦呈现出不同的价值追求和内容特色。

考察我国师范（教师）教育的相关政策与课程设置的发展变化，可将我国师范生实践教学体系发展分为三个阶段：①在"救亡图存"社会背景下以"精神塑造"为价值取向的实践教学体系；②在"数量保障"现实需求背景下以"制度重建"为价值取向的实践教学体系；③在"质量优先"的政策指引下以"专业发展"为价值取向的实践教学体系。

（一）以"精神塑造"为价值取向的实践教学体系

清末到民国期间，内忧外患导致中国面临"亡国灭种"的危机，这一时期确立并发展的师范教育制度肩负着"救亡图存"的沉重历史使命。在近代师范教育制度确立初期，实践教学备受关注，基本形成了包括教学实习、教育管理、管育和训育以及社会行政事务为要素的实践教学体系。

1902年，"任寅学制"的颁布标志着我国正式确立了师范教育系统，可惜"壬寅学制"未及实行便被废止。我国师范教育的真正开端应追溯至1904年颁布的《奏定学堂章程》（又称"癸卯学制"），它是中国近代史上第一部由政府颁布的对教师培养制度做出详细规定并得以实施的学制。④清末师范教育倡办者十分重视教育实习的环节，如张之洞创办湖北师范学堂的同时，附设东路小学堂一所，由师范生授课，进行实地练习，为师范教育注入了"实践基因"。

《钦定学堂章程》与《奏定学堂章程》的颁布、实施使教育实习因师范教育的制度化而步上制度化轨道，但实践教学首先指向的都是教学实习。⑤伴随着师范教

---

① 张云霞. 2020. 师范类专业认证背景下教师教育类实践教学改革的路径探索. 湖北开放职业学院学报，(33)：149-161.
② 田振华. 2017. 近十年来我国师范教育实践教学体系的批判与超越. 当代教育科学，(7)：24-27.
③ 高明颖. 2010. 美国教师职前教育阶段的教育实习研究. 辽宁师范大学博士学位论文.
④ 曾煜. 2016. 中国教师教育史. 北京：商务印书馆，27.
⑤ 杨卫明，肖朗. 2019. 近代中国师范院校教育实习领域变迁论略. 教育史研究，1（3）：104-110.

育的发展，时贤对其实质有了更为深入的认知，实践教学领域也逐渐突破"教学"视线。1911年，由江苏教育总会召集的各省教育总会联合会所呈学部的《改良初级师范教育方法案》显示，实践教学除了教授（教学）实习外，还有教育管理等内容与要求。1925年，全国教育会联合会组织专家制定的《新学制师范科课程标准纲要》中，三年制师范课程表特地附注：实习包括参观、参与、实地教学及学校行政练习等。①

1932年，南京国民政府颁布《师范教育法》后，教育部颁行的《师范学校规程》要求：师范学校学生实习时，应由其所实习之学科教员、教育学科教员及附属小学教员到场指导。1941年的《师范学校（科）学生实习办法》规定了教学实习在实习项目中的时间占比，而且对教学实习的组织、指导、教案编制、召开教学研究讨论会等提出具体要求。1944年颁布的《师范学院学生教学实习办法》专门就师范学院学生教学实习问题进行规范。管育、训育同样是学校教育不可或缺的组成。教育实习还涉及社会行政事务。南京晓庄试验乡村师范学校在创办时确立了其培养目标是让教师具备"农人的身手、科学的头脑、改造社会的精神"的素质。国立重庆师范学校，明定以造就"小学级任教师及校长、地方教育行政人员、地方自治干部人员"为目标，不仅要求学习者要有学科知识、教育能力储备，还要有"各种行政的才识""普通的医药知识""良好的卫生习惯""耐劳的精神""良好的态度""前进的意志"等修为。②

总之，近代中国师范院校实践教学体系内容的不断扩充，既反映了时贤对于师范教育专业属性认知的深化，又折射出他们对于"救亡图存"境遇下师范教育历史承载的深切期待。

（二）以"制度重建"为价值取向的实践教学体系

经历了"文化大革命"重创后，1976—2000年，我国师范教育逐渐恢复制度并开展了改革探索，从封闭的培养体制走向混合开放的培养体制。这一时期的师范生实践教学体系主要包含参观、教育调查、教育见习、毕业实习、教学基本功训练和参加生产劳动等要素构成，并以政策文本的形式使之规范化。

"文化大革命"结束后，我国教育事业百废待兴，师范教育制度亟待重建。截至1977年，我国新增小学教师的缺额达到60余万，新增中学教师的缺额高达240万，为了弥补教师队伍的巨大缺口。教育部于1978年4月召开全国教育工作会议

---

① 杨卫明，肖朗. 2019. 近代中国师范院校教育实习领域变迁论略. 教育史研究，1（3）：104-110.
② 杨卫明，肖朗. 2019. 近代中国师范院校教育实习领域变迁论略. 教育史研究，1（3）：104-110.

明确提出:"高师、中师、幼师等各级师范学校,都要努力发展,扩大招生,以便为教育战线不断补充合格的教师。"[①]1980 年 6 月,教育部召开第四次全国师范教育工作会议,提出师范教育是教育事业工作中的"工作母机",要恢复并建立健全师范教育体系。[②]同年 8 月,教育部颁布《中等师范学校规程(试行草案)》,该规程强调"教育实习应有领导、有计划、有组织地进行"。1986 年 8 月,国家教委针对 1980 年《中等师范学校规程(试行草案)》中的具体问题印发《国家教委关于调整中等师范学校教学计划的通知》,提出"加强教育实习"和"加强学生基本功训练"的要求。相关文件对各类实践教学环节的数量做出了明确的规定:三年制师范(或幼师)教育实习共八周;四年制师范(或幼师)教育实习共十周;学生参加生产劳动实践为每学年两周。[③]国家对高等师范专科学校的实践教学体系也提出了具体要求,比如"教育实习统一安排在第四学期,共六周","生产劳动、军事训练、社会实践和社会服务等活动由学校组织学生参加,共四周","基本功训练包括普通话及教师基本素质和基本技能的训练"。[④]1995 年 9 月,国家教委颁布《关于开展小学教师基本功训练的意见》,指出要提升师范生在口语表达、写字、简笔画、使用及制作教育和组织教育活动方面的专业能力。1999 年,教育部提出实施"跨世纪园丁工程"。为了贯彻落实这一工程和提升中学教师教育的质量,教育部师范司制定了《中学教师进修高等师范本科(专科起点)教学计划(试行)》,要求实践性教学环节包括教育见习、社会调查和毕业论文等,其中,毕业论文一般安排在最后一学期,培养单位统一安排与组织社会调查等其他实践性环节。

从"文化大革命"结束到 20 世纪末,我国师范教育的实践教学体系经系列规范性文件形成了制度保障。新制度培养了大批服务于改革开放的技能型教师。此时期的师范教育改革探索也为我国新世纪教师教育的质量提升奠定了制度基础。

(三)以"专业发展"为价值取向的实践教学体系

21 世纪以来,社会发展瞬息万变,教师教育面临"质量优先"的改革压力,各国相继出台教师教育标准。我国教育部于 2011 年颁布《教师教育课程标准(试行)》,重新规划教师教育课程体系,并指明师范毕业生的培养目标。这一时期的

---

① 何东昌. 1998. 中华人民共和国重要教育文献(1976—1990). 海口:海南出版社,1615.
② 曾煜. 2016. 中国教师教育史. 北京:商务印书馆,347.
③ 曾煜. 2016. 中国教师教育史. 北京:商务印书馆,350-391.
④ 曾煜. 2016. 中国教师教育史. 北京:商务印书馆,397.

师范生实践教学体系丰富，体现其服务于师范生"专业发展"的价值取向。

该课程标准要求延长实习时间，对未来中学教师和小学教师的实习时间从原来的 8 周分别延长至 10 周和 12 周。2007 年 5 月，国务院办公厅转发教育部、财政部、中央编制办和人事部共同制定的《教育部直属师范大学师范生免费师范教育实施办法（试行）》的通知，通知中明确规定强化教育实践环节，完善师范生在校期间到中小学实习半年的制度。这一规定是新中国成立以来，对高师院校以教育实习为主体的教育实践课程所做出的最大的行政性变动。教育实习由 8 周延长至一学期，不仅仅是时间意义上的改动，更是对教育实习在教师教育课程体系中应有地位与作用的肯定，为教育实习的改革与研究带来了新的契机。[①]同年，教育部颁发的《关于大力推进师范生实习支教工作意见》提出，师范生教育实习是中小学教师培养不可或缺的重要环节，要求高师院校要因地制宜地组织高年级师范生，到中小学进行不少于一个学期的教育实习。

2010 年 7 月，中共中央国务院颁布《国家中长期教育改革和发展规划纲要（2010—2020 年）》，指出要深化教师教育改革，创新培养模式，增强实习实践环节，强化师德修养和教学能力训练，提高教师培养质量。2011 年，教育部颁布的《关于大力推进教师教育课程改革的意见》围绕培养造就高素质的专业化教师的目标，坚持实践取向，强化实践环节，培养实践能力的要求更加明确，其中最直接的变革即是作为教师教育实践课程重要成分的教育实习，实践安排由原来的 6—8 周延长为不少于一个学期，教育实习领域面临重构。

2016 年 3 月，《教育部关于加强师范生教育实践的意见》出台，指出近年来，随着我国教师教育改革持续推进，师范生教育实践不断加强，但是还存在目标不够清晰、内容不够丰富、形式相对单一、指导力量不强、管理评价和组织相对薄弱等问题。此外，该意见就增强师范生实践能力，全面提升教师培养质量从教育实践的目标任务、内容体系、创新形式、教育实习、双导师制、考核评价体系、教育实践基地、指导教师激励机制和经费投入九大方面提出了具体意见。"师范教育实践是教师教育课程的重要组成部分，是教师培养的必要环节"，"将教育实践贯穿教师培养全过程，整体设计、分阶安排教育实践的内容，精心组织体验与反思，促进理论与实践的深度融合"，"举办教师教育的院校要制订教育实习课程标准、实施计划、实习手册、评价标准等工作规范，做到实习前有明确要求、实习中有严格监督、实习后有考核评价"。该意见针对我国教育实习的现存问题，建设性地提出了相关指导意见，是新中国成立以来有关教育实习论述最详细的专门性

[①] 杨爱君. 2012. 高师教育实践课程研究. 山西师范大学博士学位论文.

文件。

2017年，教育部颁布《普通高等学校师范类专业认证实施办法（暂行）》，指出不论是中学教育专业认证标准、小学教育专业认证标准，还是学前教育专业认证标准，"实践教学"均是其中重要的观测指标，要求体系完整，专业实践和教育实践有机结合；教育见习、教育实习、教育研习贯通，涵盖师德体验、教学实践、班级管理实践和教研实践等，并与其他教育环节有机衔接；保证师范生实习期间的上课时数等。

2018年9月，为贯彻《中共中央 国务院关于全面深化新时代教师队伍建设改革的意见》决策部署，落实《教育部等5部门关于印发〈教师教育振兴行动计划〉（2018—2022年）的通知》的工作要求，根据《教育部关于加快建设高水平本科教育 全面提高人才培养能力的意见》，教育部发布《卓越教师培养计划2.0》，提出要着力提高实践教学质量，设置数量充足、内容丰富的实践课程，建立健全贯穿培养全程的实践教学体系，确保实践教学前后衔接、阶梯递进，实践教学与理论教学有机结合、相互促进。全面落实高校教师与优秀中小学教师共同指导教育实践的"双导师制"，为师范生提供全方位、及时、有效的实践指导。推进师范专业教学实验室、师范生教育教学技能实训教室和师范生自主研训与考核数字化平台建设，强化师范生教学基本功和教学技能训练与考核。建设教育实践管理信息系统平台，推进教育实践全过程管理，做到实习前有明确要求、实习中有监督指导、实习后有考核评价。遴选建设一批优质教育实践和企业实践基地，在师范生教育实践和专业实践、教师教育师资兼职任教等方面建立合作共赢长效机制的意见。

总之，21世纪至今，我国实践教学体系不断丰富，各类实践教学基地数量持续增加，在提升师范生专业能力方面发挥了重要作用。

二、师范生实践教学体系的现状与问题

我国实践教学体系经过100多年的发展，在培养师范生实践能力方面做出了重大贡献，但在新一轮以"素养导向"、"内涵发展"和"质量保障"等新思想指导下的基础教育改革对中小学教师的素养提出了更高的要求。面对教育实践领域的新需求，本书研究团队在对我国的实践教学体系现状进行梳理的过程中发现该领域仍面临诸多现实问题。

（一）师范生实践教学体系的现状

我国实践教学体系的发展现状主要表现在两个方面，一是初步构建了立体式互动实践教学体系，二是初步形成与校外实践基地的合作机制。

1. 初步构建了立体式互动实践教学体系

研究团队在梳理现有文献过程中，感受到我国大部分高师院校在积极构建师范生实践教学体系，呈现出"百花齐放"的特色，但这些体系中蕴含着共性，即立体式互动实践教学体系。

比如，北京师范大学系统设计师范生实践教学体系，构建了"三层次、多平台"的"卓越教师实践教学体系"。"三层次"指大学一年级和大学二年级师范生教学能力实训体系、实践教学课内环节和实践教学课外活动，"多平台"指搭建高水平实践平台，包含校外教育实践创新平台、校内教学技能实训平台和校内综合实践创新平台。[①]

衡水学院数学与应用数学专业师范教育构建了以"训练-项目-竞赛"为核心的三位一体互动实践教学体系。"训练"指师范生教育技能训练，包含：教师职业基本技能训练（教学板书、教师语言、教育心理学等）；教师科学教学技能（数学学科教学论、数学教学内容设计、现代教育技术等）；教师职业修养训练（心理学基础和教育学基础）。"项目"包括各类兴趣小组，如教师基本功兴趣小组、师范生技能创新小组、数学技能创新小组和兴趣创新小组等。"竞赛"指教学技能大赛、多媒体课件制作比赛、微课制作比赛等。[②]

河南科技学院结合该校办学定位把培养"综合素质高、实践能力强、学科基础扎实、符合基础教育需要"作为师范专业人才培养目标，将教学计划与学科竞赛活动相互融合，建立了学科竞赛体系，并在此基础上打通通识教育、学科基础、专业教育、双创教育相互相接、课内课外、校内校外相互联动的多元化实践教学体系（图4-2）。

总之，我国各高师院校都十分重视实践教学体系的构建，并形成了丰富的实践教学模式，为今后对该领域的反思积累了宝贵的实践经验。

---

① 杜春光，李艳玲. 2020. 教师教育实践教学体系的构建与实施——以北京师范大学卓越教师人才培养为例. 北京教育，（4）：59-61.
② 陈萍，崔红芳，安达等. 2019. 构建"训练-项目-竞赛"三位一体互动实践教学的研究. 农村经济与科技，（30）：251-252.

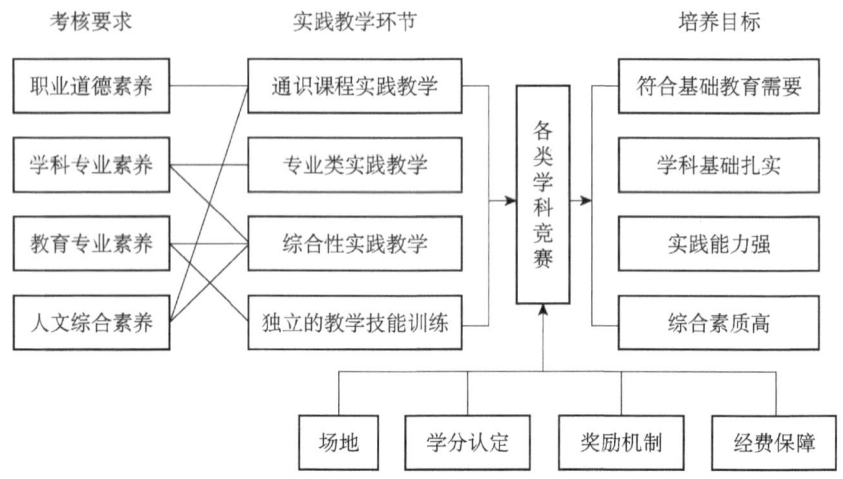

图 4-2 基于学科竞赛的师范生实践教学体系

资料来源：侯宏皎. 2019. 教师资格证国考背景下师范生实践教学体系建设研究. 吉林省教育学院学报，(35)：111-114.

2. 初步形成与校外实践基地的合作机制

目前，我国的实践教学体系的第二个现状是初步形成与校外各类实践基地的合作机制。合作形式和关键载体包括社区结对、志愿者协会、中小学实践基地、教师发展学校、结对学校等。

为了提高师范生的社会实践能力，部分高校组织师范生参加社区组织的公益活动，比如帮助社区宣传我国传统文化、宣传垃圾分类的知识等。师范生在公益活动中培养了乐于助人和吃苦耐劳的优良品质，在制作宣传海报和宣讲过程中锻炼了软件使用能力和口头表达能力，在和社区工作人员的合作过程中学会了与人沟通的能力。

为了提高师范生的专业能力，大部分高校积极利用"中小学实践基地"或"教师发展学校"的实践平台，为师范生创造进入教学一线的机会。师范生通过观摩在职教师的教育教学工作，体会教师角色的职业要求；通过观察学生的学习过程，反思教育学和心理学理论在实践中的重要价值；通过助教等形式积累教育教学的感性经验；通过参与教研活动，学会如何发现教育教学中的问题，培养对教育研究的兴趣。

概言之，目前我国的师范生在职前培养阶段有充足的机会参加实践活动，这得益于高校搭建的多元化教育实践平台。

（二）师范生实践教学体系存在的问题

虽然，我国的实践教学在体系构建上取得了一定进步，但仍存在不少问题，主要表现在以下四个方面。

1. 在目标上，实践教学体系的目标存在较大的模糊性，可操作性不强

作为一个教学体系，首先要制定明确的教育目标。然而，目前的实践教学体系目标存在较大的模糊性，诸如"提升师范生实践能力""提高师范生专业能力""培养高素质的未来教师"等。上述目标过于笼统，难以直接指导实践。理想的实践教学体系目标应体现在师范生行为的改变层面，并且应该划分出基础目标、中等目标和高级目标的螺旋上升型目标体系。此外，在目标内容的选择工作层面上，应先开展面向不同群体的广泛民意调查，尤其要重视来自用人单位、学生和家长、教育行政部门和工商业界的意见和建议。

2. 在内容上，实践教学体系内在逻辑松散，连贯性不强

我国师范生实践教学体系在内容上的突出问题是各实践教学要素之间缺乏严密的逻辑，教学模块拼盘化现象严重。通过考察不同的高师院校，笔者发现，在实践教学体系中比较固定且统一存在的是培养师范生专业能力的教育实习模块，该模块具体分为教育见习、教育实习和教育研习。此外，比较常见的模块还有教学基本功训练，具体包括三字一话、多媒体课件制作等。各类学科竞赛的设置则因校而异。无法回避的问题包括：在实践教学体系中，各个要素为何存在？各要素之间是否存在内在联系？哪个要素在先，哪个要素在后？如果实践教学体系的设计者没有严密地思考过上述问题，则会出现实践教学体系的系统性问题。

3. 在方法上，实践教学体系中的教学方法较为陈旧，时代性不强

张云霞的研究发现，我国实践教学方式较为陈旧老套，传统的黑板加粉笔的方式为66%，47.6%采用多媒体教学法，32.5%采用小组讲课，26.2%采用案例分析法，以培养能力为主的小组讲课、案例分析法比重较少，课内实践模块比较薄弱。[①]实践教学体系和理论教学体系最大的区别应该体现在教学方法的不同。理论知识表征为一系列陈述性知识，师范生经由一般的认知加工就能形成基本的图式。但是，实践性知识表征为一整套的程序性知识，必须在"现场"，通过"体验"和"亲历"并经过不断地训练才能转化为个性化的实践智慧。因此，实践教学在方法上应强调走进教育现场、反思研讨课和撰写学习心得等充分调动五感的新型教学方法。

4. 在评价上，实践教学体系缺乏专业的评价标准、评价工具科学性不强

我国师范生实践教学体系的问题表现在缺乏专业的评价标准和科学的评价工

---

① 张云霞. 2020. 师范类专业认证背景下教师教育类实践教学改革的路径探索. 湖北开放职业学院学报，(33)：149-161.

具。评价具有质量保证和学习激励的作用，但目前针对实践教学的评价标准缺失，似乎"熬过了时间"就等于通过了实践环节的学习。这会导致师范生主观上轻视教育实践对自身发展的重要价值。另外，针对实践环节的评价方式也比较单一，大多采用"填写实践记录表"或"提交实践感想"的形式作为师范生能否获得相应的实践学分的评定依据。研究团队认为，科学的实践评价工具能有效激发师范生参与教育教学实践的积极性，也有助于师范生反思自己的哪些能力还需要通过后续的实践环节得到提升。

三、师范生实践教学体系构建的策略与建议

对我国师范生实践教学体系的发展进行史的梳理，在分析我国师范生实践教学体系的现状和存在问题的基础上，结合能力指标体系，研究团队尝试为改进我国实践教学体系提出几点策略和建议。

（一）实践教学体系应充分考虑职前教育与入职教育一体化设计

中小学一般会为新入职的教师配备一名教学经验丰富的"师父"，新教师跟着他们的"师父"慢慢熟悉学校文化、班级管理和教育教学等职业流程。各教师进修学校也会为新教师组织入职培训，提供各种类型的学习机会。新教师入职培训的部分内容和职前实践环节有重叠，因此，在设计实践教学体系时有必要充分考虑职前与入职教育的一体化设计，以节约教师培养的时间成本和社会成本。

（二）与中小学实践有机结合，体现实践导向，增强培养目标指向性

师范生实践教学体系的目标设定要和中小学用人需求对接，基础教育在"核心素养"改革指导思想下需要更多能真正承担育人的教师。以往的教师教育过于重视培养师范生的学科素养，导致他们在进入教师职业后难以适应基础教育课程改革的要求，尤其难以准确把握时代对教师提出的新要求和赋予的新使命。

（三）注重教育理想和信念的打造，突出专业化教学能力的培训

目前，因社交媒体时常曝光师德水平低下的案例，使我国教师的师德问题备受社会各界关注。教师职业与其他职业最大的区别在于其"示范性"，即我们通常所说的"榜样的力量"。这就要求教师培养机构要注重对师范生理想和信念的打造，提升师德养成的路径，可以参照近代中国培养教师民族精神的做法，鼓励师范生

努力追求儒家提倡的"内圣"之道，通过参加各类生产劳动，参与社会实践或志愿者项目，提升其内在同理心和共情能力。其次，优秀教师还必须掌握专业化的教学能力，教师在用人格魅力吸引学生的基础上，还应该通过展示专业的教学能力，帮助学生理解新知，帮助学生将抽象知识和生动的生活实际相联系，达成儒家所提倡的"外王"之术。

（四）在增加经费投入的基础上，开展适教性检测以提高生源质量

高质量的实践教学体系必定依赖强大的经费保障，因为有效的实践建立在高质量的指导和陪伴上。中小学一线教师参与实习指导会影响本职工作，为了对他们的指导表示肯定，对他们的付出表示尊重以及为了鼓励其持续指导实习生，于情于理都应当支付实习指导老师劳务费。另外，对实习生而言，要对他们的从教潜质进行把关，好的做法是开发适教性检测工具，客观地描述出被试在进入实践教学环节前他们实践能力在各维度上的水平，有利于实习指导老师"因材指导"，有利于师范生实践能力的个性化培养。

（五）探索新型合作机制，"体系化"培养未来教师

打造"U-G-S"模式的协作育人平台，高校、中小学和教育行政部门签订三方协议，在通力合作育人模式下，以需求为导向，加强实践教学课程资源的建设力度；搭建"博士工作站"等沟通平台，创造高校青年教师和中小学一线教师之间无障碍沟通渠道，实现理论下沉、实践上升的教育研究新业态。

（六）搭建国际化培养平台

《世界是平的》一书为我们展示了现代社会人类命运共同体的现实图景，教育要实现面向世界、面向未来的目标必须从教师教育抓起。发达国家已经率先启动了"海外实习"项目，为师范生搭建海外实习平台并为其提供专项经费，目的在于帮助其了解不同民族和地区的文化，提升其国际理解力，为实现国际化就业增加砝码。

第三节　教师发展学校建设的浙江经验

教师是教育改革与发展的决定性因素，其专业化发展水平直接决定着教育质

量，长期以来我国教师的职前、入职、职后教育一直是分段运行，彼此之间缺乏沟通与衔接，存在种种断层，并逐渐形成师资培养的结构性困境，一方面是大量师范生毕业却找不到教师岗位，另一方面是学校教师缺编却招不到合格教师。教师发展学校与师范教育对接无论是对于搭建桥梁、弥合断层、持续提高师范生培养质量，还是对于优化教师专业发展、突破结构性困境，都将产生深远的影响。

教师发展学校是师范生专业能力获得培养和发展的第三大基石。教师发展学校源于美国，追溯其历史和理论基础，有助于我们深刻理解教师发展学校，并指导我们在实践中构建有效的教师发展学校运行机制。

一、教师发展学校的异国经验

20 世纪 80 年代，美英两国几乎同步提出了在教师教育领域倡导大学与中小学合作的思想，在此思想指导下进行了不断的实践探索，并取得了良好的成效。之后，世界各国纷纷效仿，形成自 20 世纪 80 年代以来世界教师教育领域最富影响力的教师教育改革运动。

（一）美国教师专业发展学校的兴起

美国的教师专业发展学校是教师教育历史上中小学与大学合作伙伴关系的衍化与发展。教师教育中采用大学与中小学合作模式在美国始于 19 世纪末杜威所创设的实验学校。[1] 1896 年，杜威主张建立实验学校作为培训新教师及实验研究的场所。此种实验学校就蕴含了专业发展学校的概念。两所著名的实验学校即 1887 年哥伦比亚大学教育学院建立的霍拉斯曼（Horace Mann）学校以及杜威创立于芝加哥大学的实验学校。这两所实验学校的办学重点在于为将进入教育专业领域者规划学习经验和革新教学的研究活动。

1967 年，谢费尔（Robert Schaeffer）出版了名为《作为探究中心的学校》（The School as a Center of Inquiry）的学术著作。在该书中，谢费尔提出了非常有远见的设想，认为应当由大学教授和学校教师来共同创建一所公立学校，在这所学校里，研究将成为学校日常生活的重要组成部分，在这所学校里，实践领域存在的问题不再互相割裂而是彼此联系，并被加以系统、综合考虑；在这所学校里，大学教授和学校教师为了提高教学质量而共同合作、不断研究和探索。[2] 这一设想到 20 世纪 80 年代成为现实。霍姆斯小组（Holmes Group）于 1986 年发表《明日的

---

[1] 张晓莉. 2013. 美国教师教育中大学与中小学合作的体制与机制研究. 东北师范大学博士学位论文.
[2] 达琳-哈蒙. 2006. 美国教师专业发展学校. 王晓华等译. 北京：中国轻工业出版社, 6.

教师》报告书，建议加强教育学院与中小学的互动关系，初步建立专业发展学校的构想。1990年，该小组发表《明日的学校》报告书，并且以"专业发展学校的设计原则"为副标题，强调大学与中小学的协作是一种平等互惠的伙伴关系。1995年，该小组又发表了《明日的教育学院》报告书，认为专业发展学校是迈向明日之教育学院所不可或缺的条件。[1]霍姆斯小组指出，教师专业发展学校的目的是使广大教师和行政人员一起与大学教师结成伙伴关系，从而改进师范生的教与学，为中小学教师和行政人员提供良好的促进专业发展的机会，并且也为大学教师提供良好的增进专业工作的适切性机会。近些年来PDS模式在美国发展迅速，已逐步成为美国教师教育的主要形式之一。根据美国教师教育院校协会2000年1月的统计，全美已建立了1000多所教师专业发展学校。[2]

（二）教师专业发展学校的理论基础

达林-哈蒙认为："专业发展学校，旨在通过提供诸如实践范例、知识建构以及为教师教育者、新教师和经验丰富的教师提供交流专业认识的媒介，建立新的教师教育与发展模式。"[3]美国教师教育鉴定委员会在其2001年出版的《专业发展学校标准》中对教师专业发展学校界定如下：PDS是一种以中小学为基地，大学与中小学共同合作研究解决教育教学问题，致力于教师教育，促进教师专业发展的"真正学校"。教师专业发展学校出现的理论基础是当时被认可的知识观与研究观。

20世纪80年代，在教师教育理论研究中人们发现教师的知识构成具有多方面性。除了此前比较认同的学科知识和教育学方面的知识外，人们发现实践性知识对于教师的自主发展具有非常重要的作用。肖恩则直接把专业知识分为接受性知识和经历性知识两种。前者指某种事实、数据、理论以及对其进行评价的理论与技术；后者则指"从做中知"和"反思"。这些新的理论认识给人们的启示是应该放弃教师专业发展的静态观。把教师在实践中通过不断的解决新问题，通过在实践中的反思，获得与一个个具体情景相联系的知识的过程视为教师获得专业发展的前提条件。兴起于20世纪80年代的"反思性教学"和"反思型教师"的研究热潮便是这种理论认识的具体体现，也直接影响了教师专业发展学校的建立。[4]

---

[1] 刘美慧，方永泉，孙志麟等. 2005. 从台湾教育实习的现况分析专业发展学校施行之可行性. 教育者与教育领导（第二辑），108-129.
[2] 赵昌木. 2003. 美国教师专业发展学校：理念、实施与问题. 外国教育研究，(10)：42-46.
[3] 达琳-哈蒙. 2006. 美国教师专业发展学校. 王晓华等译. 北京：中国轻工业出版社，6.
[4] 许美娟. 2002. 美国的教师专业发展学校. 比较教育研究，(3)：58-59.

"行动研究"（action research）这一概念最早由美国心理学家勒温于 1944 年提出。行动研究是由现场人员和研究者协作进行的调查和研究，它直接的目的在于改善实践。20 世纪 50 年代，行动研究开始进入美国教育科研领域，70 年代在欧美国家已成为主要的教育研究方法。行动研究的特点表现在如下三个方面：第一，它把"行动"与研究结合了起来，要求教师在教学实践中进行研究，解决问题；第二，它最直接的目的就是改善实践，研究者就是研究结果的应用者；第三，它的研究场所不是研究室，而是实际的教育工作所在场所。[①]因此，行动研究就有"为行动而研究，对行动的研究，在行动中研究，由行动者研究"的特点。这有利于理论更好地和实践结合，从而对实践加以指导，提高大学教师和中小学教师的专业素质。因此，行动研究是教师专业发展学校兴起重要的理论依据。

教师专业发展学校正是整合了实践性知识观和行动研究观，提出了教师专业发展学校的理论假设：首先，中小学和大学只有彼此帮助才能获得成功。双方在课程和教学改革、在职培训、共享资源等方面有着广泛的合作空间和合作需要。如果教师没有接受过优秀的师范教育，中小学也不可能成为优秀的学校。教育需要多方面共同分担责任，这种合作使实践上升为知识，给经验赋予了价值，把教师在日常教学中形成的实践知识和智慧提到应有的高度并予以尊重。为此，大学与中小学之间必须建立"共生关系"或"平等的伙伴"关系。其次，师范生需要在实际教育场景中获得实践性知识。每一个教学实践者对教学都有一种基本的认识，这种对教学的认识是在学校中形成的，师范生要想学会教学，必须在教学实践中养成，如果没有优秀的中小学安排师范生进行见习与实习，教师教育就不可能是富有成效的。再次，中小学教师的专业成长基于行动研究获得提升。教师教学与研究是密不可分的，如果在职教师想在专业上不断发展，就应该在实践中持续地研究与学习，而教师的研究与学习需要得到大学的指导和帮助，大学为在职教师的系统学习和实践的问题的解决提供了可能。在教师与大学有关人员的合作情况下，教师有能力对日常教学实践进行研究和反思，并参与实习生的培养计划的制定和实施。教师的发展和持续成长就是在这种有计划、有目的、长期的合作关系和教育实践中得以实现的。因此，教师专业发展学校突破了原来的大学本位教师教育模式，中小学成为大学的合作伙伴，大学成为中小学教师持续发展的支持者并提供丰富资源，教师教育趋于更加合理、有效，学校成为教师和师范生专业成长的理想场所。

---

① 易森林. 2010. 教师专业发展学校对我国教师教育的启示. 教育探索，（1）：109-111.

(三)教师专业发展学校标准

NCATE 是专业发展学校标准的首创者。NCATE 设定的每一项标准都是采用质性描述,其所属的指标系用来决定是否达成该项标准的参照原则。NCATE 于 2001 年正式提出的专业发展学校标准,其内容架构包括五个层面:①学习社群:建立生命共同体的社群,进行学习促进专业成长;②绩效责任与质量保证:建立绩效责任制度,确保教育质量;③协同合作:强调大学与中小学的伙伴关系,共同携手合作;④多样与公平:强调学习的机会与多元的参与;⑤结构、资源与角色:组织结构的设计、资源及人力的提供以及角色任务的梳理及发展等。

各层面包括 3—5 项评估指标,共列有 21 项指标,如表 4-1 所示。

表 4-1　美国专业发展学校评估指标(2001)

标准层面	评估指标
学习社群	①支持多元的学习者(学生、实习教师、一线教师、教师教育工作者); ②学校管理以探究为价值取向并聚焦于学习; ③建立基于研究和实践性知识教与学的专业愿景; ④学校作为变革的工具; ⑤扩展的学习社群
绩效责任与质量保证	①发展专业的绩效责任; ②确保公共的绩效责任; ③设定参与标准; ④开展评价、信息收集及运用结果; ⑤持续投入在学校运营之中
协同合作	①参与联合运作; ②设计组织结构与角色,增进协作并发展团队; ③有计划地激励每一位合作者的参与及贡献
多样与公平	①确保公平的学习机会; ②评估支持公平学习结果的政策与实务; ③落实与支持多样的参与者
结构、资源与角色	①建立管理与支持结构; ②确保目标的进展; ③创造角色; ④分配资源支持学校运作; ⑤采用有效的沟通

资料来源:NACTE. Standards for Professional Development. http://www.neate.org. [2020-11-11].

美国专业发展学校标准中的各个层面是相互联系的整体存在,"结构、资源与角色"和"协同合作",是专业发展学校伙伴关系的基础;"学习社群"是专业发展学校中有关教学、学习及领导的价值取向,而"绩效责任与质量保证"和"多样与公平"则是实习教师、初任教师、资深教师和大学教师对学生学习的期望结果。在美国教师专业发展学校建设的经验影响下,我国台湾地区也开展了积极的探索,台湾师范大学刘美慧团队开发了台湾版的教师专业发展学校评估标准（表4-2）。

表 4-2　台湾教师专业发展学校评估标准

层面	评估指标
结构、资源与角色	①学校组织结构能支持师生的学习与发展； ②学校组织结构能达成组织任务与目标； ③学校组织结构能使所有成员建立归属感、忠诚和承诺； ④学校行政人员和教师都能有效沟通、协调与整合； ⑤学校能采用有效的策略，引导实习教师进入专业实务之中； ⑥学校能提供适时的诱因或奖励，让所有成员以认真负责的态度朝向实务改革； ⑦学校能有效地分配资源，让所有的事情得以进行； ⑧学校能提供多元的资源，让教师能从事专业发展工作； ⑨有充分的行政支持或足够的善意，使伙伴关系得以产生； ⑩有足够的人力来推动学校各项工作； ⑪学校的领导者了解变革的过程，并且不惧怕冲突； ⑫创新的学校领导者能被了解与支持； ⑬学校成员都能了解学校任务，并善尽职责； ⑭学校成员都愿意尝试新想法与新方法； ⑮学校成员都愿意扩展自己的角色，并超越既有工作协同合作
协同合作	①伙伴关系的参与者包括所有利害关系人； ②伙伴关系的建立是基于平等互惠原则； ③对于伙伴关系的发展，具有清楚的愿景； ④学校成员对伙伴关系的本质与目的都很清楚； ⑤学校任何一位成员都无法单独支配伙伴关系的运作； ⑥学校成员对伙伴关系的实施都有正式或非正式的承诺； ⑦学校成员都具有团队合作的意识； ⑧学校成员都参与课程与教学的规划及实施； ⑨学校成员都愿意分担辅导实习教师及初任教师的责任； ⑩学校成员都能分享共同参与的工作与成就
学习社群	①学校对所有的学习者给予支持； ②学校成员能主动从事课程与教学的探究； ③透过探究与实践，协助师生的学习与发展； ④探究结果产生的变革，能促进学生的学习以及改善组织生态； ⑤实习教师和初任教师的学习，整合在学校实务之中； ⑥在职教师能不断学习，追求专业发展； ⑦学校具有开放、民主、平等与创新的文化； ⑧学校成员都能彼此信任，真诚对话； ⑨学校能建立知识分享的机制； ⑩学校成员都能不断反省、研究与改进
绩效责任与质量保证	①学校能发展专业的绩效责任制度； ②学校能提供证据向社会大众确保教育绩效； ③学校成员能参与绩效评鉴规准的设定； ④实习教师接受实习后，能展现初任教师所需的专业知识与技能； ⑤在职教师具有一定水平的教学能力； ⑥定期评鉴实习教师和在职教师的教学实务； ⑦利用多样的数据来源，作为质量测量的指针； ⑧广泛搜集学生成就信息，并运用结果影响政策与实践； ⑨学生的学习成就能符合全国或地方教育标准的要求； ⑩持续评鉴、反省与改进所有成员的学习

续表

层面	评估指标
多样与公平	①学校能确保每一位成员都有公平的学习机会； ②学校能评估伙伴关系的实施，以获得公平的学习结果； ③学校成员对多样和公平的意义都有清楚的了解； ④学校成员都具有引导不同特性学生的能力； ⑤学校课程和教学能反映多元的价值； ⑥学校有多样的伙伴组织，其参与者包括家长和小区代表等利害关系人； ⑦学校成员的声音和观点，在伙伴关系中都能被听到，并获得尊重； ⑧学校能鼓励家庭和小区支持学生的多样学习； ⑨学校有适切的计划或策略来实践多样和公平议题； ⑩学校对多样与公平议题有强烈的承诺，并具有共同的意志坚持完成

资料来源：孙志麟. 2015. 实习学校新典范：专业发展学校的标准. 华人教育学术研讨会（台湾师范大学和台湾教育社会学会共同主办），25-27.

台湾教师专业发展学校基本依据美国标准，进行要素重新梳理，同时细化了每一个层面标准的评估指标，对我们构建教师专业发展学校标准有一定的借鉴意义。

二、教师发展学校的浙江模式

教师发展学校（teacher development school，TDS）是在中小学校建制内，由高等学校和中小学校合作建立的旨在促进教师专业培养和培训的教学研一的共同体，既是高校师范生有效开展教育教学实践的场所，也是高校教师参与基础教育改革实践的平台，更是高校与中小学合作开展基础教育科学研究、促进中小学教育教学改革和教师专业发展的重要阵地。浙江省的教师发展学校不同于美国的教师专业发展学校，在实践与运用的过程中，形成了自己的模式与特色。

（一）教师发展学校建设的政策与制度

值得我们进一步思考的问题是师范生的培养是否仅仅是高等教育机构的责任？如何充分调动地方政府和一线中小学在师资队伍建设过程中的主体责任，探索地方政府、高等教育机构和一线中小学"三位一体"育人的新机制？浙江省于2015年出台《浙江省教师发展学校建设实施方案（试行）》，正式启动了教师发展学校建设工作。该实施方案明确了教师发展学校的建设目标：在全省中小学校建设一批数量充足、结构合理，由教育行政部门统筹协调，高等院校与中小学协同培养培训的教师发展学校，为师范生教育实践、中小学教师专业发展培训教育实践和高校教师挂职锻炼等提供场所，为师范生教师教育课程提供应用型师资，为高校教师指导参与基础教育改革提供平台，进而有效促进教师专业发展，提高教师教育教学水平。

为了扎实地推进教师发展学校建设，为教师的专业发展提供地域便捷、数量充足、形式多样的教师发展学校，浙江省提出了建设教师发展学校的原则。

1. 属地为主，就近安排

以高校所在地设区市及所辖县区为范围，由区域内高校与中小学共同合作建设教师发展学校。其中省属高校可根据需要在全省范围内相对就近划片安排，具体由高校提出需求，省教育厅统筹各地有关教育行政部门安排。市属高校由设区市教育行政部门负责，在当地统筹安排。市属高校如有需要跨区域建设教师发展学校，须经当地教育行政部门同意并协商其他地区安排。

2. 数量充足，合理安排

教师发展学校数量以满足每一位师范生完成教育实践不少于一个学期以及中小学教师专业发展培训参训学员实践教育需要为基本前提，由各设区市教育行政部门与辖区内有关高校统筹安排。其中一所高校可以与多所中小学合作建设教师发展学校，一所中小学也可以与多所高校合作建设教师发展学校。一般每所中小学同一时期接受的师范生数量不超过专任教师（中级及以上职称）人数的3倍。具体办法由当地教育行政部门制定。

3. 结构优化，形式多样

承担教师发展学校建设的中小学应以各地优质学校为主，城乡学校合理搭配，兼顾学校的多样性，使师范生及中小学教师专业发展培训参训学员能够通过在不同类型学校的实践，更多地了解和掌握针对不同类型学生的教育手段和方法。

4. 协商一致，责权明晰

在各级教育行政部门统筹下，通过申报、推荐和遴选，由高校和中小学在协商一致的基础上签订教师发展学校建设协议，明确建设目标、内容和任务，明晰双方权利、义务和责任。

教师发展学校建设由各级教育行政部门为主导，中小学为主体，高校和中小学分工合作、互相配合，各责任主体承担不同的建设职责。

第一，教育行政部门将区域内教师发展学校建设工作纳入日常管理职责，落实管理机构和人员，统筹负责区域内高校与中小学合作建设教师发展学校的各项工作；制定政策措施，在经费安排、人员编制等方面对教师发展学校给予支持。可将教师发展学校工作开展情况列为对中小学发展性评价考核加分因素。

第二，高等学校选派专家学者参与中小学教育科研和校本研修活动，建立与中小学联合开展教学、科研和教师培训等合作机制，共同研究、解决基础教育改革和中小学教师专业发展中的问题；鼓励并接受中小学教师到高校参加业务进修、学历学位提升和教育教学科研活动；探索建立"特级教师工作流动站"，充分发挥中小学特级教师和优秀教师在师范生培养中的作用。

第三，中小学承担高校师范生见习、实习任务。选派优秀教师和班主任担任见习、实习师范生的指导教师，保证每期实习生独立上课不少于10课时；承担本地区中小学教师培训任务。为教师专业发展参训学员提供参观考察、课堂听课、现场诊断等实践教育机会；接受高校教师挂职锻炼，并选派优秀教师到高校承担教师教育类课程等；中小学要积极为实习生提供必要的办公和生活条件。参与教师教育工作的中小学教师原则上应具有中级及以上职称。

从制度的保障上，建立、发展和管理教师发展学校需要依托一整套完善的保障体系。

1. 组织保障

省教育厅成立由厅分管领导为组长的浙江省教师发展学校建设领导小组，负责全省教师发展学校建设的统筹规划和组织协调工作，领导小组办公室设在师范教育处；各地教育行政部门成立相应的组织机构；各教师发展学校要由当地教育行政部门牵头组建由教育行政部门、高校和中小学三方派出相关人员组成的工作小组，统筹规划教师发展学校的建设和发展。教师发展学校日常管理由教师发展学校所在中小学校长负责。

2. 队伍保障

合作开展教师发展学校建设的中小学和高校要努力建设一支师德表现好、教学业务精、工作责任心强的师范生实习指导教师和教学科研专家队伍。教师发展学校要充分发挥中小学高级教师、学科带头人和教学骨干的示范作用，对他们提出指导师范生实习的具体任务要求；高校应将教师发展学校建设纳入本校的教师教育培养体系，并确定机构和人员具体负责。

3. 条件保障

教师发展学校要创造条件为师范实习生教学办公和学习生活提供基本保障。师范实习生的食宿安排一般由派出高校与中小学商议解决；当地教育行政部门和中小学应充分利用当地教育机构和学校的空余资源，帮助实习生妥善安排食宿。

4. 经费保障

高校要建立师范生教育实习经费保障机制，并根据师范生教育实践的新要求，逐步提高师范生教育实践经费生均标准。师范生教育实践经费的生均标准原则上应与学生在校期间一学期的教学成本大体相当。经费包括见习实习指导费、学生补助费、教师补助费等；选派专家学者为教师发展学校指导校本研修和教学科研工作是共同体高校的工作职责和应尽的义务，原则上中小学不再支付相关费用；中小学和高校均要对参与相关工作的教师给予相应工作量的计算，并将其纳入绩效工资考核范围；有条件的市、县（市、区）争取设立专项经费支持教师发展学校建设，重点加强教学专用教室和实习生寝室建设等。

5. 制度保障

教师发展学校合作双方应明确各自的职责，商定相应规章制度，以及制订年度及学期工作计划等。合作双方应定期召开会议，有序推进工作；各级教育行政部门要定期对辖区内的教师发展学校工作情况进行督查；省教育厅每年对各地各高校教师发展学校建设和工作情况实行检查，并将检查情况纳入高校教学评估和市县教育科学和谐发展业绩考核；教师发展学校建立后应保持相对稳定，确需调整，相关高校应向当地教育行政部门提出增加、取消和适当调整的要求。各级教育行政部门根据高校需求和当地实际进行相应调整，并将调整变化情况及时报省教育厅备案。

（二）教师发展学校建设的评估

教师发展学校是连接基础教育和高等教育的重要平台，如何构建教师发展学校可持续发展的建设体系，浙江省期待通过教师发展学校年度评估与等级评估，并把评估结果纳入各地教育现代化、教育发展绩效和教师培训绩效考核等发展性评价指标体系，纳入高校师范生培养创新绩效考核评价指标体系。

1. 教师发展学校的评估标准

2017 年，浙江省公布《浙江省教师发展学校建设标准（试行）》，为了保证评估的客观、公正，浙江省教育厅委托第三方专家机构分批开展教师发展学校等级评估，全省各级各类教师发展学校要根据该标准开展建设和自评，在自评基础上，经当地教育行政部门审核同意，协同高校共同向第三方专家机构申请开展评估。省教育厅在专家机构评估基础上，每年公布教师发展学校等级，并分批遴选确定省级示范性教师发展学校。"十三五"期间，浙江省共建设 100 所省级示范性教师发展学校。

该标准共有 4 个一级指标和 1 个特色项目，4 个一级指标分别为组织与管理、课程与教学、队伍与保障、服务与成效，具体包括 12 个二级指标。每个二级指标下有若干建设内容，其中有 14 项（打"☆"项）内容为教师发展学校的基础性建设内容，其他内容为教师发展学校的提高性建设内容。每个二级指标中的每项内容均有 A、B、C 三个等级的建设成效评估标准。表 4-3 详细呈现了该标准的内容。

表 4-3 浙江省教师发展学校建设标准（试行）

一级指标	二级指标	建设内容	评估等级（赋分系数） A（1.0）	B（0.7）	C（0.3）	备注
组织与管理（20分）	组织机构（4分）	高校、中小学校、政府管理部门与责任人（4分）	三方①均有明确的管理部门；有TDS校长、副校长②等岗位和职责	三方有明确的管理部门；指定TDS责任人	三方均没有明确的管理部门；TDS责任人不够明确	①三方指高校、中小学校和地方教育行政部门；②TDS校长、副校长可由大学或中小学相关人员兼任
	管理机制（10分）	1. 三方协议（5分） 2. TDS建设与运行制度、政策（5分）	1. 三方协议规范并得到有效执行③ 2. 三方高度重视TDS建设，TDS内部完善的管理制度	1. 三方协议较为规范或有两方协议，执行情况较好；2. 三方重视TDS建设，学校内部有比较完善的管理制度	1. 协议不够规范或协议得不到有效执行；2. 三方对TDS建设缺乏必要的内部管理制度	③中小学与高校签订了双方协议，非经设区市正式行文公布的视同有三方协议
	发展规划（6分）	1. TDS"发展规划"（3分） 2. TDS建设目标、内容与措施、考核与保障机制（3分）	1. TDS自身发展规划完善，三方执行；2. TDS建设目标明确，内容全面且可以实施，建设措施有力，考核制度设计有，有良好的保障机制	1. TDS自身有发展规划，两方有支持措施，执行情况良好；2. TDS建设目标比较明确，建设内容比较全面可以实施，建设措施、考核制度和保障机制比较完善	1. TDS无发展规划或虽有规划，但执行不力；2. TDS建设目标或者内容不完善或者无法有效实施，缺乏足够的保障措施，考核制度不完善	
课程与教学（30分）	课程开发（10分）	☆TDS中师范生见习、实习课程方案（计划和实施安排）（5分）	TDS所含学段中80%及以上的学科建有相应的师范生见习、实习课程方案，且规范完整	所含学段中有60%及以上的学科建有相应的师范生见习、实习课程方案，比较规范完整	所含学段中建有相应师范生见习、实习课程方案的学科不足60%，或课程方案不够规范，内容不完整	④课程方案包括实习目标、内容、时间安排、考核办法等，为高校与中小学校共同建设
		☆TDS中在职教师教育实践培训课程方案（计划和实施安排）（5分）	所含学段中有60%及以上的学科建有相应的在职教师教育培训课程方案，且规范完整	所含学段中有30%及以上的学科建有相应的在职教师培训课程方案，比较规范完整	所含学段中建有相应在职教师教育实践培训课程方案的学科不足30%，或课程方案不规范、内容不完整	⑤课程方案包括在职教师教育培训的目标、内容、时间安排与考核办法等，为高校与中小学校共同建设

续表

一级指标	二级指标	建设内容	评估等级（赋分系数）			备注
			A (1.0)	B (0.7)	C (0.3)	
课程与教学（30分）	教学管理（8分）	☆1. TDS 中师范生见习、实习及在职教师教育实践管理制度、指导规范要求（5分）2. TDS 中教学管理的业务档案（3分）	1. 对师范生或在职教师在 TDS 期间有明确的管理规定，对指导教师有明确的职责规定和考核办法；2. 师范生见习、实习或在职教师教育实践培训的过程记录与档案清晰比较完整	1. 对师范生或在职教师在 TDS 期间有明确的管理规定，对指导教师有明确的职责规定和考核办法；2. 师范生见习、实习或在职教师教育实践培训的过程记录与档案比较清晰比较完整	1. 对师范生或在职教师在 TDS 期间缺乏明确的管理规定，对指导教师职责的规定和考核办法不明确；2. 师范生见习、实习或在职教师教育实践培训的过程记录不清晰，相关档案不完整	
	教学改革与 TDS 建设相关的教学改革（4分）		比较重视师范生见习、实习及在职教师培训实效的提升及研究，承担三个及以上省级或市级针对 TDS 建设的教改®项目	比较重视师范生见习、实习及在职教师培训实效的提升及研究，承担两个及以上市级针对 TDS 建设的教改项目	能够开展提升师范生见习及在职教师培训效果的研究，在高校或中小学校自行立项开展研究	⑥教学改革包括师范生实习课程与培训课程、组织实施的研究等
	教学评价（8分）	1. 相关教师参与课程开发和指导师范生、在职教师培训的考核与评价（3分）2. 指导教师®的考核评价档案（3分）	1. 对指导教师®参与课程开发和指导师范生、教师培训进行考核，考核过程公正，考核结果有一定用途；2. 有比较完善、具体可行的指导教师考核评价制度	1. 有对指导教师参与课程开发和指导师范生、教师培训进行考核，考核工作比较公正，考核结果及完善或考核结果没有明确用途；2. 有比较完备、具体的指导教师考核评价制度	1. 对指导教师参与课程开发和指导师范生、教师培训的考核简单，考核公正性不足，考核结果缺乏明确用途；2. 无指导教师的考核评价制度	⑦指导教师包含高校教师和中小学教师，高校及中小学教师均有此项考核与教师绩效考核挂钩制度
队伍与保障（20分）	队伍建设（10分）	☆高校派往 TDS 的人次数®（5分）	高校派往 TDS 教师每年 10 人次及以上	高校派往 TDS 教师每年 6 人次及以上	高校派往 TDS 教师每年不足 6 人次	⑧累计1周/（年•人），计1人次。考核近三年情况
		☆TDS 所在中小学师资情况®（5分）	中学：高职称、高学历教师比例占所在学校教师总数的 30%及以上，且 TDS 教师数达到所在学校教师总数的 50%及以上；小学：高职称、高学历教师占所在学校教师总数 10%及以上，且 TDS 教师数达到所在学校教师总数的 50%及以上；	中学：高职称、高学历教师比例占所在学校教师总数 15%及以上，且 TDS 教师数达到所在学校教师总数的 40%及以上；小学：高职称、高学历教师占所在学校教师总数 5%及以上，且 TDS 教师数达到所在学校教师总数的 40%及以上；	中学：高职称、高学历教师比例为所在学校教师总数的 15%以下；小学：高职称、高学历教师数为所在学校教师总数的 40%以下；	⑨中学和小学高职称、高学历教师是指具有上学历高级职称的教师，幼儿园是发以上具有高级职称和本科及以上学历的教师；

续表

一级指标	二级指标	建设内容	A (1.0)	B (0.7)	C (0.3)	备注
队伍与保障 (20分)	队伍建设 (10分)	☆TDS所在中小学师资情况① (5分)	幼儿园：高职称、高学历教师占所在学校教师比例15%及以上，且TDS教师数达到所在学校教师总数的50%及以上	幼儿园：高职称、高学历教师占所在学校教师比例10%及以上，且TDS教师数达到所在学校教师总数的40%及以上	幼儿园：高职称、高学历教师占所在学校教师比例10%以下，且TDS教师数为所在学校教师总数的40%以下	TDS教师是指具备师范生指导资格，且归属于教师发展学校的教师
	保障措施 (10分)	☆1. TDS为师范生、高校挂职教师到TDS提供的条件②（3分）；☆2. TDS为校内外在职教师教育实践培训提供的条件⑪ (2分)	1. 能完全满足；2. 能较好满足	1. 能较好满足；2. 能基本满足	1. 能基本满足；2. 不能满足	⑩指TDS能为师范生、挂职教师提供固定且充足的办公与工作场所、条件及食宿交通等生活条件；⑪指TDS能为来TDS安排培训教师提供充足公和培训需求场所，或联系安排系住宿需要食宿交通等生活条件
		☆高校为中小学教师到校工作、研究、学习提供的条件⑫ (3分)	能完全满足	能较好满足	能基本满足	⑫指高校能为中小学教师到校工作、研究、学习提供固定的办公场所、良好的工作条件，及食宿交通等生活安排
		三方对TDS建设的投入 (2分)	三方每年将TDS建设纳入预算，所投经费能满足TDS中师范生实习、教师发展各项建设工作需要	两方每年将TDS建设纳入预算，所投经费能基本满足TDS师范生实习、教师发展各项建设工作需要	三方均未将TDS建设纳入预算，或所投经费无法满足TDS课程、实习、教学、教师发展各项建设工作需要	考核近三年情况
服务与成效 (30分)	中小学服务教师教育 (16分)	☆1. 接收师范生见习、实习情况（4分）；☆2. 师范生实习状况 (4分)	1. 平均每年接收师范生数量达到TDS教师数1.0倍及以上；2. 完全达到《浙江省高校师范生教育实践规程》要求，并有所创新	1. 平均每年接收师范生数量达到TDS教师数0.5倍及以上；2. 基本达到《浙江省高校师范生教育实践规程》要求	1. 平均每年接收师范生数量不到TDS教师数0.5倍；2. 距《浙江省高校师范生教育实践规程》要求有较大差距	考核近三年情况（累计平均）

一级指标	二级指标	建设内容	A (1.0)	B (0.7)	C (0.3)	备注
	高校服务基础教育 (14分)	☆接收在职教师培训的情况 (4分)	平均每年接收在职教师培训的数量达到两个及以上学科, 或50人及以上, 且有较多的县外教师	平均每年接收在职教师培训的数量达到一个及以上学科, 或30人及以上, 且有部分县外教师	平均每年接收在职教师培训的数量不足30人	考核近三年情况（累计平均）
		中小学教师培训到高校或教师机构的教学或教研任务的情况 (3分)	TDS高级职称教师中有40%及以上到高校或教师教育机构承担教师培训或教学任务	TDS高级职称教师中有20%及以上到高校或教师教育机构承担教师培训或教学任务	TDS高级职称教师中到高校或教师教育机构承担培训或教学任务的人数不足20%	考核近三年情况（累计平均）
		接收高校挂职教师的情况 (1分)	近三年接收高校挂职教师3人次及以上	近三年接收高校挂职教师2人次及以上	近三年接收高校挂职教师不足1人次	累计一个月（年·人）, 计1人次
		☆高校参与TDS教育教学改革情况 (6分)	1.高校积极参与、指导TDS所在学校教改实践, 效果显著, 获省级以上奖励或标志性成果; 2.积极参与实践培训课程开发	1.高校参与、指导TDS所在学校教改研究与实践, 效果较好, 获市级以上课题、奖励或标志性成果; 2.参与TDS实践培训课程的开发	1.高校较少参与、指导TDS教改研究与实践, 或效果一般; 2.高校教师较少参与TDS教师实践培训课程的开发	指导中小学教育教学改革及课程开发有相关记录或佐证
		☆高校指导TDS教师专业发展情况 (5分)	高校积极主动指导TDS教师专业发展, 参与度深、工作量大, 中小学校较好, 效果显著, 获省级以上课题奖励或标志性成果	高校指导TDS教师专业发展, 参与度较深、工作量较大, 中小学校较好, 效果好, 获市级以上课题奖励或标志性成果	高校较少指导TDS教师专业发展, 中小学校满意度不高, 或效果一般	指导TDS教师专业发展应有指导记录及教师成长佐证
		高校相关资源向TDS开放情况 (3分)	TDS教师能够获取高校科研、教学、图书等资源, 且使用方便	TDS教师可以有限获取高校科研、教学、图书等资源, 且使用较方便	TDS教师不能获取高校科研、教学、图书等资源	
特色项目 (5分)		如"互联网+"TDS, 与高校共同建设特级教师流动站、教师发展学校管理体制机制创新等	两个及以上得到认可的特色	至少一个获得认可的特色	没有明显特色	

资料来源: 浙江省教育厅. 浙江省教师发展学校建设标准. http://jyt.zj.gov.cn/art/2017/11/8/art_1532982_27487417.html. [2020-10-06].

2. 教师发展学校的评估实施

浙江省第一轮教师发展学校等级评估时间为 2018—2020 年，每年安排一次。评估实施的基本流程分为三个阶段：第一阶段为网络调查，在申请参加评估的学校提交申报材料后，全省统一时间开展 TDS 教师参与满意度调查，相关结果纳入评估指标分值；第二阶段为网上审核评估，根据学校的网络申报与佐证材料，以网上审核为主。材料包括自评报告、条目自评表及相关佐证材料，以电子档案形式；第三阶段为现场评估，每年抽取一定比例学校进行现场评估，一般不低于申报学校 20%左右，抽取学校开展现场评估。

现场评估主要包括以下内容与步骤：①组长召开评估组内会议，介绍现场评估背景、学习教师发展学校建设与评估相关文件、说明评估指标与相关要求、明确评估纪律要求等内容。②学校校长工作汇报，一般不超过 15 分钟。③验证资料、现场核查、核对申报材料。学校根据指标要求，做好电子档案（不便电子化的支撑材料除外）。不同指标的共性支撑材料无需重复印刷。评估组对各项材料进行查证。④开展随机访谈。包括与 TDS 教师、高校指导教师、师范生等座谈。⑤简要反馈。各项现场评估工作结束后，由组长代表全组向学校做简要反馈，不反馈最终结果与分数，反馈时间不超过 15 分钟。

（三）教师发展学校建设存在的问题与思考

2015 年公布的《浙江省教师发展学校建设实施方案（试行）》明确指出，教师发展学校建设由各级教育行政部门为主导，中小学为主体，高校和中小学分工合作、互相配合。对于各责任主体的职责，更加明确地表达了教师发展学校建设的第一责任单位是各地的教育行政部门，它们必须承担起政策配套、资源投入和中小学遴选的责任；而中小学作为教师发展学校的依托机构必须承担起建设的具体工作，与高校共同完成建设任务。这种机制使得浙江省各级教育行政部门和部分优秀的中小学校不再是单纯的用人单位，它们还是培养单位，是与师范院校共同承担师范生培养和在职教师培训的机构。教师发展学校建设的逻辑起点是把地方教育行政部门和中小学校作为教师专业发展的主要责任人，参与培养培训教师也是地方教育行政部门和中小学校应尽的义务。这是我国教师教育体制改革的一个重大突破，反映了浙江省教育厅和相关教师教育机构对当前教师教育改革发展方向的独特认识和责任担当。

截至 2020 年 6 月，浙江省已在各地建设教师发展学校 927 所，教师发展学校建设作为自上而下的概念创新与创建的过程，在建设推进以及标准化评估过程中出现了认识问题与实践问题。

首先，对教师专业发展的职责分工并未达成共识。教师专业发展是一项多方参与、螺旋上升的终身事业，不同责任主体承担着传统意义上的培养培训职责。教师的职业后培训遵循谁使用谁培训的原则，地方教育行政部门和教师培训机构责无旁贷，中小学也要主动承担起校本培训的职责。作为教师的职前培养的教育责任主要由高等学校承担，由于高校招生、培养、就业的自主性和竞争性，以及师范生的流动性都决定了高等学校是师范生培养的第一责任人，这种惯性思维深入人心，要使地方教育行政部门和中小学向前延伸教师培养的责任，需要有更强有力的政策引导、制度保障以及责任担当。

其次，TDS师资队伍建设缺失标准与评价机制。TDS尽管不是一个独立建制的学校，却是一个新型的主要承担教师培养和培训功能的教育机构。作为学校它需要具备学校应有的基本要素和基本功能，学校的软件要素主要包括教师与课程，硬件需要考虑包括食宿、学习和工作场所等一系列的办学基础条件。但是，在教师发展学校建设过程中，实践指导教师的遴选缺乏统一的标准，教师的指导工作往往是经验性的偶发行动，还没有对指导教师的可持续发展进行专业的引领。实践指导教师的工作成效没有建立完善的评价与保障机制。因此，TDS需要遴选所依托学校的优秀教师，与高校共同组建相对固定的教师队伍，承担教师发展学校的教学与研究任务。

最后，TDS缺失实践指导课程的建设。学生的实习过程是教育教学的理论知识运用于具体教育场景的过程，它是师范生实践教学系统的重要组成部分，为了避免传统师徒制存在的不足，使师范生的实践更具标准化和有效性，实践指导课程的建设是必然要求，但是，TDS还没有根据自己的学科优势，建立具有本校特色和优势的、面向师范生培养和教师培训的实践性为主的课程体系。课程建设是一项复杂的工作，应该集中各方面的力量共同参与，特别需要高校和当地的教师培训机构的介入。

为此，地方教育行政部门要担负主导责任，建立相应的组织机构和管理机制，订立三方协议，明确教育行政部门、中小学校、高校的责任和责任人。高等学校不能完全转嫁职责，应主动深入当地教育行政部门和中小学，为教师的专业发展提供必要的人力、智力和财力的支持。每一个TDS都应该制定自己的发展规划，构建"双师型"教师（既是学生的老师，又是师范生的教师）校本专业发展体系，与高等学校和培训机构合作开发具有校本特色的实践指导课程。

三、教师发展学校建设的"ZISU 联盟"[①]

一个无法回避的问题就是：地方政府、高校和中小学如何履行各自的职责？显然，作为第一责任人的地方政府无法直接参与 TDS 的运营，只能以评估的方式参与管理。TDS 的建设依赖高校与中小学的协同运作。那么，高校与中小学如何协同运作可以在一定程度上解决 TDS 这一复杂系统存在的问题？依据鲁曼社会系统理论的观点，系统要获得良性运行需要对系统的复杂性进行化约，可以从时间、社会和事物三方面，寻求简化复杂性的程序。鉴于此，浙江外国语学院的 TDS 以"ZISU 联盟"为集合概念（"ZISU"是浙江外国语学院的英文缩写，"ZISU 联盟"指浙江外国学院 TDS 联盟），通过凝聚共同的发展愿景，以"5C 模型"为协同的价值追求，在排除复杂的环境影响和干扰下，明确了各项核心的工作任务，形成了作为系统的 TDS 三维运作架构（图 4-3）。

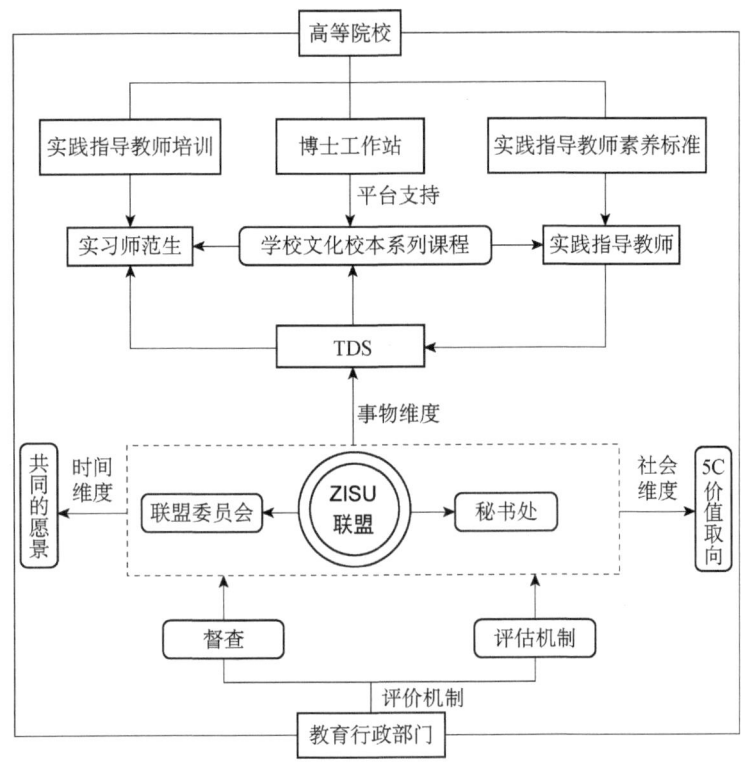

图 4-3 "ZISU 联盟"的三维运作架构

[①] 胡敏，吴卫东，王真. 2020. "ZISU"联盟：教师发展学校建设的浙江经验——基于鲁曼社会系统理论的分析. 教育发展研究，（8）：58-64.

（一）时间维度的化约：共同愿景

鲁曼社会系统理论认为，时间维度的化约就是将人的思想与行动导向他所向往的未来，也就是立足于现在制定面向未来的系统发展愿景。因为愿景就是组织成员之间共同形成，具有引导和激励组织成员走向未来的意向描绘，在不确定和不稳定的环境中，提出方向性的长程导向，把组织的活动聚焦在一个核心焦点的目标状态上，使组织成员面对各种诱惑或阻力时能有所坚持，不断前行。对 TDS 的建设而言，时间维度的化约就是立足当下，基于 TDS 的合作传统，通过共启愿景的方式对组织的未来进行顶层设计。"ZISU 联盟"，通过自荐和民主选举相结合的形式组建联盟委员会，并设秘书处负责协调联盟内各类工作事宜，同时商讨联盟发展的八大共同愿景：①教师发展学校的基本目标是有助于全体参与者的成长与发展；②教师发展学校的一切努力是为了学生的发展；③教师发展学校对不同能力、不同兴趣、不同认知方式和不同成长背景的人一视同仁；④教师发展学校致力于促进未来教育工作者的多元化学习；⑤专业发展学校给在职教师提供系统及专业化的培训；⑥教师发展学校帮助高校教师在教育场景中开展研究工作；⑦教师发展学校要形成彼此互信、尊重和平等的伙伴关系；⑧教师发展学校致力于孕育与实践教育改革。上述愿景鼓舞着 TDS 的所有参与者，并激发个人潜能，达成组织目标。

（二）社会维度的化约："5C 模型"

根据鲁曼的社会系统理论，社会维度的化约就是在异质的个体或群体中明确行动准则，形成共同的价值体系。"5C 模型"构成了"ZISU 联盟"成员行动的价值体系，包含五个要素，即共同体（community）、沟通（communication）、协作（collaboration）、创新（creativity）和持续（continuity），如图 4-4 所示。

"5C 模型"在"ZISU 联盟"共同体中的含义包括：①共同体：指"ZISU 联盟"中的成员认同联盟的愿景，各成员尽管角色不同，但地位平等，在谋求自身发展的同时促进其他成员共同发展，即能在身份认同的前提下，积极主动地为实现联盟愿景贡献智慧和力量。②沟通：指共同体成员间坦诚相待并勇于表达个人利益诉求，通过联盟委员会和秘书处的信息收集和反馈机制达成思想一致和感情通畅，将个人利益和联盟利益在行动中实现有机融合。③协作：指共同体成员对目标和任务进行磋商，对具体的工作开展包括资源、信息技术等方面的协调与配合，相互分担任务与责任。④创新：指共同体成员秉持改革的精神，积极反思 TDS

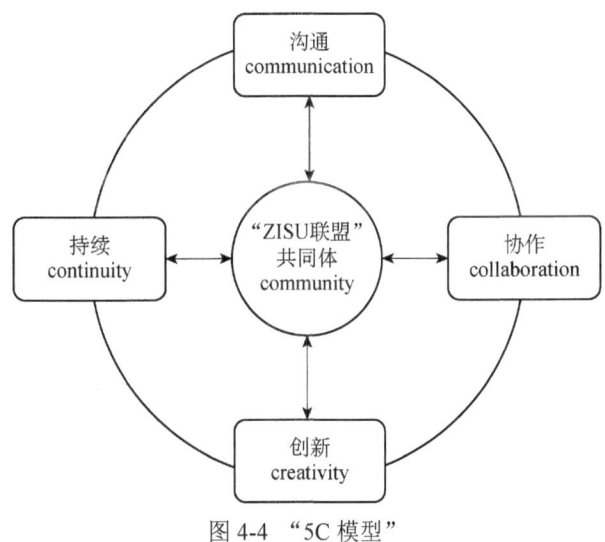

图 4-4 "5C 模型"

建设过程中的不足,不断发现问题并解决问题。⑤持续:指共同体成员对"ZISU联盟"可持续发展的追求,努力践行"一群人、一件事、一辈子"的初衷。

(三)事物维度的化约:核心功能要素

根据鲁曼社会系统理论,从事物的维度对复杂系统进行化约后的各个要素,经过了自我区分和自我参照,各要素之间实现有机耦合,完成了复杂系统的有效运作。根据已有经验,TDS 的有效运行离不开标准、培训、平台、课程等四个要素。浙江外国语学院 TDS 正是通过搭建平台以凝聚各方力量和资源、开发标准以形成运行的同一化、编制课程以保障指导的有效性、加强培训以促进教师发展,取得了比较好的效果。

第一,以教师培训师素养为基础,开发师范生实践指导教师素养标准。

2017 年,浙江省公布《浙江省教师发展学校建设标准(试行)》。该标准共有 4 个一级指标和 1 个特色项目。该标准虽然对浙江省 TDS 的建设起到了积极的作用,但在队伍建设中缺失实践指导教师的核心素养与必备品格等内容。因此,"ZISU 联盟"结合国内外各类 TDS 评估标准以及"教师培训师专业素养结构"为基础,开发了《师范生实践指导教师的素养标准》,包含 3 个维度:①个人成就导向,如具有帮助新教师成长的成就动机等;②专业知识导向,如能把握师范生成长的规律及影响因素等;③专业能力导向,如能用理论诠释自身教育教学行为的合理性,具有反思能力等。

第二,以"教育实习手册"为工具,开展实践指导教师培训。

高校建立教学法专家团队，研究制定《教育实习手册》，并在使用手册的过程中同步开展实习指导老师指导能力培训，比如，对师范生的《实习手册》和《人才培养方案》进行必要的解读与培训，并把这些培训主题纳入教师专业发展培训内容之中。为了增强对实践指导工作的反思，"ZISU 联盟"初步开发了实践指导课程和实践指导教师遴选的标准，并定期举办各类活动激发共同体成员的行动力和奋进精神，比如开展教学论坛、行动研究、习明纳研讨课等增强共同体之间的黏性。

第三，以"博士工作站"为平台，建构双方合作的有效载体。

浙江外国语学院为"ZISU 联盟"的每一所 TDS 配一名常驻博士，成立"博士工作站"。常驻博士深入教育教学一线，一方面负责挖掘学校的文化资源和资源优势，为开发教育实习的校本课程提供智力支持；另一方面帮助一线教师提炼教学实践经验，形成教育理论。此外，博士作为高校教师，负责师范生在 TDS 见习和实习工作，成为沟通职前职后培养的重要桥梁。而且，博士在深入教学一线之后，可以更直观地感受基础教育的改革脉搏和改革阻碍，有利于帮助年轻博士寻找真正值得研究的教育问题，为博士的专业发展提供真实的"土壤"，帮助新一代的博士从"书斋"式的研究中解放出来，真正回归教育学的根本任务。中小学教师平时忙于琐碎的教育教学工作，习惯了"低头走路"，内心虽有"仰望星空"的追求，奈何缺少机会和平台。通过博士工作站，一线教师拥有和教育理论工作者对话的平台，甚至可以参与到职前培养环节，开启个人发展的无限想象，这是激发其专业发展的不竭动力。

第四，以学校特色为资源，开发学校文化校本课程。

在教育活动中，教师的"教"与学生的"学"一般是以课程为中介的，编制出高水平的、切合实际的课程是教育活动有效性的重要保障。当前的师范生实践课程由于主要由高校自行设计，对一线教师、实习生和中小学校的实际情况缺乏足够的关切，课程对于师范生的育人价值没有得到充分彰显。针对这种情况，"ZISU 联盟"要解决的一个重要难题是课程建设。课程建设是一项复杂的工作，应该集中各方面的力参与，特别需要高校和中小学的协作。"博士工作站"中的一线教师和年轻学者在充分探讨学校学科优势基础上，着力开发"校园文化、组织角色文化、班级文化和课堂文化"的校本师范生实践课程体系。

鲁曼的社会系统理论使研究者更理性地认识了 TDS 的由来及其发展过程，并在建设过程中克服了纯粹经验性的行动，以系统复杂性化约的方式构建了有助于 TDS 实现自我生产的"ZISU 联盟"系统。系统复杂性化约机制，打通了 TDS 内部"理论下沉""实践上升"的沟通渠道。"ZISU 联盟"内部不存在"敷衍式"的教育实习，高校指导教师和一线实践指导教师组成的实践共同体，在共同开发师范生实践指导课程中开展行动研究，师范生通过双导师的陪伴和基于标准的自我反思获得成长，更重要的是"ZISU 联盟"的实践积累了教师发展学校建设的浙江经验。

第五章

卓越师范生培养的个案研究

　　教师教育处在一个变革的时代。从理念到实践是一个漫长的跨越过程。只有把变革的新理念、新思想、新举措通过实践、反思、修正才能使新理念、新思想、新举措具有生命的活力,才能检验它们的价值。2016年,浙江外国语学院与帕绍大学合作开展了卓越师范生培养的行动研究,至2020年12月,卓越班已经历了四届,成为浙江省教师教育的品牌。

第一节 卓越师范生的选拔

卓越师范生培养是在卓越教师计划的国际背景下应运而生的,是教师专业化进程的必然要求,也是全球化、信息化社会演进的必然结果,更是教师教育改革的突破口。

一、卓越教师培养的国际背景

(一)卓越教师培养的美国经验

美国早在20世纪80年代末就关注"卓越教师"的概念,NBPTS在1989年颁布基础教育卓越教师的专业标准,提出了卓越教师的五大核心指标:第一,卓越教师应当十分关心、关爱学生,关注中小学学生的健康成长,关注学生的良好品格的培养,关注学生的学业学习,提高学生的学业成绩;第二,卓越教师应当精通其所任教学科的专业知识(如数学、化学、物理等学科),形成了学科知识系统与知识树,掌握教育基础理论与教学技能,具有良好的课堂把控能力,将学科知识高效的传授给学生,培养学生自主学习学科课程知识的能力;第三,卓越教师从事中小学教育的责任心强,全力以赴地管理全班学生的学科知识课程学习,循序渐进地引导每一个学生进行学科课程学习,激发学生对学科学习的兴趣与热情,并且为班集体营造良好的学科课程学习氛围;第四,卓越教师经常反思自身的课堂学科教学实践,追求高效的课堂教学,提升教学艺术水平,善于总结自己或者别人的教学经验,喜欢与同事一起分享教学的新方法与经验;第五,卓越教师善于组织其他教师与学生形成教学共同体,在中小学学校成立卓越教师与学生培养的教与学帮扶小组,在学生居住的社区形成卓越教师与学生课外发展共同体,善于持续促进良好师生关系的紧密发展,良性互动。①

五大核心指标的提出标志着美国从国家层面启动了卓越教师计划。2015年,该委员会升级了卓越教师资格的标准,新卓越教师资格标准以培养高效、优秀教师为追求目标,涵盖了对教师教育基本理论知识、实施差异教学的能力、教学实践与学习环境、教学的有效性及教学反思过程等四大方面的考核,彰显了美国提

---

① NBPTS. The Five Core Propositions. http://boardcertifiedteachers.org/about-certification/five-core-propositions. [2020-10-06].

升教师质量的决心，是发展和促进基础教育质量的又一重要举措。美国教师培养认证委员会（Council for the Accreditation of Educator Preparation，CAEP）于2016年3月颁布了新一代教师认证标准体系，目标是通过证据本位的认证来确保教师培养项目的持续改进，促进美国教师由合格走向卓越。

（二）卓越教师培养的英国经验

英国的卓越教师计划是一个长期的、持续改进的过程。2002年，英国通过《2002年英国教育法》对教师的地位、要求和相关考核作了新规定；2002年底发布《传递结果：2006年战略规划》（Delivering Results：A Strategy to 2006），以保障教师的专业发展；2003年发布《卓越与快乐：初等学校战略》（Excellence and Enjoyment：A Strategy for Primary Schools）赋予教师更多自主权，鼓励教师卓越教学。为了进一步提高教师队伍质量，英国于2004年正式开始实施"卓越教师计划"（Outstanding Teacher Program，OTP），旨在提高教师专业技能，使更多教师通过专业培训成长为卓越教师。2007年，英国政府建立了"全国教育卓越委员会"，进一步推进公平与卓越；2009年，发布教育白皮书《你的孩子，你的学校，我们的未来：建立21世纪的学校体系》（Your Child，Your Schools，Our Future：Building a 21st Century Schools System），强调高质量的教师是高质量学校体系的保障，并加大投入吸引优秀师资后备人才。英国教育部于2010年出版白皮书《教学的重要性》（The Importance of Teaching），涵盖了以学校、教师、学生、校长为四大面向的基本方针，也指导着英国2010年至今的学校改革。2011年，英国教育部发布《培养下一代卓越教师》（Training our Next Generation of Outstanding Teacher）实施计划书，对如何加强中小学和大学的教师教育合作、加大财政激励、吸引优秀毕业生加入中小学教师队伍等方面进行了深入的研究和探讨，也指导了职前教师教育进行改革。

（三）卓越教师培养的德国经验

德国是最早关注教师教育的国家，并形成了与众不同的教师培养体系，2000年，PISA结果公布，德国政府便拉开了重新重视教育质量的序幕。德国从2004年至今，已有4项教师教育标准性文件陆续出台，文件涉及教师教育计划的所有环节，如修业、招生以及见习阶段等。这四份文件分别是：《教师教育标准：教育科学》（2004年12月16日），着重就其师范生在教师教育修业阶段的教育科学学习内容及相关要求进行了规范；《各州有关教师教育专业学科与专业学科教学法共同要求的内容》(2008 年 10 月 16 日)，主要针对修业阶段师范生的专业学科及其教育方法的学习进行了规范并给出了标准；《各州有关见习阶段的规划与第二次国家教师资格证书考试的共同要求》(2012 年 12 月 6 日)，针对二次国家教师资格证书、见习阶段等给出参考性标准；《有关教师教育第一阶段能力倾向测试指南》(2013 年 3 月 7 日)，针对教师教育见习这第一阶段的状况，对毕业生的实习阶段给出了标准的测评方法，其中对师范生的能力倾向给予重视，期望能培养出教师行业的优秀人员。2013 年 4 月 12 日，德国基于基本法实施"高校卓越教师教育计划"。联邦教育部为此计划在 2013—2023 年投入 5 亿欧元资助教师培养的创新项目，第一阶段（2014—2019 年）将资助 59 所高校的 49 个项目，鼓励高校之间合作，跨州申请项目。

"高校卓越教师教育计划"明确提出了卓越项目的六大目标：①优化高校教师教育的结构；②提高教师教育中教育实习的质量；③改善教师教育过程中与专业相关的咨询及对师范生的陪伴；④促进教师教育在满足分层分类教学和全纳教育方面对教师提出的要求作出贡献；⑤提高学科、教学法和教育科学课程的质量；⑥实现各州对师范生的学习成绩和毕业文文凭的相互承认，实现各州对师范生进入预期的准入条件的相互承认，从而实现师范生和在职教师更好地流动。

"高校卓越教师教育计划"还建议在以下 15 个领域开展教师教育卓越项目研究：①为了让负责教师教育工作的人员和机构间实现强有力的协调和合作目标，需要改善学科教学、学科教学法、教育科学和教育实习四个领域的合作情况；②为了使教师教育各个阶段的工作一以贯之，需要加强教师教育课程内容间的协调工作；③消除因学科课程和教育类课程间存在的紧张关系；④提高学科教学法的质量，使其适应学校教学的实际；⑤在学科教学法领域和教育科学领域融入教育实习课程并且既要够早又要目标明确；⑥实现教师教育各个阶段（职前教育、预备见习期、职后教育）的一体化；⑦高校设计有效的教师职前和职后教育（课程）结构，增加高校的办学特色；⑧同步的教师教育研究为改革措施提供智力支持，建立并加强研究导向的教师教育；⑨为预备见习期阶段的新手教师和正式工作的教师们开发职业生涯发展的成长方案（措施）；⑩各个培养阶段都要重视提高教师分层分类教学和全纳教育的能力；⑪促进高校和研修班开展教师继续教育的水平；⑫制定合适的措施帮助那些没有师范毕业文凭的老师获得提升；⑬根据本决定的第二条第二款规定需要顾及和其他高校达成的共识；⑭制定招收合适的师范生及持续帮助他们或提供咨询服务的机制；⑮设计新的教师教育的组织形式和组织结构。①

---

① BMBF. Bund-Länder-Vereinbarung über eine "Qualitätsoffensive Lehrerbildung". https://www.bmbf.de/files/bund_laender_vereinbarung_qualitaetsoffensive_lehrerbildung.pdf. [2021-01-04].

（四）我国卓越教师计划

在卓越教师计划全球浪潮的影响下，2014年8月，教育部颁布《教育部关于实施卓越教师培养计划的意见》，提出要坚持需求导向、分类指导、协同创新、深度融合的基本原则，针对教师培养的薄弱环节和深层次问题，深化教师培养模式改革，建立高校与地方政府、中小学协同培养机制，培养一大批师德高尚、专业基础扎实、教育教学能力和自我发展能力突出的高素质专业化中小学教师。强调要推动教师教育教学改革创新：①建立模块化的教师教育课程体系。构建公共基础课程、学科专业课程、教师教育课程比重适当、结构合理、理论与实践深度融合的课程体系。把社会主义核心价值观纳入教师教育课程体系，融入师范生培养全过程。采取将教书育人楷模、一线优秀教师请进课堂等方式，丰富师德教育的内涵与形式。落实《教师教育课程标准（试行）》，打破教育学、心理学、学科教学法"老三门"的课程结构体系，开设模块化、选择性和实践性的教师教育课程。②突出实践导向的教师教育课程内容改革。紧密结合中小学教育教学实践，全面改革教师教育课程内容。在教师教育课程中充分融入优秀中小学教育教学案例。将学科前沿知识、课程改革和教育研究最新成果充实到教学内容中，及时吸收儿童研究、学习科学、心理科学、信息技术的新成果。③推动以师范生为中心的教学方法变革。推进以"自主、合作、探究"为主要特征的研究型教学改革，着力提升师范生的学习能力、实践能力和创新能力。充分利用信息技术变革教师教学方式和师范生学习方式，提升师范生信息素养和利用信息技术促进教学的能力。充分发挥毕业论文（设计）在培养师范生的实践能力和反思研究能力方面的重要作用。④开展规范化的实践教学。将实践教学贯穿培养全过程，分段设定目标，确保实践成效。建立稳定的教育实践基地和教育实践经费保障机制，切实落实师范生到中小学教育实践不少于1个学期制度。建立标准化的教育实践规范，对"实践前—实践中—实践后"全过程提出明确要求。实行高校教师和中小学教师共同指导师范生的"双导师制"。建设教育实践管理信息系统平台，探索教育实践现场指导与远程指导相结合的新模式。培养中等职业学校教师的高校还应联合行业企业建立稳定的专业实践基地，实践教学时间不少于1学年。⑤探索建立社会评价机制。高校结合本校实际制订卓越教师培养标准，试行卓越教师培养质量年度报告制度。准确把握并及时研究分析师范毕业生就业状况和供需情况，不断调整学校的专业设置和课程，增强培养的适应性和针对性。

2018年9月，《教育部关于实施卓越教师培养计划2.0的意见》颁布，期待经过五年左右的努力，办好一批高水平、有特色的教师教育院校和师范专业，师德教育的针对性和实效性显著增强，课程体系和教学内容显著更新，以师范生为中心的教育教学新形态基本形成，实践教学质量显著提高，协同培养机制基本健全，教师教育师资队伍明显优化，教师教育质量文化基本建立。到 2035 年，师范生的综合素质、专业化水平和创新能力显著提升，为培养造就数以百万计的骨干教师、数以十万计的卓越教师、数以万计的教育家型教师奠定坚实基础。

二、师范生诊断的德国经验

（一）德国教师职业能力倾向测试

1996 年和 2000 年，德国的中小学生先后参加了国际数学和自然科学测评竞赛以及 PISA，其成绩远远落后于其他国家。2001 年，在 16 个州的 5 万名中小学生中进行的一次统一的大规模学生测试中，成绩同样令人失望。这件事震动了德国整个社会，公众深感当前中小学生与国际水平的差距在加大，开始对德国当前教师教育的有效性提出了质疑。随之，各界就教师招聘、教师资格以及师范生的选拔等问题展开了广泛的讨论与学术研究。2004 年，德国联邦政府对高等教育框架法进行了修正。在此法律框架基础上各州、各高校在师范专业的资格测试、咨询以及师范生选拔方面的自主性明显增强，教育政策制定者中，支持为未来的师范专业学生引入专门的从业资格倾向心理测试的人也越来越多。2009 年，资格测试、学业咨询以及教师职业选拔等研究主题首次出现在特里尔大学举行的一次全国会议上。在会议的推动下，各联邦州和高校开始研发、设计和实施有关方案，如卡塞尔大学和吕内堡大学等一些德国高校开始为师范专业的学生进行专门的入学资格心理测试。2009 年 6 月，巴登-符腾堡州的科学和文教部在互联网上提供了自愿的定向测试，同时宣布从 2011 年开始所有申请在巴登-符腾堡州的大学攻读师范专业的学生必须参加此类测试后方可获得高校入学权利的规定。[1]德国至少有 6 个州（巴登-符腾堡、巴伐利亚、汉堡、梅克伦堡-前波莫瑞、北莱茵威斯特法伦和莱茵兰-法耳次）把师范专业入学能力测评写入各自的教师教育法之中。

2013 年 3 月 7 日，德国各州文教部长常务会议发布了《教师教育第一阶段能力倾向测试指南》，为教师教育招生以及师范生培养的能力倾向测试提供指导性意

---

[1] KMK. Beschluss der Kultusministerkonferenz. Empfehlungen zur Eignungsabklärung in der ersten Phase der Lehrerausbildung. https://www.kmk.org/fileadmin/Dateien/veroeffentlichungen_beschluesse/2013/2013-03-07-Empfehlung-Eignungsabklaerung.pdf. [2020-01-04].

见，具体包括测试活动的目的、能力倾向测试的目标、能力倾向测试的工具等。[①]

1. 师范生能力倾向测试的目的

《教师教育第一阶段能力倾向测试指南》指出，当前各州在招收师范生时，对候选人是否对教师职业具有较强烈的兴趣，以及是否具备从事教师职业的能力倾向等考虑不周，这容易导致师范生在职前教师教育阶段和第二阶段对教师职业认知不清、对教师职业缺乏兴趣等问题。因此，为了了解师范专业候选人以及教师教育第一阶段师范生的能力倾向，并及时把握师范生在职前教育阶段的能力倾向发展情况，决定加强对师范生候选人以及师范生的能力倾向测试。

2. 能力倾向测试的目标

能力倾向测试中的能力是指师范生候选人和师范生本身所具备的气质和能力，德国教师教育能力倾向测试的主要目标并不在于对他们能否进入师范专业进行筛选，而是通过对师范生候选人以及师范生能力倾向进行全面的了解，判断其当前能力倾向的状态，为他们顺利通过职前教师教育学习所能达到的能力要求以及未来发展的可能性提供支持性的参考意见。

3. 能力倾向测试的工具

根据测试的目标差异，德国能力测试工具分为三类：一是以入学前提供学业和职业信息以及咨询为目标的工具；二是以修业阶段能力发展的反馈为目标的工具；三是指明修业期间和今后发展的机会以及转换修习专业提供路径的工具。

该指南特别重视教师职前培养第一阶段实行系统化的资格测试，并指出在教师职前培养第一阶段实行系统化的资格测试对教师教育的质量提升有重要价值，并建议：①借助上述工具的组合规划资格测试程序；②对其应用的评估要联系效果；③把工具在教学大纲中确定下来，以此为出发点推动学生专业能力的发展。

（二）德国高校采用的主要测试形式

目前，德国各高校采用的能力倾向测试方法主要有两种形式，一是在线问卷式自我测试，二是评价中心测试。

1. 在线问卷式自我测试

德国许多州，如巴登-符腾堡州和莱茵兰-法耳次州采用的就是在线自评形式。在德国高校比较有影响力的自评工具是奥地利克拉根福教授迈尔（Johannes Mayr）

---

① KMK. Beschluss der Kultusministerkonferenz. Empfehlungen zur Eignungsabklärung in der ersten Phase der Lehrerausbildung. https://www.kmk.org/fileadmin/Dateien/veroeffentlichungen_beschluesse/2013/2013-03-07-Empfehlung-Eignungsabklaerung.pdf. [2020-01-04].

领导的科研团队开发的"教师职业生涯指导"（Career Counselling for Teachers，CCT）、心理诊断与人格发展组织开发的教师职业倾向测试（FIT-L）、波茨坦大学心理系教授沙尔施密特（Uwe Schaarschmidt）于2001—2006年主持的有关教师职业压力研究成果之一"精神饱满迎接教师职业"的问卷以及巴登-符腾堡州劳因教授（Udo Rauin）等合作开发的"三思而后行：师范专业职业能力测试"问卷。这类问卷的目的包括五个方面：①了解与教师工作特色相关的信息；②了解教师工作对自己是否有吸引力；③检查自己是否具备从事教师职业的个人有利条件；④分析自己以前与儿童青少年相处的经验；⑤获得结果概述以及采取措施的建议。①在线自评数据的统计处理是匿名和保密的，不会交到第三者手中，也不会存储任何与个人有关的信息。正如巴登-符腾堡州文教部长彼得·弗兰肯贝格强调的一样："参与在线测评者可以自己了解各种经过科学评估的问卷"，"自测完成后，参与者将会获得详细的反馈，反馈在匿名和个人保护框架之下进行，只有参与者自己才可以了解结果"。②

自我测试案例一：适合从教倾向测试③

该测试由心理诊断与人格发展组织提供，测试的目的在于通过为参与测试的人员提供一系列的测试题来判断参与者的能力倾向。该测试由四大能力领域以及其下的21项子指标组成。这四大能力分别为心理稳定性，积极性、动机与激励能力，社会交往能力，基本技能与基础能力。其中心理稳定性包含能够处理能够积极处理失败，具备抗挫能力，能够有效地休息与放松，能够在面对繁重的工作任务与压力时保持稳定的情绪。积极性、动机与激励能力包括与儿童和青少年能够愉快相处，有承担职业使命的准备，幽默并对新知保持渴求，对职业保持热情。社会交往能力包括在社交场合能自信并自如地交流，具备社会交往敏感性，对自己在公共场合的举止有把握，同时待人友好热心。基本技能与基础能力包括灵活处理职业事件，具备较好的表达能力，能够胜任教学工作，同时能够合理地安排各项工作。除了对参与车市的人员进行测试并提供测试结果之外，该项测试还为参与测试的人员提供一份理想教师在以上各个方面需要达到的能力的详细说明，以帮助参与测试的人员进行比照性的反思，从而做出深思熟虑的职业生涯选择。

---

① Zentrum für Lehrerbildung. Albert-Ludwigs-Universität Freiburg. Der Lehrerberuf. http://www.zlb.uni-freiburg.de/derlehrerberuf. [2021-01-04].

② Ministerium für Wissenschaft. Forschung und Kunst Baden-Württemberg, Baden-Württemberg betritt Neuland mit Online Orientierungsverfahren für Künftige Lehramtsstudierende. Pressemitteilung. https://www.baden-wuerttemberg.de/de/startseite/pid/baden-wuerttemberg-betritt-neuland-mit-online-orientierungsverfahren-fuer-kuenftige-lehramtsstudiere/. [2021-01-04].

③ 谭丽君. 2014. 德国教师教育研究. 西南大学博士学位论文.

自我测试案例二:"精神饱满地迎接教师职业"
(问卷见附录2)

这一测试问卷是波茨坦大学心理学教授乌韦·沙尔施密特于2001年主持的有关教师职业压力研究项目的一部分。问卷于2006年12月公布,它可以评价教师职业中的重要角色要求,并根据使用的提示,帮助师范生自我负责地作出是愿意接受还是不愿意接受师范专业的决定。问卷与众不同之处在于对21个教师职业的特征作了简要的说明,每一项特征具体化为3个相关的问题。教师职业的21个相关特征包括与儿童与青少年相处的能力、处理失败的能力、乐于助人、幽默感、抗挫力、求知欲、嗓音健康、社交场合自我实现能力、灵活性、社会敏感性、应对职业压力的意愿、教学法技巧、公众场合的自信、休闲和放松能力、表达能力、情绪的稳定性、鼓励和激发能力、和蔼可亲、有效工作的能力、抗压能力、职业动机。这些教师特征可以分为指向个体内在素养的特征与指向外在职业内容的特征,不同特征穿插编排。

自我测试案例三:"三思而后行:师范专业职业能力倾向测试"
(问卷见附录2)

1994年,德国巴登-符腾堡州施韦比施格明德师范大学劳因教授和贝克尔(Georg E. Becker)教授与科勒(Britta Kohler)合作研发了一套师范专业职业能力倾向测试的问卷,并发表在德国著名杂志《教育学》上。他们设计此问卷主要是为师范专业的新生提供机会再一次检查自己想从事教师职业的愿望。他们认为,师范专业职业能力倾向测试不但可以预防教师职前培养过程中出现师范生严重流失以及预防职业生活中的挫折和失望,而且也可以降低新入学的师范生过高的期望,帮助他们获得自己是否适合教师职业的切合实际的评价。该问卷分为一般能力、态度与举止和不同领域的特殊要求和困难两大部分。第一部分包括11种个体特征:沟通意愿与能力、自我强项、情感的平衡、求知欲、自律、耐心、榜样行为、嗓音、组织才能、政治独立性、身体和心理承受力;第二部分包括与职业相关的10个要素或困难:问题学生、家长、同事、校领导、学校等级、工作地点、职业形象、认可、不愉快的任务、收入和晋升压力。把评分标准分为三个层次,给出了不同的专业建议。

2. 评价中心测试

评价中心(assessment center)测试源于1920年的德国,是近几十年来西方企业中流行的集多种测试方法于一体的一种选拔和评估管理人员尤其是中高层管理人员的人事诊断方法，用于系统掌握人的行为效率或行为缺陷。多位观察员根据规定的规则按事先明确的要求范围同时对一位或多位受试者的成绩进行评价。[①] 由于种种原因，测试中心的测试手段在德国师范生能力倾向测试中的运用并不普遍，卡塞尔大学和吕内堡大学已经全面展开。德国帕绍大学赛博特（Norbert Seibert）教授及其团队研发的以评价中心为基础的测试，于2010年开始实践。[②]

测试中心诊断案例：帕绍大学的 PArcours 课程
（详见附录3）

在 PArcours 课程中，能力诊断的对象主要是面向已注册的第一学期的师范生。每天诊断一组，每组12名师范生。能力诊断专家由8名成员组成，包括2名教育科学教授，4名来自不同学校的中小学教师、2名州或市教育部门督学。诊断小组成员每年在举办师范生入学诊断前必须参加为期一天的培训；能力诊断的时间为期一天，在此期间，师范生进入现场拍照建立个人档案袋，然后按照知识测评（笔试）、自我展示、小组讨论、情感移入练习、角色扮演、咨询式反馈谈话的流程，完成涉及认知、动机、情感、社会这四方面的四种不同类型的活动，模拟所要求的各项任务，这些人物再现了与职业成功与否相关的工作情况。2014年，德国国家第二电视台（ZDF）报道了帕绍大学的能力诊断活动。

教师职业能力倾向诊断从原来的学术研究活动变成政府主导推动的教师教育改革政策，虽然在德国实行的途径与方法各异，且名称各异，但是在其发展的过程中有着共同的价值取向，就是测试不以筛选为目标，而是为了支持未来教师进行过程性的自我反思以及提供决策的咨询，因此，教师职业能力倾向诊断成为反思性专业化进程的组成部分。职业能力倾向诊断不再是入学前的一种手段，师范生在专业生涯的不同阶段都可以进行自我职业能力倾向诊断，以帮助师范生获得专业发展。

随着政策的支持，德国各州对教师职业能力倾向诊断也日趋重视，通过以下措施不断推广教师职业能力倾向测试：①加大各部门之间的合作。如在北莱茵-威斯特法伦州，文教部负责师范生大学之前和教师教育的第二阶段的能力倾向测试，而科技部负责大学学习期间的能力倾向测试，两个部委共同负责、密切合作完成教师职业能力倾向测试；②加大人力和物力方面的投入。如，北莱茵-威斯特法伦州加大对培养实践导师的投入，绝大多数州为这方面的评估和研究提供财政支持；③举行高中毕业博览会，举办了师范体验夏（冬）令营、提供丰富多彩的

---

① Kleinmann M. 2003. Assessment-Center（Taschenbuch）. Göttingen: Hogrefe Verlag, 1.
② 胡敏. 2020. "素养导向"视角下德国教育实习改革研究及启示. 浙江大学博士学位论文.

咨询形式以及发行特定的信息小册子以引发学生对教师专业的兴趣，吸引优秀高中生攻读师范专业。①

（三）ZISU 卓越师范生的潜能诊断

2014 年，《教育部关于实施卓越教师培养计划的意见》颁布，明确提出要推进多元化招生选拔改革；通过自主招生、入校后二次选拔、设立面试环节等多样化的方式，遴选乐教适教的优秀学生攻读师范专业；尤其强调加强入校后二次选拔的力度，根据本校特点自行组织测试选拔；设立面试环节，考察学生的综合素质、职业倾向和从教潜质。这一明确的政策要求促使浙江外国语学院启动了"国际化卓越教师培养创新实验班"，基于与德国汉斯·赛德尔基金会在教师教育领域 30 年的合作，我们选择了与帕绍大学教师教育中心合作开展实验班的教育教学工作。

就全校范围的实验班而言，首先就是 30 名师范生的选拔工作，我们如何在全校 400 余名师范生专业学生中，经过两次选拔，把具有从教潜质的优秀学生选入卓越师范班？这些学生来自全校 7 个师范专业。受德国教师职业能力倾向测试的启发，我们整合了自我测试问卷和帕绍大学团队开发的教师能力倾向评价中心的成果，开展了"卓越师范生从教潜质诊断"项目。对卓越师范生的考量主要包括学业成就、综合素质以及从教潜质三个模块。学业成就主要依据其第一学年学业成绩在专业的前 30%，有资格自主申报卓越师范班；综合素质是一年来各种第二课堂学分以及体能测试的成绩；从教潜质主要通过职业能力倾向情境测试与观察完成，主要包括个人面试观察诊断方法和小组面试观察诊断方法。

1. 个人面试观察诊断方法

个人面试的目标主要诊断学生的临场能力、表达能力、思辨能力、创新能力以及专业精神。首先是"做 5 分钟的自我介绍"，介绍的重点内容包括：你当初为什么决定就读师范专业？你认为自己有哪些个人爱好、特长以后在教师岗位上可以得到发挥？你认为卓越的教师应该是什么样子的？自己打算如何成为卓越的教师？然后回答评委的 1—2 个问题。"自我介绍"主要是为了观察诊断考生的临场能力和表达能力，提问主要是为了观察诊断考生的思辨与创新能力和专业精神。

临场能力的观察要点包括精神状态、眼神、体态语、真实性。前三个项目是为了观察诊断考生的个人魅力的潜质而设计，第四个项目是为了观察诊断考生的

---

① Stiftung D T. 2013. Für den Lehrerberuf Geeignet? Eine Bestandsaufnahme zu Eignungabklärung, Beratung und Bewerberauswahl für das Lehramtsstudium，7-15.

专业精神而设计的。表达能力的观察要点包括陈述内容、语言表达、音量与语速、遣词造句。这四个项目是为了观察和诊断基本的专业能力潜质而设计。思辨与创新能力的观察要点包括理解问题、分析问题、解决问题。这三个项目是为了观察和诊断卓越的专业能力潜质而设计。

对于每一个观察要点，我们根据对优秀教师的课堂教学行为观察和诊断的研究成果，设计了从最佳到最差的四个等级的代表性行为表现和无法观察到相应的行为表现作为观察诊断的指标，以便诊断者观察记录，如表 5-1 所示。

表 5-1 卓越师范生职业能力倾向个人面试观察诊断表

观察项目		10	7	4	1	0
临场能力	精神状态	始终轻松、热情、亲切	大多时候轻松、热情	大多时候紧张、严肃	始终紧张不安、严肃（严厉）	无法观察
	眼神	始终目光有交流或扫视	多时候有目光交流或扫视	偶尔有目光交流或扫视	始终躲避目光接触、不敢直视	无法观察
	体态语	始终站姿稳定、手势得当	始终站姿稳定，但无手势	有不当站姿或手势1—2次	有较多的下意识动作	无法观察
	真实性	内容全部临场发挥且发自内心	根据提要陈述	背稿子	念稿子，或空话、套话较多	无法观察
表达能力	陈述内容	始终紧扣主题，有条理	有 1 处脱离主旨或条理混乱	有 2 处脱离主旨或条理混乱	有 3 处以上脱离主旨或条理混乱	无法观察
	语言表达	始终流利、清晰	有 1 处中断或表达含糊	有 2 处中断或表达含糊	有 3 处以上中断或表达含糊	无法观察
	音量与语速	适当，且随内容有所变化	适当，但无变化	音量过高，或语速过快	音量过低，或语速过慢	无法观察
	遣词造句	完整、正确、得体	有 1 处错误	有 2 处错误	有 3 处以上错误	无法观察
思辨与创新能力	理解问题	准确、有深度	理解有 1 处偏差	理解有 2 处偏差	完全误解问题	无法观察
	分析问题	能从多层面去分析，且理据都充分	能从多层面去分析，有的理据充分	角度简单，有一定的理据	角度简单，理据牵强	无法观察
	解决问题	有多个可行措施，或富有创意的措施	有 1 个可行措施	措施空泛	无任何措施	无法观察

2. 小组面试观察诊断方法

小组面试的任务是围绕某一有争议性的教育或教学的问题情境，小组成员开展讨论并形成解决该问题的总体意见。

小组面试主要观察和诊断被试的沟通能力和合作能力。沟通能力的观察要点包括：表达自己的观点是否清楚明白、有理有据；面对相似观点是否赞同、丰富或完善；面对相反观点是否能虚心接受有说服力的观点或有理有据说服别人。合作能力的观察要点包括：对他人发言能否仔细而耐心倾听，是否表现出欣赏、激励；面对小组产生分歧能否引领各种观点的陈述，或组织协商达成一致。这些项目是为了观察和诊断卓越的专业能力潜质而设计，如表5-2所示。

表5-2　卓越师范生职业能力倾向小组面试观察诊断表

观察项目		10	7	4	1	0
沟通能力	表达自己的观点	清楚、明白，有理有据	清楚、明白，但理据不充足	有些清楚明白，有些含糊混乱	全部含糊不清，或无理由	无法观察
	面对相似观点的反应	能丰富、完善他人观点	赞同他人观点，但无补充	对别人观点不置可否，凸显己见	贬低他人观点，凸显己见	无法观察
	面对相反观点的反应	接受有说服力的观点，或有理据说服他人接受己见	讨论后接受有说服力的观点	说明理由，并强力让他人接受己见	不说明理由强迫他人接受己见，或不问理由接受他人观点	无法观察
	对自己理据不足的观点	坦诚不足，朴实地修正	不愿承认不足，但委婉修正自己观点	坚持己见，并说明牵强的理由	坚持己见，且不说明理由	无法观察
合作能力	对他人发言	仔细、耐心地倾听，表现出欣赏、激励	先认真听，但渐表现不耐烦地打断或开小差	冷漠地听，或不断地打断或反驳	始终没有认真倾听，或表现不屑一顾	无法观察
	面对小组产生分歧	引领各种观点的陈述，或组织协商达成一致	有理据表达己见，虚心接受他人见解，参与讨论达成一致	为达成一致，强迫他人依从己见，或无原则接受别人见解	无理由坚持己见，或干扰小组达成共识	无法观察

同时，我们针对个人面试和小组面试设计了一线教师习惯采用的感性的描述记录法。例如，在个人面试中，我们设计了如下描述性记录和主观评价要点：①考生的表现；②考生普通话的水平；③对考生总的印象；④对考生总体评价（考生是否具有成为优秀教师的潜质，提示：完全具备、具备、一般、不具备、无法判定）。在小组面试中，我们设计了如下描述性记录和主观评价要点：①考生的表现；②对考生总体评价（提示：小组活动的组织者或引领者、积极参与者、被动参与者、小组活动的旁观者或干扰者、无法判定）。这些感性评价可以和客观评价进行比较与参照。

3. 卓越师范生适教性观察诊断过程

2015年12月，我们用这两份量表对浙江外国语学院经过第一轮选拔出来的95位师范生进行适教性诊断，从中挑选30名学生进入卓越师范生培养实验班。为了客观而科学地开展卓越师范生适教性诊断，学校对整个诊断活动作了规范、严密的部署。第一，对整套诊断量表进行预测，并根据预测情况对量表做进一步修订和完善。第二，对参与诊断的评委进行前期培训，学习和掌握科学的观察诊断方法。在实施诊断时合理搭配观察诊断的评委,每个观察诊断的评委小组由学科教学专家、中学特级教师、小学特级教师三类人员组成。第三,制定了严密的诊断实施细则和面试流程,这包括考生参与诊断活动的流程、工作人员的工作流程、评委的诊断流程。经过大半天的紧张工作,我们顺利完成了诊断性面试,并根据面试结果选拔出进入卓越师范生实验班学习的30名学生。

为了验证个人面试和小组面试观察诊断表的有效性,我们进行了相关系数的分析,结果表明:①在个人面试中,用斯皮尔曼等级相关系数法分析得出,评委利用观察表和主观评价要点对同一位考生进行评定,两者之间具有高度相关性,相关系数分别为0.924、0.930、0.892($p<0.01$)(表5-3)。②在个人面试中,用皮尔逊相关系数法分析得出,不同评委对同一个考生的观察诊断评分具有较高的相关性,相关系数分别为0.753、0.825、0.787($p<0.01$)(表5-4)。③在小组面试中,删除无效样本(即有两个小组讨论时声音过低而无法观察到,一个小组在规定时间内都在思考和书写,没有时间开展讨论),采用皮尔逊相关系数进行分析(表5-5),尽管小组面试的三位面试评委评分之间只是中度相关($R_{ab}=0.779$, $R_{ac}=0.447$, $R_{bc}=0.628$, $p<0.01$),然而经过求和后的面试总得分与三位面试评委打分基本达到高度相关($R_{a总}=0.879$, $R_{b总}=0.941$, $R_{b总}=0.766$, $p<0.01$)。这反映了小组面试评价也具有比较高的一致性。

表5-3 个人面试同一评委主客观评分的相关系数($n=88$)

相关系数	得分A	评价A	得分B	评价B	得分C	评价C
得分A	1.000	0.924**	0.761**	0.670**	0.813**	0.732**
评价A	0.924**	1.000	0.754**	0.671**	0.764**	0.732**
得分B	0.761**	0.754**	1.000	0.930**	0.789**	0.750**
评价B	0.670**	0.671**	0.930**	1.000	0.726**	0.716**
得分C	0.813**	0.764**	0.789**	0.726**	1.000	0.892**
评价C	0.732**	0.732**	0.750**	0.716**	0.892**	1.000

*$p<0.05$, ** $p<0.01$, *** $p<0.001$,全书同

表5-4 个人面试不同评委客观评分的相关系数($n=88$)

相关系数	得分A	得分B	得分C
得分A	1.000	0.753**	0.825**
得分B	0.753**	1.000	0.787**
得分C	0.825**	0.787**	1.000

表 5-5　小组面试不同评委评分相关系数（$n=88$）

相关系数	小组得分 A	小组得分 B	小组得分 C	小组面试总分
小组得分 A	1	0.779**	0.447**	0.879**
小组得分 B	0.779**	1	0.628**	0.941**
小组得分 C	0.447**	0.628**	1	0.766**
小组面试总分	0.879**	0.941**	0.766**	1

卓越师范生适教性诊断属于一种选拔性的评价，不同的评委对同一个考生的面试表现的评判需要做到公平、公正。如果采用描述性的规定进行主观的评价会造成不同评委对同一考生的评定产生较大的差异。而采用客观的观察量表则可以减少评价的差异性。这为以后开展师范生招生面试、教师资格证的教学实践考试等这类带有较大主观性评价的考试，提供了客观评价的借鉴。

至 2020 年 12 月，我们已面试了四届卓越师范生，并不断改进和完善卓越师范生潜能测试的内容与方法。如增加了根据拼音写成语的考察内容，一方面可以考察师范生的文学功底，另一方面观察其教学基本功的状况。

当然，本研究仅是初步的探索，还有很多问题需要更深入探讨。首先，在师范生的能力结构中，哪些潜能对师范生成长为优秀教师是至关重要的？如成长型思维的考察如何能通过自我表现加以观察？其次，怎样做到观察诊断既科学又便于实践操作？从科学角度来看，设计的观察维度应该尽可能详尽，但是观察维度如果越多，则需要越长的观察时间，实际操作难度就越大，因此，需要研究怎样在科学性和可操作性之间寻找到一个合理的平衡点。最后，能否进一步开发师范生职业能力倾向诊断问卷，通过长期对被选拔出来的师范生开展跟踪研究，检验个人问卷和场景诊断的效度和信度。

第二节　卓越师范生的"三实三能"培养目标

一、"卓越"的内涵与培养目标

如果说教师职业能力倾向诊断是在于选拔卓越师范生的潜能，那么我们应该把卓越师范生培养成怎样的毕业生呢？这就是对卓师范生培养目标的思考。在思考这一目标之前，有必要厘清对"卓越"这一概念的界定。《辞海》对"卓越"的解释是"优秀突出"①。这是指与其他同类事物比较的结果，其实卓越不仅仅是与他人比较，也不仅仅是结果的概念，卓越是一种过程，是对自我的超越。叶澜认为卓越是指"卓然独立，越而胜己"的特质。用"卓越独立"代替"卓然超群"是因为"超群"往往有竞争之意，而"独立"则强调自我本位，自我奋发。"卓然独立"是指：第一，"志向不狭窄"。立志自古就是古人修身的第一要务。孔子也与颜渊和子路探讨过立志的话题，孔子的志向就是"老者安之、朋友信之、少者怀之"②。王阳明在《教条示龙场诸生》一文中，强调了立志的重要性，他认为，"志不立，天下无可成之事"。人生的志向远大，才能致远。第二，"人格不依附"。至少包含两个方面：一是不仰视所谓的大人物；二是不俯视所谓的小人物。在平视中相互欣赏、相互合作。第三，"思维不趋同"。善于从不同的视角发现问题、分析问题，提出解决问题的策略，具有创新的思维特质。第四，"言行不虚浮"。《论语》载："巧言令色，鲜矣仁！"一个人如果只善于辞令，致饰于外，而没有踏实的行为，那就会迷失本心，也谈不上"仁爱"了。《中庸》也强调笃行的重要性，它是学习的最后一个必不可少的环节。"越而胜己" 是日日新的过程，就是对自我的认识和超越。其一，"自我日清晰"。在古希腊得尔斐的阿波罗神庙中，刻着为智者所赞同的一句格言"知道你自己"③。中国古代思想家庄子也说过，"知人者智，自知者明"。人最难的莫过于自我认知，它不仅是人类智慧的象征，更是人类成长的需求。④其二，"反思成习惯"。我国古人就强调反省的重要性，曾子曰："吾日三省吾身：为人谋而不忠乎？与朋友交而不信乎？传不习乎？"晚清重臣曾国藩把反省自身的不足作为每日必修之事，通过改掉自身的不足，止于至善。其三，"人生会选择"。人只有在选择的过程中，才体现出是自主的个体，在信息多元的社会中，人重要的学习能力不再是接受，而是甄别、判断与选择信息，进而做出理性的决策。第四，"发展能自觉"。人的生命达到自觉状态，就是达到了自我发展的最高境界。克里希那穆提在《倾听内心的声音》一书中说："生命的真谛不在于倾听外界的教诲，而在于觉察自身的欲望。"⑤一个人能静心倾听自己的内心，明白自身的发展目标与路径，了解自身心之所安之处，行走在自身的能力边缘，才有可能不断地挑战自我、超越自我，成为卓越之人。

明确了"卓越"的内涵，结合浙江外国语学院人才培养的特点，在师范生人

---

① 辞海编委会. 2002. 辞海. 上海：上海辞书出版社，2268.
② 朱熹. 1983. 四书章句集注. 北京：中华书局，82.
③ 夸美纽斯. 2005. 大教学论. 傅任敢译. 北京：教育科学出版社，1.
④ 吴卫东. 2006. 论教师的职业自我. 全球教育展望，（1）：52-56.
⑤ 克里希那穆提. 2013. 倾听内心的声音. 王晓霞译. 北京：九州出版社，25.

才培养目标的基础上，设定了卓越师范实验班的培养目标是：以师范生"三实三能"的培养为重点，致力于培养具有内在良知、家国情怀、国际视野、人类关切等品质的未来卓越教师。"三实"即学问笃实、业务扎实、态度踏实，"三能"即国际理解教育力、课程设计力、情感教育力。"三实"的解读不再展开，核心思想体现在"三能"的培养。这三项能力分别来自应对社会的挑战、基础教育的变革以及自身的发展。

二、卓越师范生的国际理解教育力

（一）国际理解教育的兴起

国际理解教育（education for international understanding）指世界各国在国际社会组织的倡导下，以"国际理解"为教育理念而开展的教育活动。其目的是增进不同文化背景的、不同种族的、不同宗教信仰的和不同区域、国家、地区的人们之间相互了解和相互宽容；加强他们之间相互合作，以便共同认识和处理全球社会存在的重大共同问题；促使每个人都能够通过对世界的进一步认识来了解自己和了解他人，将事实上的相互依赖变成为有意识的团结互助。[①]国际理解教育是在交织着冲突、发展、忧虑和希望的社会背景下，伴随着联合国教科文组织的成立而产生的。具体有以下三个重要的背景：第一，由于战争的破坏，人们对和平的憧憬。国际理解教育就是为了通过教育的途径培育人类"真正"理解，这就反映了人们对持久和平的渴望。第二，随着科技经济的迅猛发展，各国在发展上存在着巨大的差距，而且这种差距越来越大，这就导致人类的意识处于危机，教育应在发展不平的双方以"理解"为基石构建相互交流与合作的桥梁，促使人类跨越过去的鸿沟，走向共同的明天。第三，国际理解教育的提出顺应了全球化的出现。全球化使得世界在经济、科学、文化和政治方面的相互依赖日益加深，人类活动的全球化现象可能导致一个充满问题的危险世界，因而要求开展国际理解教育。

1947年，联合国教科文组织为了使各国对国际理解教育的途径、内容、方法等方面有统一认识，在巴黎郊区召开了一次国际研讨会。把国际理解的核心观念确定为：理解国际重大问题；尊重联合国和国际关系；消除国际冲突的根源；发展对他国的友好印象。此后，联合国教科文组织又召集了6次国际研讨会，探究国际理解教育的特殊领域，如历史、地理教学、教师培训和教科书编写等问题。

---

① 联合国教科文组织总部. 1996. 教育——财富蕴藏其中：国际21世纪教育委员会报告. 联合国教科文组织总部中文科译. 北京：教育科学出版社，34.

国际理解教育的初步倡导阶段其内容突出表现在和平教育、国际组织宣传与了解、尊重国际关系等。20世纪50年代早期，国际理解教育具有理想主义倾向，比如提倡教育人类成为世界共同体，"建立世界大家庭"。50年代后期，国际理解教育逐渐带有冲突性的问题，比如国家利益与国际利益冲突所引起的如何正确妥当地认识爱国主义和国际主义，成为国际理解教育所面临的重要问题和课题。特别是1954年，苏联加入联合国，以及日内瓦会议、万隆会议发布了新的不结盟协定，使得国际形势发生极大转折，联合国的研究项目，包括国际理解教育计划开始披上"冷战"的政治色彩。1960年被人们称为"非洲年"，因为该年许多刚刚独立的非洲国家加入了联合国，这对现存的世界秩序和联合国体制来说，不仅是量的变化，也是一次质的飞跃和根本结构的转变。第三世界开始在国际政治舞台上显示力量，"发展"成为联合国的焦点议题和教科文资助项目的优先计划，并提出把发展中国家的基础教育放在首位，促进发展中国家的经济与社会发展。国际理解教育的重点由和平演变为两大阵营的政治立场对立和意识形态冲突。20世纪60年代后期，国际理解教育的地位转向低落。

20世纪70年代，有关第三世界国家教育发展、戒毒教育、环境教育、人口教育等问题成为国际教育的焦点。然而，1972年，由联合国教科文组织国际教育教展委员会发表的《学会生存》报告，并未对国际理解教育和国际和平教育给予足够的重视。1974年，联合国教科文组织第18届常务理事会发表了《为国际理解、合作与和平的教育及与人权和基本自由相联系的教育之建议》成为一个转折点。1994年，联合国教科文组织在日内瓦召开第44届国际教育大会。这次大会主题是"国际理解教育的总结与展望"。《第44届国际教育大会宣言》实质上是联合国教科文组织所推行的国际理解教育的总结，也是在当代国际形势变化与发展的背景下，为各国在21世纪如何开展国际理解教育的行动指南。

联合国教科文组织的50年历程记载着国际理解教育在国际社会中的曲折变化，同时也预示着国际理解教育在2000年的以下发展动向。

第一，联合国教科文组织对国际理解教育的发展将继续起着重大推动作用，主要表现在不断发展国际理解教育的理念；积极引导各国关于国际教育的政策与制度；大力推行国际理解教育的行动计划以及支持和帮助各国开展国际理解教育的实践活动。

第二，国际理解教育迎来了积极的、广阔的国际社会背景：全球政治民主化、经济贸易国际化、文化交流与合作加强、信息技术的支持尤其是互联网的扩大以及各国人民的不懈努力等因素对开展国际理解教育产生越来越有利的影响。

第三，民族差异的存在，宗教派别的争端，经济发展差距加大，社会冲突突变性的呈现，导致世界大战因素的潜伏等现象将长期持续。因此，各国要加强国际理解教育，共同承担在全人类尤其是青少年心灵深处播种"理解"理念的重大使命。

第四，国际理解教育既反对狭隘的民族主义，又反对大国霸权主义。它是在民族自尊基础上的国际主义和国际理解基础上的民族主义两种思想的统一体现。

第五，各国在开展国际理解教育过程中，一方面将持有共同的教育目标，接受国际社会的指导，另一方面将根据各自国家的国情选择适当的方法和内容。

第六，各国将普遍关注国际和平问题与教育、国际环境问题与教育、国际人权问题与教育、多元文化与教育、全球问题与教育、国际化问题与教育、青少年问题与教育、国际价值观问题与教育、世界人口问题与教育等等国际理解教育的重要领域。

联合国教科文组织亚太地区办事处在此期间广泛地开展了亚太地区学校交流联络网项目。一些相关的国际组织，如国际教育理解与价值教育学会等，也相继成立，推动了亚太地区国际教育理解活动的开展。2000年1月，"亚太地区国际理解教育学术研讨会"在日本召开，我国开始进入这个领域。

（二）全球胜任力的提出

国际理解教育力提出的另一个背景是"全球胜任力"概念的提出。这一概念于1988年由美国国际教育交流协会提出，最初只适用于高等教育领域。2000年之后，经济全球化和跨文化冲突带来的挑战使人们意识到，"必须让每一个学生了解来自不同国家、不同文化的人的想法，学会与不同语言、不同习俗甚至不同政治与社会价值观的人进行有效合作"[①]。全球胜任力开始成为基础教育领域的核心素养的概念。2017年12月，经济合作与发展组织发布了《PISA全球胜任力框架》，指出全球胜任力是指对地区、全球和跨文化议题的分析能力，对他人的看法和价值观理解并欣赏的能力，与不同文化背景的人进行开放、得体和有效互动的能力，以及为集体福祉和可持续发展采取行动的能力。[②]PISA测试于2018年增加一项全新的评估，就是评估15岁儿童的全球胜任力，该项评估的目的在于考察学生对全

---

① 胡敏. 2019. 全球胜任力：面向未来的青少年核心素养. 北京：东方出版社，5.
② 胡敏. 2019. 全球胜任力：面向未来的青少年核心素养. 北京：东方出版社，11.

球和跨文化议题的知识掌握与理解，与多元背景的人们共处、互相学习的能力，以及带着尊重与他人互动所需要的态度和价值观。全球胜任力对多种技能提出了具体要求，包括用超过一种语言进行交流，与来自其他文化或国家的人们进行恰当且有效的沟通，理解他人的想法、信仰和感受，并能从他们的视角来看待世界，为适应新的背景和情境，调整自己的想法、感受和行为，批判地分析和思考，以检查和评估信息与意义。[①]

清华大学于2016年构想了全球胜任力，在我国高等教育领域构想了全球胜任力的模型，提出全球胜任力的提升是一个持续的、终身的学习过程，需要在认知、人际与个人三个层面不断地探索发展六大核心素养。认知层面包括：①世界文化与全球议题：了解世界历史、地理、经济与社会方面的基础知识，理解不同国家的政治制度和文化差异；关注国际时事，熟悉全球环境、能源、经济发展等议题，理解全球环境、能源、经济发展等议题，理解全人类相互依存、共同发展的重要意义。②语言：恰当有效地以母语和至少一种外语进行表达，能够与国际同行在自己的专业领域深入交流；具有良好的语言能力，能够理解、欣赏不同的文化内涵。人际层面包括：①开放与尊重：对新鲜事物保持好奇心和开放的心态，对不同人、地区和文化的差异不持偏见，学会换位思考，愿意接纳和包容不同的观点和行为。②沟通与协作：能够与不同文化背景的人友好互动和交流，在社会和职场中发挥建设性的作用，善于化解冲突；具有全局意识和协调能力，富有合作精神，能够胜任团队领袖。个人层面包括：①自觉与自信：深刻认识自己的文化根源与世界观，保持自己的独特个性，并通过不断自我审视来提升自我；对文化底蕴和自我价值保持自信，相信自己的能力，勇于向他人表达自己的观点。②道德与责任：为人诚信，遵守文化规范和职业道德，在不同场合做到言行得体；勇于承担责任，关注社会可持续发展和人类文明进步。

那么，对于基础教育而言，又如何构建全球胜任力的框架呢？胡敏构建了青少年全球胜任力模型（图5-1）。

整个模型是一座全球胜任力大厦，以中国文化（Chinese culture）为基石，顶层是全球视野（global perspective）中间两层分别是作为硬能力的文化科技素养（STREAM）与外语能力（foreign language skills）以及作为软能力的国际人才核心素养4C。4C分别是批判性思维（critical thinking），能够理解和分析想法之间的联系，评估观点和选项，综合想法和信息；沟通（communication），能够使用

[①] 吴卫东. 2016-11-09. 全球胜任力是未来教师的素养. 浙江教育报, (03).

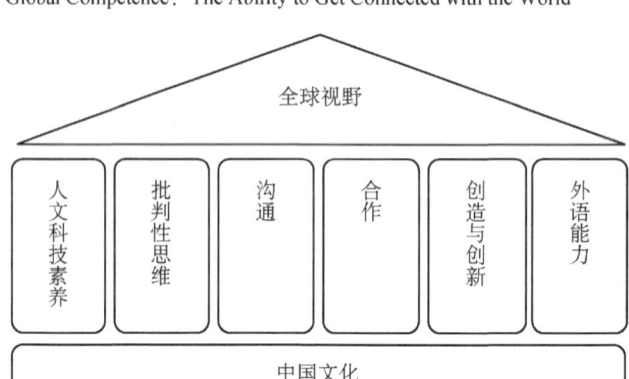

图 5-1 青少年全球胜任力模型

资料来源：胡敏. 2019. 全球胜任力：面向未来的青少年核心素养. 北京：东方出版社，19.

合适的符合语境的语言，具备会话管理能力，自信并清晰地参与沟通；合作（collaboration），在群体合作中承担个人责任，以尊重的态度倾听并对他人的贡献作出建设性回应，在小组活动期间评估多个解决方案和观点，以确认最优方案；创造与创新（creativity and innovation），能够参与并组织创造性活动，从自己的想法或其他资源中创造新的内容，通过使用新创建的内容来解决问题和作出决定。①

从国际理解到全球胜任让我们清晰地意识到在全球化 3.0 背景下的今天，作为未来的卓越教师，一方面自身需要具有国际理解力和全球胜任力，另一方面需要了解国际理解教育的内涵，把握国际理解教育的方法，提升国际理解教育的能力。卓越班国际理解教育课程内容见表 5-6。

表 5-6 "国际理解教育力"课程内容

序号	课程名称
1	引言：中国心·国际眼·全球脑：全球胜任力的提升
2	优雅的英伦风：交际行为的潜规则
3	跨越国界的视野：多元化的国际组织
4	一期一会：带你领略日本文化的精髓
5	德意志：最受信任的国度
6	彩虹之邦的历史与现实
7	西语西国：走进伊比利亚

---

① 胡敏. 2019. 全球胜任力：面向未来的青少年核心素养. 北京：东方出版社，19.

续表

序号	课程名称
8	意心一意：探访亚平宁
9	葡萄牙：陆止于此，海始于斯
10	"合"而不同：一个色彩斑斓的阿拉伯世界
11	从文学实验到环保教育
12	消除贫困：全球思考与联合行动

三、卓越师范生的课程设计力

美国学者古德莱德发现人们对课程的探讨实际上涉及了多个层次的不同内涵的课程概念。他对课程概念体系进行了划分，得出不同的课程类型：理想的课程、正式的课程、领悟的课程、运作的课程与经验的课程。理想的课程是指由一些研究机构、学术团体与课程专家提出的应该开设的课程。正式的课程是指由教育行政部门所规定的课程，即列入学校课程表中的课程，包含课程计划、课程标准与教材等相关内容。领悟的课程指的是任课教师对正式的课程所领悟而形成的课程。运作的课程指的是教师在课堂上所实际实施的课程。经验的课程指的是学生在课程学习过程中实际上体验到的东西，由于学生有着不同的经验基础而形成了自己对事物特定的理解。[①]课程概念丰富的内涵和现实社会的变革对师范生的课程设计力提出要求，如果师范生只在"正式的课程"理解框架下进行教育教学工作，则会妨碍新一轮基于"核心素养"的课程改革要求。为了培养中小学学生的创造力，STEAM课程、"创客"教育等新型课程需求量攀升，师范生在入学的那一刻起便应接受课程开发的专业培训，能针对个性化的目标，利用身边资源，开发各类校本课程，因此"卓越班"引进W大学的校本课程开发培训项目，用于提升卓越师范生的"课程设计力"。

《基础教育课程改革纲要》规定：学校要开发或选用适合本校的课程。教师是校本课程开发的实际主体，需要具备校本课程开发的能力；师范生是未来教师，也要学会开发校本课程。研究团队通过引进××教授团队的校本课程开发在线教学资源，为卓越师范生们提供高质量的、有专业团队打造的校本课程开发线上课程，课程结构图参见图5-2。

---

① 郭文龙，马丽君. 2016. 课程与教学关系新论——由古德莱德课程观引发的思考. 教育探索，（3）：15-20.

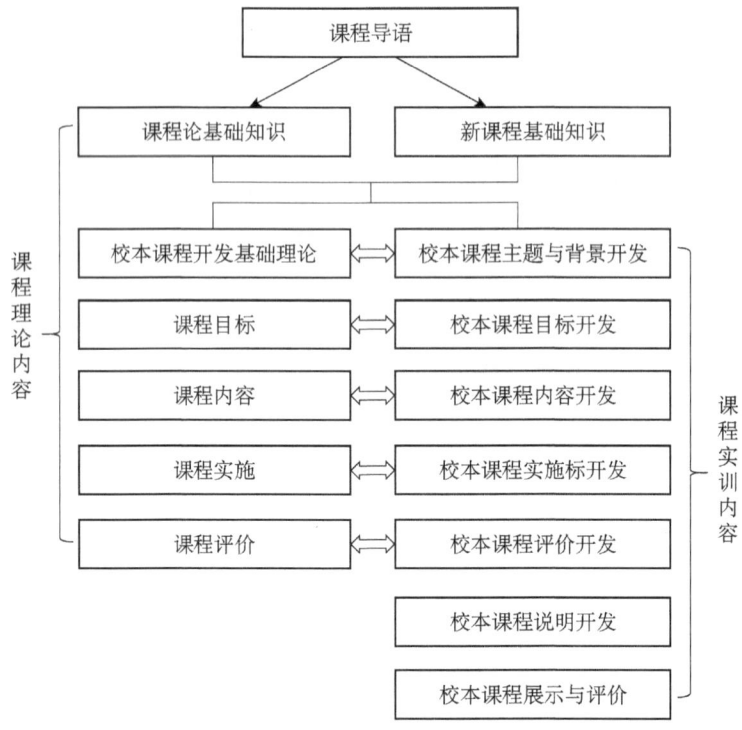

图 5-2 "校本课程开发"课程结构图

该课程已经开课 16 年，为教师教育类选修课和教师培训课程，2 学分，共 32 学时，适合师范生、教师和所有需要开发课程的教育工作者学习。

课程目的：使学习者熟知课程论的基础知识、新课程的基础知识，较为熟练地掌握校本课程开发的实践操作，能够独立开发一门校本课程纲要。课程内容以理论为本、技能为用，分为课程理论小讲坛、校本课程开发工作坊和课程沙龙三大模块，共设 11 章内容。

课程适用范围：中小学、幼儿园教师的培训课程，师范生的教师教育类课程，师范生教育学、综合实践活动等课程的参考内容，所有从事与课程有关的教育工作者、社会工作人员的培训课程等。

课程特色：光板视频拍摄技术，最大程度达到课程讲授真实感，每次开课都有学员发出"我在琢磨这是怎么拍的"迷之问；课程团队全程答疑，一周七天值班制，郑重承诺 100%回答；常驻学员每周就学习问题与主讲教师和神秘嘉宾互动交流。①

---

① 胡敏.2020."素养导向"视角下德国教育实习改革研究及启示.浙江大学博士学位论文.

四、卓越师范生的情感教育力

情绪（情感）是人的心理的重要组成部分，所谓情绪是指从人对客观事物所持的态度中产生的主观体验。情绪发生时，往往伴随着一定的生理变化和外部表现。情绪和情感既有区别又有联系，情绪与人的自然性需要有关，具有较大的情景性、短暂性，并带有明显的外部表现。情感则与人的社会性需要有关，是人类特有的高级而复杂的体验，具有较大的稳定性和深刻性，如道德感、美感、荣誉感等。但在实际生活中，情感的产生会伴随着情绪反应，通过具体的情绪才能表达出来；而情绪的变化又往往受情感的控制。①正因为情感具有社会性，因此它就成为教育的主要内容。情感教育古已有之，古希腊雅典教育的核心就是和谐教育，即身心和谐发展的教育。亚里士多德认为音乐能给人以乐趣，从而使人形成"高尚自由的心灵"。他认为，儿童的身心是根据身体、情感和理智的顺序发展，因此，教育必须遵循这一规律，对儿童有序地开展身体、情感和理智的教育。在他看来，没有情感的教育，身体不可能达到美的形态，理智也就寻不到牢固的心灵基础。中国古人也很重视对不良情绪的自我控制，更强调对积极情感的培养。

《大学》在论及人生的发展轨迹时，谈到修身、齐家、治国、平天下的逻辑顺序，而修身需从"正心"开始，"所谓修身在正其心者，身有所忿懥，则不得其正；有所恐惧，则不得其正；有所好乐，则不得其正；有所忧患，则不得其正。心不在焉，视而不见，听而不闻，食而不知其味。此谓修身在正其心"②。一个人要正心就要控制愤怒、恐惧、好乐、忧患等各种情绪，因为人一旦有了某种情绪就会影响人的视觉、听觉和味觉，因此，正心的要义在于修炼人控制情绪的能力。《中庸》也强调人要致中和，"喜怒哀乐之未发，谓之中；发而皆中节，谓之和。中也者天下之大本也；和也者，天下之达道也。致中和，天地位焉，万物育焉"③。人能控制好自己的情绪就能使天地各在其位，万物共同生长，其价值不可估量。孔子则从培养人的积极情感出发，认为人的修养"兴于诗，立于礼，成于乐"④。诗本性情，有邪有正，吟咏之间，抑扬反复，其感人又易入。因此，学者之初，通过诗兴起好善恶恶之心。礼可以约束人的言行，所以学者之中可以实现人的卓然自立，而不受外在事物的影响。音乐有五声十二律，更唱迭和，可以养人之性情，

---

① 辞海编委会.2002.辞海.上海：上海辞书出版社，1362.
② 朱熹.1983.四书章句集注.北京：中华书局，8.
③ 朱熹.1983.四书章句集注.北京：中华书局，18.
④ 朱熹.1983.四书章句集注.北京：中华书局，18.

荡涤其邪秽，消融其查滓，从而实现最高人格的养成。我国古代教育"礼、乐、射、御、书、数"的教育内容也表明，古人很早就意识到情绪修炼和情感教育的重要性。

情感教育力课程内容如表 5-7 所示。

表 5-7 情感教育力课程内容

序号	课程名称
1	和善与坚定并行
2	情绪管理
3	破译孩子行为背后的密码
4	价值感与归属感
5	鼓励
6	专注于解决问题
7	认识自我
8	用爱的语言沟通

第三节 卓越师范生的培养模式和培养过程

项目团队成员们在卓越师范生培养目标确定的过程中逐渐形成了共同事业的愿景，随后成员们就如何达成培养目标开展多次头脑风暴型研讨活动，初步提炼出 ACT 模式为主要特征的卓越教师培养模式，并制定了详细的方案用以执行培养模式，记录整个培养过程，为后期不断改进卓越班的培养方案积累了宝贵的经验素材。本节详细阐述卓越师范生培养的模式和过程。

一、卓越师范生培养的 ACT 模式

围绕"三实三能"的培养目标，卓越师范生培养的 ACT 模式见图 5-3。

该模式由一个带有"红心"，形似箭靶的两个同心圆构成，内圆用红色标注，是"箭靶"的靶心，象征着卓越师范生的培养目标，即培养德业兼修的卓越师范生。实现这一培养目标的三条通道分别是"志向驱动"（A）、"素养导向"（C）和"靶向支持"（T）。浙江外国语学院在教师职后培训领域具有深厚的历史底蕴，截至 2020 年，共连续承办"长三角中小学名校长高级研究班"项目 11 次。研究团

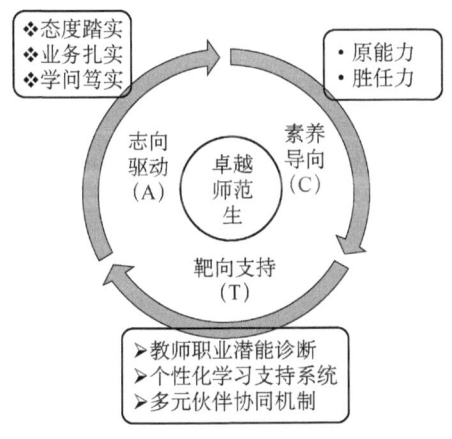

图 5-3 卓越教师培养的 ACT 模式

队利用半天时间通过参与式活动收集每期培训班校长们在办学和治校方面面临的最大难题。通过对校长们最关心的问题进行排序，研究团队发现，摆在历届"长三角名校长高级研究班"成员面前的头号难题就是，如何激发一线教师的发展内驱力。由此可见，一线教师普遍陷入职业倦怠是一个亟待解决的真问题。

因此，在设计卓越班培养方案的过程中，我们始终在思考，在职前阶段设计怎样的课程，引入怎样的活动能尽可能地预防未来教师出现职业倦怠的情况？在参考现有教师内在学习动力机制研究成果的基础上，研究团队达成共识，在本科培养阶段，应当为师范生描述教师完整的职业形象，并为其树立坚定的理想信念提供必不可少的支持。因此，研究团队分别为三条不同的路径设计了相应的课程（包括理论和实践课程）。

（一）志向驱动

通过三课堂联动的师德养成路径，锤炼卓越教师应有的专业精神。三课堂按照空间属性进行划分，空间的范围从第一课堂到第三课堂依次扩大，第一课堂指在教室里开展的学习活动，第二课堂指在校园范围内开展的学习活动，第三课堂指在校外开展的学习活动。此外，在新冠疫情暴发前，还有第四课堂，指在国外开展的学习活动。三课堂的主要学习内容阐述如下：

在第一课堂中，我们邀请"教育家型"的教师和校长为卓越班同学做励志教育叙事，为其树立精神榜样。比如，我们邀请了原学军小学校长杨一清或长三角名校校长们为卓越班同学做讲座。

在第二课堂中，我们为学生配备励志导师，组建"萤火虫"师生学习共同体，以"点亮自己,温暖他人"为共同教育使命,以坚持"身体锻炼"和"经典诵读"两项身心兼修的日课为抓手,不断开发其生命自觉的力量。卓越班同学每天 6:30 分在田径场集合,或拉伸或跑步,雨天则改成室内跳绳等合适的运动,锻炼的目的不仅在于养成强健的体魄,更在于磨炼坚韧的毅力。

在第三课堂中,我们以"志愿服务""公益支教"等活动为载体,引导学生多做善事,提升其心灵敏感度,悉心打磨其教育志向。例如,学生可以担任学校层面国际会议或市区级甚至更高层次活动的志愿者,通过会务和接待工作体验劳动的辛苦,培养其服务精神,锻炼其待人接物的基本礼仪。

(二)素养导向

基于素养导向构建教师教育课程,夯实卓越教师必备的专业能力。在"核心素养"新课程改革理念指导下,基础教育的人才培养目标发生的重大的变化,育人目标逐渐从培养学科知识能力外更重视转向培养学生的人文素养和实践素养,要求培养学生适应社会发展的必备品格和关键能力。可是,目前大部分老师是所谓的"学科人",离"教育人"还有很大的距离。因此,新一轮基础教育改革成功的关键在于能够把未来教师这一群体培养成为具备文化底蕴,不仅会教学还要能够育人的新型教师。基于这样的思考,卓越班学生通过以下三类课程夯实适应基础教育改革的必备专业能力。

1)基于素养导向构建"原理与实务融合式"的实践类教师教育微课程,以此夯实卓越教师必备的专业能力。

2)增设"国际理解教育""社会情感学习"等特色课程,以培养学生的国际理解力、情感教育力、课程设计力三大核心能力。

3)通过多课堂联动与多角色体验的方式,将每一门课程、每一项专业能力落到实处。

(三)靶向支持

基于潜能诊断,为卓越班学生的成长提供个性化的外部学习支持。在遴选乐教适教师范生的过程中,我们为入选的每一位孩子制作了成长档案袋,其中包括潜能诊断的结果,基于潜能诊断的结果,我们为每一个孩子实施因材施教策略,具体做法包括:

1)邀请中小学名师名校长担任评委进行现场面试,选拔出乐教适教的培养对象进入卓越班。

2）提供个性化的学习支持，每位卓越班成员都有一个专属的包含励志导师、理论导师、实践导师的导师团，以及一套记录个人学习全过程的成长手册（附录4）等。

3）建立了中德之间、导师之间以及高校与地方政府、中小学之间的多元伙伴协同机制，形成了强有力的学习服务系统。

二、卓越师范生培养过程

ACT 模式紧紧围绕培养德业兼修的卓越师范生，培养模式为实践提供了思考的框架，在具体执行过程中，我们考虑到最细致的层面，包括：

（一）遵循课程大纲，设定修习课程

卓越班开设自我身心修养、教育名著精读、教育文化体验、社会情感教育、课堂教学艺术、国际理解教育、教育实习（一）、教育实习（二）等 8 个单元的修习课程。具体开课情况如表 5-8 所示。

表 5-8　卓越班修习课程

课程名称	学分	学时分配			开课学期	考核方式	课程目标指向		
		总学时	授课	实践			态度老实+自我发展能力	业务扎实+教育教学能力	学问笃实+国际理解能力
自我身心修养	8	身体锻炼、经典诵读两项核心日课			各学期	考查	√		√
教育名著精读	4	64	32	32	二（下）暑假 三（上）寒假 三（下）暑假	考查	√		√
教育文化体验	4	64	32	32	二（下）	考查		√	
社会情感教育	4	64	32	32	三（上）	考查	√	√	
课堂教学艺术	4	64	32	32	三（上）	考查		√	
国际理解教育	4	64	32	32	三（上）寒假 三（下）暑假	考查		√	√
教育实习（一）	4	每周 1—2 次赴实践导师所在学校跟岗教育实习			三（下）	考查		√	
教育实习（二）	8	与学校教育大实习同步，共 16 周			四（上）	考查		√	

（二）明确考核要求

各门课程的主要内容及考核要求说明如表 5-9 所示。

表 5-9　卓越班课程的主要内容及考核要求

课程名称	课程主要内容	考核要求	课程评价
自我身心修养	①身体锻炼：选择适宜自己的体育运动方式，每天坚持锻炼身体；②经典诵读：每天坚持诵读国学经典半小时（以四书为要）	①每天坚持锻炼打卡，一周上传一次打卡记录到学习通；②每学期完成 1 篇身体锻炼自我观察报告、1 篇经典诵读内心体验（个人作业）	励志导师评价、班主任评价、同学互评相结合
教育名著精读	①中国教育思想家及其名著精读：研究梁漱溟先生，精读他的代表作之一《朝话》；②外国教育名著翻译及教育辩论：翻译诺尔先生的《立场——辩证思维训练：教育篇（第 17 版）》，选取辩题组织教育辩论；③外国教育思想家及其名著精读：研究加德纳先生，精读他的代表作之一：*The Development and Education of the Mind*	①梁漱溟先生的教育思想述评 1 篇（个人作业）；《朝话》读书分享会交流文案 1 份（小组作业）；②翻译指定章节内容，完成翻译稿并在此基础上准备辩论素材，上交相关过程性资料（小组作业）；③加德纳先生的教育思想述评 1 篇（个人作业）；翻译 *The Development and Education of the Mind* 的指定章节（小组作业）	励志导师评价、班主任评价、同学互评相结合
教育文化体验	①走进名校：学习学校文化及学校观察的原理，运用所学知识综合考察不同类型、不同学段的学校文化；②走近名师：学习教师专业发展的相关原理，运用所学知识编制名师访谈提纲，近距离采访名师，分享名师成长背后的故事	①完成 1 份学校文化综合考察报告（个人作业）；②完成 1 篇名师专业成长的叙事报告（小组作业）	任课教师评价、班主任评价、同学互评相结合
社会情感教育	①专题学习：在教师引领下，学习社会情感六项核心技能（扮演学生角色）；②主题实践：以小组为单位，每小组认领一项社会情感核心技能，共同设计一堂面向学生的拓展性课程，并做实操训练（扮演教师角色）	①完成 1 篇社会情感学习心得体会（个人作业）；②完成 1 份社会情感教育拓展性课程教案设计（小组作业）	任课教师评价、班主任评价、同学互评相结合
课堂教学艺术	①课堂观察：学习课堂观察的维度、要点和工具，运用所学知识观摩实际课堂与名家课堂教学实录；②特级风采：领略特级教师教学的智慧与艺术	①完成 1 份课堂观察报告（小组作业）；②完成 1 篇关于特级教师上课的观课心得（个人作业）	任课教师评价、理论导师评价、同学互评相结合
国际理解教育	①寒假集训：进行若干国别的国际理解教育学习集训（扮演学生角色）；②主题实践：前往实验学校，以小组为单位，对该校学生进行国际理解教育拓展性课程的实操训练（扮演教师角色）	①完成 1 份国际理解教育拓展性课程教案设计（小组作业）；②完成 1 份国际理解教育主题实践的心得体会（个人作业）	任课教师评价、班主任评价、同学互评相结合

续表

课程名称	课程主要内容	考核要求	课程评价
教育实习（一）	①走进班级：学习班主任工作的基本原理，运用所学知识观察一个班级的班级文化、班集体建设与制度管理等；②走近学生：学习儿童观察的基本原理，运用所学知识跟踪观察一名学生，对其进行深入研究；③教学实务。备课：在实践导师指导下，精心设计一份教案。上课：将设计的教案付诸实施，并做教学反思。评课：在实践导师指导下，对小组其他同学所上的课进行点评	①完成1份班级观察报告（小组作业）；②完成1份学生个案研究报告（个人作业）；③完成受过实践导师专业指点的教案设计1份、教学反思1份、评课记录1份（个人作业）	实践导师评价、同学互评相结合
教育实习（二）	①教育实习：在实践导师、理论导师指导下，进行教育实习；②教育研习：在理论导师指导下，进行教育研习	①完成学校规定的教育实习相关材料；②完成学校规定的教育研习相关材料	理论导师评价、实践导师评价相结合

（三）上课形式与时间安排

卓越班除全实践课程外，其他课程均采取"理论濡染+实践浸润"的上课形式，即一周理论学习一周实践操作。

卓越班上课时间一般安排在每周四下午或晚上，特殊情况下，亦可能安排在周五晚上或周末，还会利用寒假和暑假的时间。

（四）建设班集体

卓越班实行"导师团"制，从入班起就为每位同学配备相应导师、班主任，陪伴、指导两年的学习。其中包括：

1）班主任（两位）：关心学生生活，指导学生学习，考核学生学业，管理班级事务。

2）励志导师：关注学生自控力与意志力的养成，帮助学生立志、笃行。

3）理论导师：高校相关学科教学论教授，为学生夯实教育教学的理论积淀，负责学生的教育实习、教育研习指导与鉴定。

4）实践导师：中小学优秀学科教师，在教育教学经验和技能上，给予学生支持，负责学生的教育实习指导与鉴定。

卓越班学生入班之后，即进行学习小组组建，在之后学习过程中多以学习小组为单位，完成相关课程任务，协同合作，互帮互助，共同进步。

（五）沉淀班级文化

1）通过集体协商，形成班委会。

2）建立班级微信群，进行日常交流、打卡，推送相关学习资讯。

3）创建班级百度网盘账号，每位同学在其中建立个人成长档案文件夹，上传、保存在卓越班学习的各项过程性材料。

4）共同运营卓越班微信公众号"卓越师范"，每次活动之后，各小组轮流进行微信推送。

总之，卓越班的培养模式和培养过程是一个有机整体，培养模式为过程实施提供了概念框架，而培养的过程则是对培养模式的具体执行，在整个培养过程中，每一位理论导师和实践导师都要熟悉卓越班的人才培养方案，尤其是培养的目标、培养的模式及具体的操作流程。

第六章

结 语

　　教师的成长与发展是一个有历史感、现实感又有未来感的话题，教师教育的政策层出不穷，教师教育的实践丰富多彩，而链接社会需求与教育现实的理性探究在其中承担着自身独特的使命，从事理性探究的人们也在这一研究范式内开展对话、相互借鉴，甚至批判质疑，进而引领教师教育研究走向深入。本书研究团队在与德国教师教育团队合作研究的过程中历经不同文化的冲突，定量与定性研究方法的融合，尤其是中德语言的互译与修正，在获得成长的同时，也产生了深深的困惑。

第一节　本书研究的主要困惑

我国师范生的培养因缺乏专业能力标准的研究与实践,以致师范生的专业能力培养处于模糊态,并且缺乏外显的量化评估工具。实习指导教师也因缺乏师范生实习指导的相应胜任力标准,多凭"个人经验"帮助师范生开展实践学习。研究团队在基于综合全面的元分析基础上,对师范生的专业成长能力分阶行为指标做出了系统研究。在研究的过程中,我们遇到了一些困惑,期待在后续的研究中,能够进一步深入和拓展。

一、"学科逻辑"与"工作逻辑"如何贯通

所谓"逻辑"就是事物的客观规律性,那么"学科逻辑"就是指不同科学领域学术研究的客观规律性,"工作逻辑"就是指各种职业工作实践活动的客观规律性。显然,这两种客观规律性有其自身的体系与特点。这两种逻辑表现在思维对象、思维形式与思维成果上都具有对立统一的特性。从思维对象看"学科逻辑"主要指向概念性、原理性问题的探讨与表征,"工作逻辑"主要指向策略性问题的探讨与表征;从思维形式看"学科逻辑"通过演绎思维开展推理过程,"工作逻辑"通过归纳思维开展推理过程;从思维的结果看,"学科逻辑"表现为普遍化的理论性知识,"工作逻辑"表现为具有个性化的实践性知识。这两种逻辑形成了自身的习惯,在人类的思维中相互独立、各有价值又相互支撑、相互影响,在不同的历史阶段此消彼长,交替前行。

追溯这两种逻辑形成的原因,主要是源于人类对自身认识过程与认识结果的二元分类。亚里士多德在《形而上学》一书的开篇就提出一个论断:"求知是所有人的本性。"[①]也就是说,认识活动是人类的基本活动,而人类的认识活动主要通过从抽象到具体和从具体到抽象这两条基本路径展开,即间接经验和直接经验的过程,获得的知识可以区分为社会知识和个人知识。

早在 20 世纪 40 年代,英国哲学家罗素就区分了社会知识和个人知识,他认为社会知识的目的在于"去掉一切个人的因素,说出人类集体智慧的发现"[②]。因

---

① 亚里士多德. 2003. 形而上学. 苗力田译. 北京:中国人民大学出版社,1.
② 伯特兰·罗素. 2003. 人类的知识:其范围和限度. 张金言译. 北京:商务印书馆,3.

此，"教育力求把语言变成不带个人因素的东西，并且获得了某种程度上的成功。'雨'不再是大家都熟悉的那种现象，而成了'从云块落到地面的水点'，'水'不再是把你弄湿的那种东西，而成了 H_2O"①。关于氢和氧，我们必须牢牢记住它们的文字的定义，至于是否理解这些定义倒无关紧要。一个人受教育程度越高，文字世界和感官世界的距离也就越大。而个人知识就是那些关于构成个人生活的特殊色调和纹理的温暖而亲切的事物，是通过个体亲身经历获得的知识。罗素从知识的获取途径与外化程度，比较亲身经验所得到的知识与经由文字传递获得的知识之间的差异，进而描述个人知识的特性与价值，从而把社会知识与个人知识作二元的对立。事实上就知识的产生过程而言，绝对真理的概念是值得商榷的，因为任何人类的认识过程及其结果都具有相对性。"存在"只取决于活生生的人，也即取决于那些生活在具体、包括历史文化传统和各种社会维度在内的日常社会情境之中的社会个体，个体的认识过程和结果，都必定由于他本身的欲望、情感、意志、知识素养、社会地位、社会关系乃至他所达到的人生境界，出现这样那样的局限，因而这样的过程和结果必然具有相对性。②而波兰尼的个人知识则是对传统知识观的超越，传统知识观是以主客观相分离为基础的，它追求的是把这些热情的、个人的、人性的成分从知识中清除。而波兰尼则摒弃了对知识作主客观的二元划分，认为任何知识都是主客观的统一体，他认为即使在精密科学中，甚至在经典力学这一所谓"最接近于完全超脱的自然科学"的领域，知识的获得也要求科学家的热情参与，要依赖科学家的个人技能和个人判断。③

人们以知识的二元观为基础，把教师教育的课程分为理论与实践两种课程类型，理论类课程主要依据"学科逻辑"设计并开展教学活动，主要指向师范生的本体性知识体系和条件性知识体系。这类课程体系相对比较成熟，以学科作为理论课程体系的支撑。实践类课程依据"工作逻辑"展开设计，主要指向师范生的实践性知识和专业能力，这类课程体系不够成熟，师资也比较匮乏。不同的课程类型在教师教育的课程体系中占规定的比重，我国《教师教育课程标准（试行）》规定小学教育专业实践类课程学分不能少于25%。如果我们的课程体系仍然依据这样并行的逻辑设计并展开，那么就会出现理论知识的学习与实践知识学习过程的割裂，无法整合概念类、原理类知识的学习与策略类知识的学习。

波兰尼的个人知识观强调主客观知识的融合性，就教师而言，真正对教育教

---

① 伯特兰·罗素. 2003. 人类的知识：其范围和限度. 张金言译. 北京：商务印书馆，11.
② 大卫·布鲁尔. 2001. 知识和社会意向. 艾彦译. 北京：东方出版社，13.
③ 迈克尔·波兰尼. 2000. 个人知识——迈向后批判哲学. 许泽民译. 贵州：贵州人民出版社，98.

学实际产生影响的知识就是个体内化了的、以各种表征形式存在的个人知识。教师的个人知识有两大特征。

一是缄默知识与显性知识的整合。个人知识犹如大海中的冰山,能被编码、存储和传播的是显性知识,而支撑着冰山的、沉于水底的、未被编码的是缄默知识,这两者共同构成了个人知识的整体。而缄默知识成为教师知识谱系中的核心要素,如果把教师工作的复杂程度进行分类,它至少包括五个层次:①常规工作(简单、重复且易于理解)。如常规的班级管理,批改每日一练等重复性作业;②常规环境下那些符合逻辑但普遍性稍差的变化。如常规的课堂教学任务,对于骨干教师而言,以往的教学经验足以应付常规的教学任务,但在课堂中总会出现一些变化,但是在教师可预设的范围之内;③复杂工作。如教师面临教育教学中的矛盾现象和各种决策;④不可预期的挑战,但掺杂着一些常规或外界因素。如应对各种非常规性的检查与评估,参加各种接待与比赛等;⑤完全不可预期的环境或非常规挑战,对学校发生的极端事件的处理,如校园暴力行为等。就这五个层次的划分而言不难看出教师工作的复杂性,这种复杂性足以表明缄默知识在教师知识谱系中的重要性。因为,对人们如何进行决策的最新研究表明,"大多数决策是直觉(在感知过程中觉察到的一种非常强烈的事物间的联系),而不是审慎、系统的推理做出的"[①]。这样的研究结果对教师在课堂实施中进行的各种决策活动尤其具有说服力,因为教师课堂中的活动都是现场活动,面对稍纵即逝的课堂场景,教师无法进行审慎、系统的推理然后做出决策。在教师的知识构成中,缄默知识的丰富程度往往决定了教师专业发展的水平。

二是描述的知识与存在于行动的知识的整合。陈向明将教师的知识分成两类理论性知识和实践性知识。前者通常通过阅读和听讲座获得,包括上述学科内容、学科教学法、课程、教育学、心理学和一般文化等原理类知识。后者包括教师在教育教学实践中实际使用和(或)表现出来的知识(显性的和隐性的),除了行业知识、情境知识、案例知识、策略知识、自我的知识、隐喻和映像外,还包括教师对理论性知识的理解、解释和运用原则。前者通常停留在教师的头脑里和口头上,是教师根据某些外在标准认为"应该如此的理论";后者是教师真正信奉的、在日常工作中"实际使用的理论",支配着教师的思想和行为,体现在教师教学行动中。

个人知识的两大特征充分表明,应该把"学科逻辑"的理论课程体系与"工作逻辑"的实践课程体系进行课程论或教学论层面的沟通与融合,这样才能有助

---

① 郭秀艳.2003.内隐学习.上海:华东师范大学出版社,17.

于师范生形成个人知识。但是在现实的教师教育活动中，两类课程依据各自的逻辑在不同的场域展开，理论类的课程在高校教室中进行，实践类的课程在高校实验室或中小学教育现场进行，彼此之间无论是课程的衔接还是场域的衔接都无法使两大课程体系建起互通的桥梁。事实上，实践课程体系远未达到课程规范化和系统化的要求，两者的衔接与融合是一个值得教师教育工作者期待，但又漫长的过程。

二、师范生的从教潜质如何诊断

为了推动教师教育综合改革，全面提升教师培养质量，2014年，教育部印发《关于实施卓越教师培养计划的意见》，明确提出要推进多元化招生选拔改革。通过自主招生、入校后二次选拔、设立面试环节等多样化的方式，遴选乐教适教的优秀学生攻读师范专业。具有自主招生资格的高校，提高自主招生计划中招收师范生的比例。加强入校后二次选拔的力度，根据本校特点自行组织测试选拔。设立面试环节，考察学生的综合素质、职业倾向和从教潜质。该意见明确提出了"从教潜质"的概念，这一概念与综合素质和职业倾向并列，说明它既不同于综合素质，又有别于职业倾向。

素质指人或事物在某些方面的本来特点和原有基础；也指人们在实践中增长的修养；从心理学的视角看，它指人的先天的解剖生理特点，主要是感觉器官和神经系统方面的特点。[①]综合素质指师范生所具有的本来特点和已有基础，它既包括先天的解剖生理特点，也包括通过实践中增长的修养。职业倾向是人力资源理论的重要概念，指人们在职业评价的基础上形成的一种稳定的行为倾向。职业评价往往通过人格类型的测试确定个体的行为倾向，它更多地考量个体的心理特质。美国约翰·霍普金斯大学心理学教授霍兰德在1959年提出了具有广泛社会影响的职业兴趣理论。他认为个体的人格类型、兴趣与职业密切相关。兴趣是人们活动的巨大动力，职业兴趣是指对某种职业喜欢、偏好的心理倾向，由此而对该种职业活动表现出肯定的态度，并进行探索和追求。职业兴趣也是一个人对待工作的态度和适应能力，表现为有从事相关工作的愿望和兴趣，拥有职业兴趣将增加个人的工作满意度、职业稳定性和职业成就感，可以提高人们的积极性，促使人们积极地、愉快地从事该职业。职业兴趣与人格之间存在很高的相关性。根据兴趣的不同，人格可分为研究型（I）、艺术型（A）、社会型（S）、企业型（E）、传

---

① 辞海编委会. 2002. 辞海. 上海：上海辞书出版社，1606.

统型（C）、现实型（R）六个维度，每个人的性格都是这六个维度的不同程度组合。多数人可被纳入六类型中的一种，但人们具有广泛的适应能力，其人格类型在某种程度上相近于另外两种类型，且也能适应另两种职业类型的工作。各类型与环境的关系可利用六边形的模式解释，如图6-1所示。

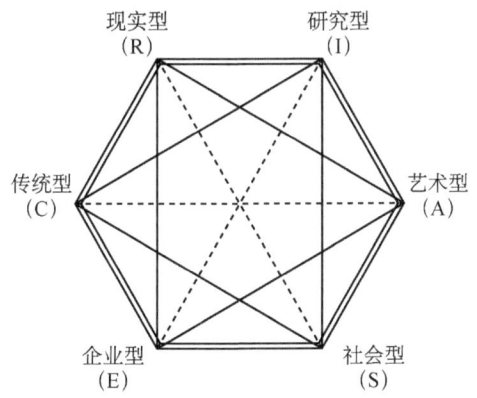

图 6-1　人格类型间的一致性与区分性

霍兰德的人格类型模式图具有以下特征：①每一种类型都有两个相近的类型，如现实型的相近类型为传统型及研究型。"相近关系"说明类型间有许多一致的地方。②每一种类型有两种中性关系的类型，如现实型与企业型及艺术型。"中性关系"说明类型处于相斥及相近类型之间，类型间有一致的地方也有不一致的地方。③每一类型有一种相斥类型，如现实型与社会型。"相斥关系"说明类型间有共同之处。霍兰德认为，生涯选择是个人人格在工作世界中的表露。遗传因素和长期的生活经验形成了个体独特的个人导向。类型学理论的中心概念是，个体所选择的职业生涯须符合这种个人导向，只有那些能满足个人需求的职业角色才对个体有吸引力。如果个人导向已经形成，那么在对应的职业环境中就会得到满足；如果个人导向摇摆未定或者拥有互相冲突的职业目标，就很难寻找到适合的职业环境。因此，个人导向是否明确是个人选择职业生涯的关键因素。可见职业倾向测试主要关注的是个体的人格类型与职业兴趣，它适用所有职业的测试。

那么，我们如何界定从教潜质（教师潜能）？师范生的从教潜质如何诊断？这些是我们面临"三位一体"招生无法回避的问题。首先，我们应该思考是否存在成为教师的不可或缺的品格？显然从教潜质是指向教师职业的，体现在个体身上的潜在能力，它与师范生的专业能力概念在内涵上有共性，也就是知识、技能和态度的整合，但是在外延上有差异。师范生专业能力可以分为指向自我的原能力和指向职业的胜任力，作为一种潜在的能力会更加关注原能力的成分，也就是自我完善的能力和自我监控的能力。这些能力中是否有关键因素与教师职业存在着高相关？当然对这个问题的思考离不开对教师职业本质的思考。如果把教师工作仅仅理解为传授知识，那么高效传授知识的能力就成为教师不可或缺的品格；如果把教师职业理解为培养具有完整人格的人，那么教师最重要的品格就是"成长型思维"。具有"成长型思维"的人，"看待世界的方式往往非常灵活，他们相信世界上的所有事情都在改变，世界上的每一个人也都在不断地成长与进步。他们更愿意看到别人身上的优点和潜力，拥有积极的人生观，能包容自己的缺点，喜欢自己的个性，也能欣赏他人的优点，包容他人的个性"①。其次，我们应该思考是否存在教师职业绝不能有的特质？这是从教潜质问题的一体两面，如果必备特质是"成长型思维"的话，那么绝不能有的特质就是"固定型思维"。当然，这只是对问题经验性的思考。究竟从教潜质的内涵与外延分别是什么，其结构如何，我们还缺乏科学的研究。

由于并未厘清"从教潜质"这一概念，如何诊断就无从谈起。一般的"三位一体"招生面试又有时间的限制，在实际操作过程中，理论的构想变成选拔过程仍需要不断重构与完善。

三、教师发展学校究竟能走多远

美国专业发展学校从无到有，直至今天已经得到比较成熟的发展，并日趋完善。但是这并不是说美国专业发展学校就是完美的、毫无缺憾的。许多参与教师专业发展学校建设的学者以一种理性的姿态、务实的方法对美国教师专业发展学校存在的障碍和问题展开了研究。贝瑞（Barnett Berry）等对南卡罗来纳州专业发展学校创建进行了深入的研究，研究主要关注以下四个问题。②

1) 如何从理论和实践层面对专业发展学校和传统学校——大学伙伴合作关系进行区分？

2) 专业发展学校如何培养和教育职前教师与在职教师？这种培养过程如何有别于传统的培养过程？

---

① 乔·欧文. 2018. 成长型思维：从平凡到优秀的七种思维模式. 傅婧瑛译. 北京：人民邮电出版社，2.
② 转引自达琳-哈蒙. 2006. 美国教师专业发展学校. 王晓华等译. 北京：中国轻工业出版社，188.

3) 专业发展学校的建设实践怎样才能对大学和基础教育领域的学习文化产生影响？

4) 学校、学区、大学和州政府的相关政策制定，如果这四个层次要实现专业发展学校的制度化，使专业发展学校成为大学和学校发展主流文化的组成部分，这是否存在障碍？如果存在障碍，那么障碍有哪些？

研究小组在对调查、访谈和问卷进行结果处理时，"发现专业发展学校建设面临的困难和障碍比想象的要复杂得多。教师专业发展学校建设中的困难可以归为六类，这六大类困难是彼此联系、相互制约和影响的。这些困难和障碍分别是：①沟通与教育的缺乏；②时间局限及奖励机制缺乏；③地方规则；④日程安排过满及课程割裂；⑤政策与政策之间彼此脱节；⑥基础教育内部学校之间存在的人为的强制平等"[①]。这些困难与障碍尽管是一个个案的研究结果，但在美国的教育体制下应该具有一定的普遍性。

中国教师发展学校始建于 2001 年，首都师范大学借鉴了国际教师教育改革，特别是美国教师专业发展学校的理论与实践经验，形成了建设教师发展学校的基本思路，并于 2001 年 5 月在北京市丰台区建设首批五所教师发展学校。2003 年 11 月，教育部师范司、北京市教委及首都师范大学联合召开教师发展学校研讨会，以进一步总结经验，为大面积推广教师发展学校做好准备。此外，教育学会各高等学校也启动了教师发展学校建设。中国教育学会的第一所教师发展学校于 2004 年 11 月在河南师范大学附属中学正式启动；杭州师范大学的教师发展学校实验项目也于 2004 年 3 月在海宁中学启动。除此之外，与本地师范院校合作的中小学更是不胜枚举。至今，许多省市（主要集中在北京、上海、天津、四川、江苏、浙江、青海等地）相继建立了教师发展学校。2007 年，上海实验中学以个案的形式总结了教师发展学校在上海实验的成果，为进一步推广教师发展学校的建设积累了丰富的理论与实践的经验。2015 年，浙江省出台《浙江省教师发展学校建设实施方案（试行）》，正式启动了全省教师发展学校建设工作，并于 2017 年开始对教师发展学校的建设进行评估。在教师发展学校的建设过程中，仍存在许多问题。

第一，制度不健全影响教师发展学校的运转。在美国教师专业发展学校建设过程中，出台了诸如 NCATE 制定的专业发展学校标准等能够指导与评估教师专业发展学校的相关政策，从评估程序、评估标准等层面对于 PDS 的评估进行了多维度客观性描述，从评价层面较好地保证了教师专业发展学校的运转。而我国的教师发展学校由于引入时间不长，且与美国国情不同，在理论与实践上还处于探

---

① 达琳-哈蒙. 2006. 美国教师专业发展学校. 王晓华等译. 北京：中国轻工业出版社，206.

索阶段，还未形成一套相对成熟科学的制度来评价监督教师发展学校的实际运转。尽管浙江省在制度建设和机制构建上做了有益的探索，提出了以地方政府为主导并纳入政府绩效考核的机制，但是在实际推行的过程中，地方政府、高校、中小学三大主体对各自的职责并不明晰。由于历史原因，地方政府还未把教师的专业发展，尤其是职前教师的专业发展作为其应承担的政府职能。高校的关注兴趣在于师范生的实践教学，中小学的关注兴趣在于本校教师的专业发展。因此，通过体制机制的完善激发各主体对教师发展学校建设的责任感是不可回避的顶层设计问题。

第二，不同文化的层级差异观念会影响真正的合作。在美国教师专业发展学校建设标准中，特别关注的是协同合作的概念，教师专业发展学校转变了中小学和大学的关系模式，许多从事大学教师教育的教授与学校教师建立起一种平等的伙伴关系。两种不同的文化传统在教师专业发展学校彼此交融、相互影响和促进发展。但是，随着我国教师发展学校的不断推进，人们越来越发现，大学与中小学两种不同文化、考核制度之间的层级差异和长期隔离，导致专业发展学校相关参与群体的角色转变困难。长期以来，大学教师无论是在文化、制度上还是角色上，被视为文化的象征，是知识的拥有者，常常被冠以"专家""学者"的称谓；相比之下，中小学教师往往被看作低层次的，许多中小学教师可能是大学教师教育工作者的学生，这种"上"与"下"、"指导"与"被指导"的角色关系，很难让合作双方真正建立起一种平等的伙伴关系。无论是大学人员提出日常工作议程，还是着力教师专业发展的指导，大学教师都很容易被看作组织者和指导者，而不是真正的合作学习者。在美国的教师专业发展学校，56%的教师感到没有能够参与决策（如参与实习生培养方案的制定）。大学的参与既没有给予中小学教师一种有能力参与研究和作为教师教育贡献者的情感体验，也没有发展他们以学生为中心的教学实践，部分原因在于大学人员被看成"胁迫性的"和盛气凌人的。[①]这种层级差异的观念给中小学教师专业发展和专业发展学校顺利实施和推广带来一些消极影响，使参与者难以形成真正的合作关系。

第三，多元角色的要求影响了教师发展学校的建设质量。参与教师发展学校建设的大学教师同时需要承担大学的教学、研究以及社会服务的工作，他们在教师发展学校投入的精力越多，挤占自己的学术时间就越多。就这一点而言，美国高校面临的困境与我们如出一辙。美国大学教育学院的老师指出，影响他们将时间和精力投入到中小学的一个重要障碍因素是大学教师角色注重研究者身份的现实。一位美国的大学管理者这样描述大学教师生存现状："出版和发表文章是一个

---

① 转引自赵昌木. 2003. 美国教师专业发展学校：理念、实施与问题. 外国教育研究，30（10）：42-46.

很大的障碍……因为在大学里我们主要奖励那些从事研究的群体和个人，因此，这会成为大学教师进入学校的很大障碍……关于这一点，会有很多的理由可以证明……换句话说，一个真正杰出的研究人员会得到相应的奖励，但对于其他教师或到学校工作的大学教师来说，就没有相应的奖励机制，因为，他们所做的工作没有能吸引住大家眼球的东西。而其他大学也不太会经常来挖专门从事教学的教师，但他们一年365天却从未放弃过对杰出研究人员的觊觎。"[1]正是由于大学教师角色的多元要求，该教师发展学校的入校指导要求也遭遇高校教育学校的抵制，一些教师"为了能够不到公立学校去，纷纷加入院里的教授会从事专门的理论研究"[2]。另外，中小学教师的多元角色也让他们疲于奔命，作为教师发展学校的成员，他们是实习生的指导者，是家长学校的联络者，是教育问题的研究者，是教师教育者，还是大学和学校之间的联络人，然而，教师更重要的角色是课堂教师，教师承担的最重要的职责是教育学生。日渐增多的教师职责可能迫使他们重新分配自己的时间和精力，而教师发展学校只会得到边缘化的待遇。

第四，目前的师范教育范式影响了教师发展学校的建设。职前教育的师范生培养主要以在师范院校及大学教育学院里的理论学习为主，实践层面仅仅包括一段时间的见习、实习和研习。由于师范生人数多，实习学校的数量有一定的要求，因此，实习学校往往越签越多，而且分散在各地，并没有严格意义上的遴选过程，现有的实习学校也不太可能全部转变为重视教师专业发展学校，也就很难与大学建立更紧密的合作关系。在实习学校中，师范生的实践类课程完全交给实践指导教师执行，是很难保证师范生切身体会教师这一职业并为其教师职后生涯打下基础的。职后教育中，教师的专业成长主要通过相关培训来实现，而目前院校组织的教师培训多脱离教师自身成长的实际平台，以理念传输为主，即使有实践成分，也缺乏问题意识与探究意识，脱离教育教学和课堂实践，教师在实际教学中存在的问题很难在培训中得到帮助，获得解决。长期以来形成的师范教育模式以及产生的教师教育理念，不可避免地对教师发展学校的大规模发展产生不良影响。

第二节　研究的未来走向

教师教育研究如果只是停留于概念类、原理类问题的探究，就不能切实地走

---

[1] 达琳-哈蒙. 2006. 美国教师专业发展学校. 王晓华等译. 北京：中国轻工业出版社, 208.
[2] 达琳-哈蒙. 2006. 美国教师专业发展学校. 王晓华等译. 北京：中国轻工业出版社, 201.

入教育现场,不能解决教师教育中存在的真实问题,也无法为教师教育工作者提供切实可行的学术支持。如果只是研究者自己的"独唱"而没有一线中小学教师的参与,如果研究的成果没有走进教师教育实践,而是孤芳自赏、束之高阁,那么这样的研究是没有生命张力的。当然,任何研究都无法穷尽该领域面临的所有问题,对本书研究的未来我们聚焦以下三个视角。

一、职前职后一体化的拓展研究

教师教育的改革并非易事,事实上,教师教育实践存在着许多困境。正如美国学者达琳-哈蒙所说:"困境之一,就是现有的教师教育必须肩负起更大的责任,必须要更为有力地介入到教师的专业化发展中来,以消弭教师的职前培养与教师职业之间事实上存在的隔阂。现有的师范教育所提供的对明日教师的培养,在一定程度上,不能为他们日后进入教师队伍后更快、更好地履行教师职责做好准备。要消弭这种隔阂,就意味着未来对新教师的培养必须加强实践环节训练,以此促进未来的教师更好地理解他们将要从事的事业,更好地了解他们所从事事业的多方面可能性。困境之二表现为:学校必须为教师队伍的终身学习提供更多的支持,学校必须为全体学生的有效学习提供更为有力的支持。第三困境是关于学校和大学关系方面的,我们必须改变大学和学校的关系模式。大学并不是为学校的现在培养和准备教师,而应当是为学校的未来培养和准备教师。因此,教师专业化过程中理论和实践的结合,最终使我们的学生和学生的学习成为最大的受益者。"①

教师教育面临的这三大困境需要通过教师教育不同发展阶段之间的沟通、合作与融合才能突破。因此,在未来的研究中,基于教师发展学校建设的职前职后一体化的拓展研究是我们关注的焦点,希望教师发展学校能够成为连接职前职后一体化的桥梁,为师范生获得卓越的专业能力提供肥沃的土壤。

(一)对教师发展学校的目标和愿景做出实践探索

教师发展学校是探索教师教育职前职后一体化的有效平台。正如20世纪90年代,美国提出教师专业发展学校*建设愿景时倡导。②

专业发展学校的基本目标是形成有助于全体学生成功的知识与实践。专业发展学校倡导多元化的发展理念。为此,专业发展学校应致力于推进多种族和多文

---

① 达琳-哈蒙.2006.美国教师专业发展学校.王晓华等译.北京:中国轻工业出版社,I.
* 教师发展学校在美国被称为"教师专业发展学校"。
② 达琳-哈蒙.2006.美国教师专业发展学校.王晓华等译.北京:中国轻工业出版社,III.

化教育的发展；专业发展学校有义务对不同能力、不同兴趣、不同认知方式和不同成长背景的学生一视同仁；专业发展学校应致力于培养能认同并愿意促进人类经验和学习多元化的未来教育工作者；专业发展学校也要支持和促进教学方法的多元化，以此适应学生学习风格的多样化特征。

专业发展学校认为，学生的教育需要全社会的共同努力，家庭、学生、社区、学校和大学之间良好合作伙伴关系的建立是教育取得成功的基础和重要支点。良好合作伙伴关系的形成需要彼此的互信、尊重和平等，同时良好的合作伙伴关系也被看作互惠互利式的合作。

专业发展学校所理解的教育就是转变和改进的过程，它既是一个不断增进探究的过程，也是拓展儿童和成人视野的过程，还是实现教育机构与社会关系转变的过程。专业发展学校的一个重要职能就是使学校教师和大学教授具有共同的理想与愿景，即通过专业发展学校的建设，提出一个全新的专业教育模式。专业发展学校也是进行系统改革的催化剂，它赋予专业发展学校所有合作因素相应的力量，使大家都能依照一个代表了所有学生和家庭利益的共同目标而有效工作。

经过30年的努力，美国教师专业发展学校的理念已深深根植于教师教育的改革实践中，教师专业发展学校的建设积累了丰富的经验。但是，在反思美国教师专业发展学校建设障碍时，一线中小学教师认为，"没有清晰的建设愿景""没有明确的建设目标""在专业发展学校建设过程中，逐渐形成一种专业发展学校建设不可能取得什么结果的消极情绪，并且这种情绪还在蔓延"[①]，这会极大地影响教师专业发展学校的建设。这些经验和反思为我国教师发展学校的建设提供了有益的启示。浙江省教师发展学校建设刚刚起步，在起步阶段通过核心概念的建设使各参与主体达成共识非常重要，所谓"知止而后有定，定而后能静，静而后能安，安而后能虑，虑而后能得"[②]。任何行动，首先应该确定愿景与发展目标，因为它们既是活动的出发点，又是活动的终点。因此，通过教师发展学校的愿景讨论与自下而上的表达，可以使发展愿景深入人心，并引发各参与方的目标感、责任感与使命感，促进教师发展学校建设。

（二）对信息化背景下教师发展学校的运作机制开展研究

教师发展学校如何运作才能使它良性运作呢？美国教师专业发展学校主要从运行组织架构、运行模式、合作类型等积累了丰富的经验，我们能够从中获得借

---

① 达琳-哈蒙. 2006. 美国教师专业发展学校. 王晓华等译. 北京：中国轻工业出版社，206.
② 朱熹. 1983. 四书章句集注. 北京：中华书局，4.

鉴与启示。

1. 建立了教师专业发展学校四级管理组织体系

为了明确各参与主体的职责，充分发挥教师专业发展学校的功能，美国建立了教师专业发展学校四级管理组织体系。

大学负责组织师范生到教师专业发展学校，制定师范生教育实践的各种注意事项，挑选大学教师到教师专业发展学校中对师范生进行指导，并对中小学教师进行培训，接收中小学教师前来大学进修，并为教师专业发展学校提供一定的资金支持。中小学要为师范生配备指导教师，提供良好的教育教学实践环境，加强与大学教师的合作，共同对师范生进行指导，筹备各种教育研讨交流会，为大学教师和师范生提供会议场所，选派教师去大学进修。师范生负有双重角色。一方面是实习生，他们接受来自大学和中小学教师的双重指导，在教师专业发展学校进行为期一年的教育实践。在这一年时间里，他们有充足的时间来了解和参与中小学教育教学的各个方面，能有效地提高自身教育管理和教育实践能力。另一方面，他们又是中小学教师，和正式教师一样参加各项教学及管理事务，使在大学课堂中所学的知识得以验证，并获得宝贵的教学经验、来自大学教师理论上的指导以及在职优秀教师实践上的指导。中小学教师对师范生指导的过程也是自身专业水平提高的过程，参加定期的研讨会在某种程度上类似"校本培训"。中小学教师可以就教学实践中存在的问题和大学教师进行交流。优秀的中小学教师还可以被大学聘任，在大学中对师范生进行授课或开讲座。

2. 提炼了教师专业发展学校五阶段运行模式[①]

美国教师专业发展学校的运作机制分为五个阶段：筹划预备阶段、相互合作关系的确立阶段、发展方案的确定阶段、发展方案的实施阶段以及对整个运作进行评价考核的阶段。

第一阶段，筹划预备阶段。美国的教师专业发展学校主要实施物质资源筹备、行政资源筹备及文化环境筹备三个方面的任务和工作。物质资源筹备是筹备阶段其他一切准备工作的基础和首要任务，在三种筹备活动中，其重要性居首位。在众多物质资源准备过程中，资金资源准备尤为重要。一方面，美国的教师专业发展学校在制定某项合作项目之前，都要对其资金的需求情况做出评估和预算；另一方面，采取多种渠道努力争取其他必要的物质资源。行政资源筹备指教师专业发展学校的组织者和创立者积极争取行政机构、社区以及社会等方面的支持和援

---

① 姜宇. 2015. 美国教师专业发展学校的运作机制及对我国的启示. 中国成人教育，(23)：143-145.

助。在文化环境准备方面，美国的大部分教师专业发展学校更倾心于选择与本学校曾经有过良好合作和具备合作经验的学校、不断创新和寻求改革与发展的学校。

第二阶段，相互合作关系的确立阶段。这一阶段主要是确定合作学校标准、选择并确定合作学校、签订合作协议。大学在选择与中小学合作的过程中，必须首先确定其选择的标准。在美国，大学选择合作中小学的标准主要依据以下几个方面：是否能够积极参与学校教学实践以及专业教育能够得到全体教师和教育管理部门的支持，是否能够提供充足的教育资源等，中小学对于合作大学的选择则主要依据大学与中小学的现有关系状况。选择并确定合作对象是一个需要时间慢慢考察、逐步确定的过程，要对未来合作对象的前期准备工作进行细致的调查。首先，申请者必须以研讨会的形式，就教育目的、教学方法等问题开展讨论和研究，并以书面的形式将讨论结果在最终的专题研讨会上进行最终讨论。其次，依据研讨会的最终讨论结果及申请者制定的未来发展计划，选择委员会对申请者进行仔细、严格的筛选，确定合作对象。最后，申请者必须制定未来几年的详尽发展计划，做好进度安排。确定好合作对象后，参与教师专业发展学校构建的大学和中小学相互签订合作协议。协议一般由两部分组成：主体和前言，主要对双方职责、教师专业发展学校每周每日的教学内容和教学形式等进行详细的规定。

第三阶段，发展方案的确定阶段。为保证教师专业发展学校的良好运作和发展，美国的教师专业发展学校在制定合作方案时坚持以下几项原则：一是目标性原则，即学校要明白制定合作方案的目的是什么、要达到什么样的结果。二是可行性原则，即制定的合作方案的目标要能够达到，对各参与方的意见进行综合考虑，使制定的合作方案能够给双方带来实惠。除此以外，可行性原则还体现在对资源条件的客观评估，即教师专业发展学校合作方案的制定必须在能够承受的资金支持范围之内。三是具体性原则，即合作计划的制定尽可能地做到详尽、具体，其目的在于保证合作方案便于操作，便于后期对其取得的最终效果进行有理有据的客观评价。

第四阶段，发展方案的实施阶段。首先，做好实习学生的选拔，然后对实习教师进行培训，目的在于使实习生尽快地融入教师专业发展学校的教育教学中。其次，开展教学实践反思，使教学过程成为一种实践反思过程，通过教学反思促使实习教师和指导老师实现专业的共同发展和提升。最后，实行实习任务分组。实习任务分组主要包含三种形式：一是被选拔出来的实习教师根据其学科被分为若干小组；二是教师依据其所担任的课程被分为若干小组；三是实习教师依据自己的兴趣和专业选择合作者。

第五阶段，对整个运作进行评价考核的阶段。美国教师专业发展学校在评价考核阶段，既注重对运作结果的评价，还重视对运作过程的评价和评价方法是否科学的评价。对运作结果考核评价的目的在于判断合作方案是否能够满足需要，即判断方案与需要之间的切合度，考察方案实施的效果，主要采用量化的方法实施。对运作过程考核评价是针对实习学生的实习过程的评价，主要采取平时检查和阶段性定期教学录像检查两种方式。检查时，由大学和中小学分别指派负责人共同负责实施检查，监督实习生的实习过程，每一到两周进行一次检查。大学的实习带队老师为实习学生录制教育教学录像，通过观看录像进行讨论的方式，找出实习生教育教学工作的优点和不足，促进实习学生的成长。对中小学教师的过程评价中，主要采用档案袋评价法，要求教师建立自己的档案袋，依据合作教师档案袋中的内容，对中小学教师的实习指导过程和自身的专业发展过程进行全程监控，做出科学评价。

3. 构建了教师专业发展学校多元合作类型

从合作目标来看，大学与中小学合作包括教职员导向、学生导向、任务导向、机构导向和全面革新导向五种类型（表6-1）。

表6-1 美国教师教育中大学与中小学合作的五种类型

形态	目的	主要特征
教职员导向	增进职前教师、新入职教师、在职教师和行政人员的专业发展	改进教师职前培养；强调临床体验；推行教育人员革新方案
学生导向	激发学生的学习动机、提高学生的学业成绩	以都会地区中小学为主；以特殊学生为对象
任务导向	开发课程、教材及评价方式	开展语文、数学及科学教育项目研究
机构导向	改革中小学教育机构	促进中小学教育改革；通过大学接管面临危机的中小学
全面革新导向	中小学及教师教育机构同步革新	建立持续稳定的合作关系；丰富的合作内涵，包括中小学的教育目的、内容及推进策略

资料来源：孙志麟. 2002. 专业发展学校：理念、实务与启示. 台北师范学院学报，(15)：575.

教职员导向的合作旨在促进教师专业发展，具体包括：协助新手教师顺利走过社会化进程，掌握专业知识和技能，融入并持续保留在教师队伍之中；协助维持在职教师的教育教学热忱，并鼓励其勇于接受挑战，以开放的胸襟接受新事物、尝试改革新举措；增进中小学教师与大学教员全面、持续地接触与合作。学生导向的合作试图运用大学与中小学合作的形式实现学生学业表现的改进以及学生间学业成就差距的缩小。这种合作模式主要在美国都会地区中小学和农村中小学，关注社会经济文化背景差异造成大量处境不利儿童存在的中小学。另外，该模式还关注特殊儿童,包括残疾儿童和资优儿童。任务导向的合作所强调的不是"人"的发展,而是以"工作"的推进为重心。实践中的具体做法多种多样,诸如教师教育机构与中小学合作开发课程、研究课程大纲、为新手教师设计更好的教学方案、为实习生提供教材和革新评价方式、设计评估教育教学成效的新方法等。机构导向的合作旨在促进教育机构革新,但在实践中,改革对象一般为中小学,而非大学。例如,某所中小学面临生存或发展危机,需要获得大学的指导与帮助,而恰恰某所大学也愿意接手该机构,采取措施扭转局面。全面革新导向是指大学与中小学同步革新,进行教师教育改革。

人类已迈进第四次工业革命时代,自动化系统、5G网络、虚拟现实以及不断涌现的新技术,正在重塑着人类的学习与生活。教师发展学校的运作机制在这样的新技术平台上也迎来了新机遇。师范生可以通过远程链接进行观摩,他们的实践活动可以建立大数据的资源包,所有学习成果可以上传为数字信息,在网上可以构建师生互动的学习共同体等。因此,教师发展学校的建设迎来了新机遇。

(三)对教师发展学校的课程体系开展研究

教师发展学校的成长主体有四类:大学教师、中小学教师、师范生以及学生。其中,最重要的主体是一线中小学教师与师范生,就教育活动必不可少的因素而言,课程与教学体系的构建是教师发展学校建设的核心内容,也是教师发展学校建设过程中不可回避的问题。有两类课程的建设是教师发展学校中缺失的,一类是师范生实习校本指导课程,另一类是中小学教师校本发展课程。

师范生的实习存在随机性、替补性的特点,其学习内容碎片化。实习学校的遴选往往以人际熟识、便捷为原则,实习指导教师遴选的主动权完全交给中小学校,大学缺乏遴选、激励机制与评估标准。许多实习生成为学校新的劳动力资源,岗位补缺现象严重。在实习学校中,一方面师范生的实习活动没有目标预设、过程管理与结果评价,只是一种随机的活动形式,更谈不上问题解决式的个性化的实习指导,也就是说,教师发展学校对实习生的指导依赖实习指导教师的个人特点,为了完成高校设计的实习手册开展实习活动,作为教师发展学校没有主动开发实习指导课程。另一方面,实习指导教师缺乏对师范生专业发展规律性、学习特点等的把握,也不了解成人学习的方法,这种教师教育专业性的缺失直接影响了师范生实习的有效性。因此,构建基于校本的实习指导课程并对实习指导教师开展培训是教师发展学校建设的重要环节。

另一个不容忽视的事实是教师校本培训也缺失顶层设计,更谈不上课程体系的构建。具体表现为：其一，培训计划的随意性和短期性。校本培训无视不同发展阶段教师的需求，对教师的专业发展没有做周期性的规划，也没有设计螺旋上升的培训课程体系，培训内容跟风现象严重。其二，培训内容重理论、轻实践。校本培训也停留于理论知识的学习，对于教师教育教学过程中遭遇的现实问题缺乏关照，培训重在解决教师的认知层面的问题，对行为的改变缺乏必要的指导。其三，培训方法的单向性和单一性。教师的培训仍采用教师讲学生听，信息单向传递的方法开展。没有意识到一线教师也是重要的培训资源，应该通过参与、体验、对话等多元方式开展培训活动。

课程体系的建构是教师发展学校建设的核心内容，其成长对象的发展性与阶段性也决定了两类课程体系的差异性。但是在教师发展学校，这两类课程体系又是相互衔接的，如何在彼此独立又平台共享的基础上构建职前职后一体化的教师专业发展课程体系，是本书研究期待拓展的研究领域。

二、师范生社会情感能力的行动研究

未来教师从学科人转向教育人是发展的必然趋势，正如叶澜强调的："教育的目标是成人，成就人。教师从事的事业是育人，教师在学生面前呈现的是其全部的人格，而不是'专业'。这就要求教师首先要自己像人一样地活着，他才能对别人产生影响，一种使其成为人的影响。"[①]教师应该成为影响学生人格的育人者，这种趋势不仅来自全球化、信息化社会带来的挑战，也来自基础教育素养导向的教育目标的变革，更重要的是基于人们对人生价值的本源思考。教育究竟要培养怎样的人？能决定一个人未来事业成功与生活幸福的因素究竟有哪些？许多学者对人生的这一本源问题展开了研究。早在100年前，美国心理学家特尔曼就对1500多名超高智商的儿童进行了长时间的跟踪研究。40年后发现，这些人中只有20%的人取得了令人瞩目的成就，60%的人成就平平，还有20%的人流入到中等以下。[②]可见认知能力不能完全决定个体能否获得事业的成功。那么哪些个体品质是取得事业成功的关键呢？欧文经过14年对世界各地领导者的研究发现：七种人格特质影响一个管理者从平凡走向优秀，依次分别为志存高远、勇于行动、坚忍不拔、积极乐观、承担责任、善于合作和不断成长。[③]志向决定了一个人的发展潜

---

① 叶澜. 2019. 教师在学生面前呈现的是全部的人格，而不只是"专业". https://www.sohu.com/a/326845859_112404. [2021-01-04].
② 袁振国. 2019. 影响事业成功、生活幸福的因素有这些. https://new.qq.com/omn/20190723/20190723A048QV00.html. [2021-01-04].
③ 乔·欧文. 2018. 成长型思维：从平凡到优秀的七种思维模式. 傅婧瑛译. 北京：人民邮电出版社，4.

力，远大的志向使人们愿意承担更多的风险，让人们更加有勇气，表现出更大的韧性，也能更积极地面对一切；追逐抱负与梦想是需要勇气的，勇气使人们能够镇定自若地应对面临的一切风险；坚韧不屈使人们从每一次的挫折中汲取经验和教训，从中获得发展的力量，让自己变得更加强大；积极乐观让人们创造能量，面向未来，变挫折为机遇；承担责任能够让人们突破限制，以强大的自信掌握自我命运，对常人难以控制的因素主动承担责任；善于合作让人们赢得追随者的信任与尊重；不断成长让人们能够适应新变化，超越自我走向卓越。这七种品质显然超越了认知能力，是人格特征的重要表现。

哈佛大学从 1938 年就开展了一项持续 70 多年跟踪了 724 个人的关于幸福的研究，2016 年发布了《幸福研究报告》，研究结果表明，与幸福指数相关性最高的是亲密人际关系和心态。[①]可见，无论事业成功还是生活幸福，社会情感能力成为非常重要的影响因素。OECD 建构了社会与情感能力的测评框架，这一框架包括任务表现（尽责性）、情绪控制（情绪稳定性）、协作（亲和性）、思想开放（开放性）、与人交往（外向性）。每一个维度确立了不同的测评指标，任务表现的指标包括成就动机、自我控制、责任感和毅力，情感控制的指标包括抗压、乐观和情绪控制，协作的指标包括同理心、合作与信任，思想开放的指标包括好奇心、创造力和宽容度，与人交往的指标包括活力、果敢和乐群。除了五大维度之外，还有一项"复合能力"，即个人技能方面的组合，测评指标包括自信心、元认知和批判性思维等。2018 年，OECD 开始进行国际"社会与情感能力"测评的大型跨国调查项目，着眼于促进青少年非认知领域的发展，旨在测评参与城市和国家学龄儿童和年轻人的社会和情感能力发展水平以及哪些因素影响了这些能力的发展，并进一步探索如何通过教育实践提升这些能力的发展。

对青少年社会情感能力的培养已成为一种教育共识，各国都在尝试探索在中小学开展社会情感学习课程（social emotional learning，SEL），全球范围内也开展了各种项目学习来弥补学校教育的缺失。然而问题的关键是：师资队伍自身的社会情感能力水平如何？他们是否具有社会情感教育能力？关于教师社会情感能力的应然与实然研究并不多见，提升教师社会情感能力的培训课程还在探索阶段，同样对师范生的社会情感能力的诊断、评价的研究，以及提升他们社会情感教育能力远未纳入教师教育者的研究范畴，在师范生的课程体系中也缺乏真正提升他们社会情感能力和社会情感教育能力的系统课程，这样的缺失范式是无法实现未来教师从学科人（擅长教学）向教育人（擅长育人）的角色转变。因此，本书研

---

① 袁振国. 2019-07-23. 什么对事业成功、生活幸福更具影响. 光明日报，（13）.

究期待从师范生社会情感能力的应然与实然状态的研究为出发点，设计、开发师范生 SEL 体系，并逐渐拓展至教师不同发展阶段的培训课程体系的建构。

三、基于国际合作的比较研究

胡森主编的《国际教育百科全书》认为，比较教育利用从一个或一个以上的国家或地区得来的资料来描述教育制度、教育过程和教育结果帮助教育机构和教育实践发展阐明教育和社会的关系概况适合不同国家的教育理论。根据这一定义，人们提炼了比较教育研究的关键词，即比较研究过程的四种方法描述、发展、关系、概况。①"描述"主要是对收集到的原始资料进行分类、排列和统计，以有利于下一步的分析和概况。例如，利用编排的资料描述一个国家的教育体制、教育政策或教育现实，也可以对学校教育的各种要素展开描述，如课程标准、教学理论、教学改革、教学评价等。②"发展"指一种借鉴，即将一国的教育经验移植到另一国家中。例如，日本在 1868 年后为了发展本国的教育，使教育现代化，曾全盘借鉴法国和德国的教育经验；我国 1904 年清朝政府颁布的癸卯学制借鉴了日本的模式；1922 年北洋政府公布的壬戌学制则又大量地借鉴了美国的学制；20 世纪 50 年代，我们的教育理论引入了苏联凯洛夫教育学等。③"关系"主要指教育同社会各方面之间的关系，一般有定性和定量两种视角。定性研究如"根据所研究每个国家的社会、经济和政治的前提，来解释教育方针和趋势"或"通过对国民的文化知识进行调查，对国民教育的法律和规则进行逐步分析，探讨国家建设和学校教育之间的关系"。定量研究如国际教育评价协会曾广泛地应用这种技术来探讨学生、学校、社会特征与学业成绩之间的相互关系，OECD 对 15 岁青少年开展国际学生评估 PISA 项目，测试学生能否掌握参与社会所需要的知识与技能。④"概况"指对涉及的辩论进行分析、比较对照，得出它们之间关系的普遍结论。

为了更好地把握我国教师教育发展的趋势与特点，开展国际比较研究是本书研究的发展趋势。事实上，已有研究的开展就是与帕绍大学教师教育中心的研究团队不断对话、互译及融合的过程，已有的研究涉及教师职业潜能的诊断（详见第五章），正在开展的是"好教学"的调查研究，未来的期待是开展学科教学能力的深化研究。

"好教学"的调查研究是关于教师的信念对教学行为影响的中德比较研究。这一研究传统源于西方，早在 20 世纪五六十年代，"教师信念"只是作为间接研究的对象引起关注，人们的主要研究兴趣聚焦于教师的行为。20 世纪 70 年代，随着认知科学的发展,"创造了一个研究与人的认知和情感相关的信念研究领域"①。20世纪80年代,随着个人知识观和认知学派的全面发展,对"信念"和"信念系统"的研究兴起,"教师信念"的研究成为热点。20世纪90年代,"教师信念"与教学实践的关系成为主要研究对象,有学者认为,教师关于教育的信念有以下五个方面:一是关于学习者和学习的信念,二是关于教的信念,三是关于学科的信念,四是关于学的信念,五是关于自我和教学角色的信念。②人们进一步关注到,"教师的信念"与教学行为之间存在着教师的思维和决策过程,对这一中介的关注可以深化教师信念与教学实践关系的研究。研究结果还表明,教师的教育信念是教师变革的关键所在。③研究教师的教育信念可以预测教师的教育行为,教师信念的研究应基于生态文化的理论框架。

中德双方学者在共同梳理关于教师信念研究传统的基础上,设计了调查问卷,调查问卷分为客观题与主观题两部分,客观题涉及教师信念的维度主要包括7个方面(教师角色、学校工作、课堂观摩、教学计划和实施、班级管理、成绩评定和反馈、统一考试),每一个方面具体自我评价选项有7—23个问题,分成完全不同意、比较不同意、比较同意、完全同意4个等级。主观题:哪些关键人物或事件对你关于"好教学"的看法影响最大?德方研究团队设计了调查问卷,中方研究团队将其翻译成中文,为了保证研究问卷的一致性,再请人把中方的翻译稿转译成德语,不断修正双方对某一问题的理解与书面表达。然后,中德双方开展了为期半年的问卷调查。德方调查了220名中小学教师,中方调查了220名中小学教师。

中德研究团队对未来比较研究的期待是深化师范生专业能力的研究,期待对师范生教学能力的研究能结合学科特点,也即进一步探讨学科教学能力行为指标的开发,有共同话语基础的是数学学科、英语学科(二语习得)和科学学科。

"他山之石可以攻玉",国际合作的比较研究是建立在平等对话、互利合作的基础之上的。跨国团队的合作研究,拓宽了我们的比较研究视野,使我们掌握了新的比较研究方法,尤其是在语言的互译过程,我们充分体验到两国学者思维方式与文化的差异,让我们经历各美其美、美人之美的研究过程,最终达到美美与共的研究境界。

---

① Abelson R. 1979. Differences between belief systems & knowledge systems. Cognitive Science,(3):355-366.
② Pajares M F. 1992. Teachers' beliefs and educational research: Cleaning up a messy construct. Review of Educational Research,62(3):307-322.
③ 朱旭东. 2011. 教师专业发展理论研究. 北京:北京师范大学出版社,4.

附　录

附录1 师范生专业能力分阶行为指标调查问卷

尊敬的老师：

您好！全国教育科学"十三五"规划课题（BIA160138）为科学地构建师范生专业能力分阶行为指标体系，特开展此调查。

师范生的专业能力是衡量其职业胜任力的重要参照。抽象的专业能力只有转化为外显的可观察、可测量的行为才能够被记录和被评价。本研究按照从业年限把不同发展阶段的教师划分为师范毕业生、合格教师（毕业5年）和成熟教师（毕业10年以上），并假设这三类教师的专业能力及具体的行为表现有明显不同。因此，本次调查希望得到您的智力支持，请参照案例中的格式，根据您的经验和反思填写教师各发展阶段的行为指标（至少3条）。对您的参与和配合深表谢意！

调查的内容包括教育能力和教学能力。其中，教育能力包括班级管理能力、个别教育能力、和家长沟通能力、与其他老师合作能力。教学能力包括教学设计能力、教学组织与实施能力、教学评价能力。

国家社科基金项目课题组

对师范毕业生、合格教师和成熟教师的指标要求如附表1所示。

附表1 对不同教师的具体指标要求

分类	指标	具体要求
师范毕业生	指标1	能呈现出得体的行为方式（准时、穿着得当、资料准备）
	指标2	面对一群学生时不害怕，但也不和学生们过分亲昵
	指标3	能展示出教师的责任感和乐于奉献的态度
合格教师	指标1	能对教师角色有个性化的认知，体现在着装、（肢体）语言、和学生的互动上
	指标2	能根据教师角色标准评价自身是否是学生合格的榜样
	指标3	能运用教师心理卫生知识保持身心健康
成熟教师	指标1	能有目的地运用自身的优势（语言、幽默感、表情和肢体语言）
	指标2	能通过自身榜样的力量引导学生（严谨的板书、连续的追问、激励学生学习）
	指标3	能积极奋进，持续发展（同事间互相学习和咨询）

对师范毕业生、合格教师和成熟教师的班级管理能力的调查内容如附表2所

示。其他能力的调查内容同此，在这里就不再赘述。

附表2　教师班级管理能力的调查

维度	分类	指标	具体评定
班级管理能力	师范毕业生	指标1	
		指标2	
		指标3	
	合格教师	指标1	
		指标2	
		指标3	
	成熟教师	指标1	
		指标2	
		指标3	

附录2　德国教师教育改革与发展研究

一、自评

（一）自我测试例一——"精神饱满迎接教师职业"问卷

"精神饱满迎接教师职业"自我测试问卷属于波茨坦大学心理学教授沙尔施密特2001年主持开展的有关教师职业压力研究项目的一部分。研究的第一部分证明教师在自己职业生涯中承受着无数的压力，他们对此没有足够的心理准备，健康压力很大。研究的第二部分于2006年12月中旬公布，其重点是给教师减负的具体促进手段的开发成果，其中也包括"做好精神饱满迎接教师职业的准备了吗？"这一问卷。它可以评价教师职业中的重要要求，并根据使用提示"帮助自我负责地作出是愿意接受还是不愿意接受师范学业的决定"。问卷简短地描述了对教师职业来说被视为重要的21种特征（比如教学技巧、受挫力、激发能力），并提出依据，然后各以3个问题加以领会。通过统计分析可以获得自己结果的特色，这些结果可以用来与源自师范生未经挑选的样品的理想标准以及经验性标准进行对比。

"精神饱满迎接教师职业"问卷
赫尔特（Susanne Hdrlt）、沙尔施密特

您考虑过成为教师吗？我们想通过该问卷为您提供一种了解教师职业的重要要求的方法，同时也给您提供作出评价自我的可能性，您应对这些要求能达到什么程度。因此，该方法是您做出抉择的辅助手段，同时也可以为您的其他发展提供一定的参考。

以下描述的是对教师个人的重要要求。借助所规定的陈述，您可以评价一下，自己个人应对这些要求能达到什么程度的感受。您可以用以下个性突出的5级刻度来评价：

1）该陈述根本不适合我。
2）该陈述大多不适合我。
3）该陈述部分适合我。
4）该陈述大多适合我。
5）该陈述完全适合我。

选择时请注意刻度等级，因为有部分陈述的表达是褒义的，有部分陈述的表达是贬义的。

请完整顺畅地填写问卷，争取做到尽可能切合实际的自我评价。请想一下，问卷结果仅针对您自己，可以做定位参考之用。是否把结果用于选择或反对教师职业，最终完全取决于您自己。详情见附表3。

附表3　"精神饱满迎接教师职业"问卷

维度	问题	序号	问题内容	1根本不适合我	2大多不适合我	3部分适合我	4大多适合我	5完全适合我
喜欢跟儿童和青少年打交道	作为教师，即使是在课后也应愿意跟儿童和青少年相处。因为教师在课外也有很多时间要与他们在一起度过。您这方面的情况怎么样呢？	1	跟儿童和青少年打交道，我感到很开心					
		2	儿童和青少年很快让我烦心，我宁愿和同龄人或者年长的人待在一起					
		3	我认为我很了解儿童和青少年					
积极处理失败的能力	作为教师，要经常经受挫折。教师应具备妥善处理挫折的能力。您这方面的情况怎么样呢？	4	如果自己想要的目的没有达到，我会很快放弃					

续表

维度	问题	序号	问题内容	1根本不适合我	2大多不适合我	3部分适合我	4大多适合我	5完全适合我
积极处理失败的能力	作为教师，要经常经受挫折。教师应具备妥善处理挫折的能力。您这方面的情况怎么样呢？	5	如果付出努力还是失败，我会很快失去兴趣和动力					
		6	某件事情没做好，我就会鞭策自己在这件事上下更大的功夫					
责任意愿	乐于为他人负责是教师这个职业的前提条件。您这方面的情况怎么样呢？	7	我很乐意为他人负责					
		8	如果我总是为他人负责会受不了					
		9	我经常为他人说话、出力					
幽默感	如果问学生欣赏教师什么时，他们往往会特别提到幽默感。富有幽默感有助于赢得他人的好感以及轻松地掌控困难局面。您这方面的情况怎么样呢？	10	我很容易逗人发笑					
		11	我的朋友和熟人都很欣赏我轻松、愉快的风格					
		12	我很难在合适的场合做到灵活和幽默风趣					
受挫能力	作为教师必须能够经常忍受不公正的批评、委屈和侮辱。这就需要除了对教师这个职业充满热爱之外还要能屈能伸。您这方面的情况如何？	13	我能经受得住委屈					
		14	我对人生指责和攻击很敏感					
		15	我比其他人更能经受得住失望					
知识和信息的需求	即便是教师也必须学习。他们不但在业务和教学法上要不断得到进一步深造，而且也要时刻了解政治和社会的发展情况。这就要求教师在许多领域都要有好奇心和学习意愿。您这方面的情况如何？	16	我愿意时刻了解最新动态					
		17	我广泛而全面地了解社会和政治					
		18	即使连续几天没报纸看也没新闻听，我也不在乎					
嗓音	教师需要具备一副响亮、持久的嗓音，因为这是教师赖以工作以及获得成功的"工具"。您这方面的情况如何？	19	我的声音总是被淹没在人群中					
		20	我可以毫无问题地讲很长时间的话					
		21	我很注重对自己嗓子的保养					

续表

维度	问题	序号	问题内容	1根本不适合我	2大多不适合我	3部分适合我	4大多适合我	5完全适合我
社交场合实现自我的能力	作为教师不能仅仅是传授知识，还要给儿童、青少年指引道路。这种情况下，他不但要频频交换意见，还要克服种种阻力。因此，教师要有实现自我以及在冲突情境中果断出击的能力。您这方面的情况如何？	22	我可以很好地调节群体中出现的冲突					
		23	遇到阻力时我觉得很难果断地做出决定					
		24	在争论中我能坚持自己的立场					
灵活性	在学校里不可能所有的事情都能按部就班进行。经常要考虑到不可预见的事件；不得不突然去代几节课；还要面临缺少必需的课件和材料。因此，需要具备灵活性和即兴发挥的天赋。您这方面的情况如何？	25	我对无法预见的情况能做好心理准备					
		26	我更倾向于一切事物都能按部就班地进行					
		27	我能毫无问题地适应新环境					
社会敏感力	教师应当具备与人友好相处的能力，对别人的困难和需求感同身受。不仅在与学生的交往中，而且在与家长以及与同事的交往中都应做到这一点。因此，教师必须具备感受能力和社会辨别力。您这方面的情况如何？	28	为他人着想对我来说是难事					
		29	如何与特定的人打交，我很敏感					
		30	我能对别人的困难感同身受					
努力与生活清苦的意愿	教师的工作并不单单与课堂教学有关。教师必须同家长和学生进行谈话，履行各种管理任务，组织班级活动，参加各种师资培训活动和各种学校会议，晚上一般还要备课及批改作业。如此看来，教师是一整天都在"工作"了。工作和休息时间或许根本无法分开。这些都要求教师要具备努力与生活清苦的意愿。您这方面的情况如何？	31	教师这份工作没有真正意义上的下班时间，对此我已做好了心理准备					
		32	我已做好准备为了工作牺牲自己的私人事务					
		33	晚上和周末还要忙于学校里的事物，这一点我很难做到					

续表

维度	问题	序号	问题内容	1根本不适合我	2大多不适合我	3部分适合我	4大多适合我	5完全适合我
教学法技巧	要成为教师就应该确信自己喜欢课堂教学并有这方面的天赋。您这方面的情况如何？	34	我能很好地把复杂的情况解释清楚					
		35	复杂的课题我也能成功设计成让他人理解的内容					
		36	把某些东西交给他人，对我来说有些难					
公开场合充满自信	教师经常拥有"观众和听众"，其对象不仅有学生还有家长、同事、领导等。所以他必须能够做到在公开场合充满自信，以自己的论据说服他人。您这方面的情况如何？	37	即使没有准备，我也可以在一群成人面前轻松自如地发言					
		38	必须到公共场合去展示时，我能够毫无问题地克服障碍					
		39	在大庭广众面前发言，我感到很不自信					
休闲和放松能力	教师这一职业对身体，首先对心理层面的要求很高。所以拥有一个健康的体魄是做教师的前提，教师还能够做到充分休息和放松。您这方面的情况是如何？	40	我知道劳逸结合					
		41	在闲暇之余我能很好地放松和休息					
		42	我很难让自己停下来休息					
表达能力	教师这个职业要求善于驾驭语言。教师必须有能力自由流畅地说话且表达简单易懂。您这方面的情况如何？	43	我的表达能力在作报告和讨论的过程中还不尽如人意					
		44	即使涉及复杂的事情，我也能讲得清晰易懂					
		45	我能很好地做到以自己的表达方式去适应交谈伙伴					
情感受挫时的稳定情况	作为教师尤其在人际关系层面需要掌控许多困难的局面。容易不知所措，容易丧失信心且长时间纠结其中的人很难胜任该职业。您这方面的情况如何？	46	无论我哪方面出了洋相，都会长时间纠结于此					
		47	和别人争论会让我非常激动					
		48	在与他人打交道过程中，即便是小小的困扰和问题都会让我不知所措					

续表

维度	问题	序号	问题内容	1根本不适合我	2大多不适合我	3部分适合我	4大多适合我	5完全适合我
鼓励和激发能力	教师不仅仅是知识的传授者。他们还要做到能够调动儿童和青少年的积极性,发展他们的好奇心,激发他们的热情。因此,要求具备调动他人积极性的能力。您这方面的情况如何?	49	我可以做到让别人对我的想法感到振奋					
		50	让人相信一件事对我来说很难					
		51	我想我可以很好地把事情描述得趣味横生					
和蔼可亲和热心肠	要想做一名成功的教师,需要和学生、家长、同事以及校领导和睦相处。对此有益的做法是与人为善、和蔼可亲以及坦诚相见。您这方面的情况如何?	52	大多数人会认为我是一个热心肠的人					
		53	我觉得自己待人很真诚					
		54	许多熟人都认为我是一个比较冷和有距离感的人					
有效工作的能力	教师在本职业中经常要在同一时间内同时处理多项不同的事情。因此,教师必须要有能力组织好各项工作,且工作效果突出。您这方面的情况如何?	55	如果有许多任务要完成,我就不知道该从哪儿着手					
		56	大多数情况下,我能在规定时间内很好地完成工作					
		57	我担心自己的工作做得不够有效					
抗压能力	教师经常要承受压力,这些压力来自无法预见的课堂意外事件,来自学生、家长、同事和校领导的各种愿望和要求或者来自时间压力和过多的课程。因此,作为教师应该能够用不同的方式战胜这些压力。您这方面的情况如何?	58	我是越有压力越有动力					
		59	压力大我会容易惊慌失措					
		60	一下子要处理多件重要的事情/约见,我很快就会受不了					
职业理想主义	最后,教师还需要旺盛的活力和理想主义情怀。他应时刻准备着为儿童和青少年的健康成长保驾护航,并精力充沛地去实现这一目标。您这方面的情况如何?	61	我非常愿意作为咨询者和帮助者去帮助儿童和青少年					
		62	实事求是地说,教师不太可能对他们的学生产生影响					
		63	我觉得我将会是一个充满快乐和激情的教师					

（二）自我测试例二——三思而后行：师范专业职业能力倾向测试

1944 年，德国巴登-符腾堡州施韦比施格明德师范大学因教授和贝克尔教授与霍尔布的科勒合作研发了一套师范专业职业能力倾向测试的问卷，并发表在德国著名杂志《教育学》上。他们设计此问卷的目的主要是为师范专业的新生提供机会，再一次检查自己想从事教师职业的意愿。他们认为，师范专业职业能力倾向测试，不但可以预防教师职前培养过程中出现师范生严重流失以及预防职业生活中出现挫折和失望，而且可以降低刚就读师范专业师范生所赋予的过高期望，帮助他们获得所追求的职业的切合实际的评价。问卷设计的出发点是对教师日常的要求和压力的各种研究结果。

师范专业职业能力倾向测试问卷

测试说明

请仔细阅读测试的各个部分。每个部分对教师职业的特殊要求以及压力都有所描述。想象一下自己已从事教师职业，所描述的情况对您产生的压力有多大？请在每个刻度表上选择出您认为与自己个人压力相应的强度，并打钩。

一、一般能力、态度与举止

1. 沟通意愿与能力

教师总是与人打交道：学生、同事、家长和上级。与私人领域不同，教师在职业上很少能挑选自己的交谈伙伴。这就要求他们具备一再接近他人、倾听他人说话以及与他人展开讨论的基本意愿与能力。

根本没有	几乎没有	一般	相当大	极大
1	2	3	4	5

2. 自我强项

学校和课堂教学所涉及的往往不仅仅是友好地接受他人、帮助他人解决问题，坚持对学生提出合理要求或同某些家长的愿望划清界限也是非常有必要。这需要教师具备相当程度的自我强项和能力，以处理来自各方面的不同期望。

根本没有	几乎没有	一般	相当大	极大
1	2	3	4	5

3. 情感的平衡

学生希望教师每时每刻都和蔼可亲、宽容耐心、心情愉悦、富有创意、可预见和风趣幽默。有时教师可能觉得满足学生的这些期望并不难，但在许多存在私人烦恼、健康问题或与上司的不快的日子里可能就很难做到了。对一些教师而言，他们也不可能感觉到自己需要必要的情感平衡。如果这种平衡很大程度上完全缺失，就会导致课堂教学成为几乎忍无可忍的"麻烦"。

根本没有	几乎没有	一般	相当大	极大
1	2	3	4	5

4. 求知欲

学校需要的教师不应拘泥于设计好的教学单元，而应致力于对现实内容进行整理加工，对新的教学方法和教学设想充满兴趣，在处理学生学习和行为问题时不满足于标准解释，而是使自己成为内行，寻求新的答案。所有这一切都需要投入大量时间，教师（不仅是刚毕业的师范生）的工作时间因此可能远远超过每周40小时。

根本没有	几乎没有	一般	相当大	极大
1	2	3	4	5

5. 自律

教师，一方面可以自行安排自己的大部分工作时间，这当然有许多优势；另一方面却需要高度的自律，例如不会在最后一分钟快速设计出班级工作或家长会，不会把令人头痛的作业搁置几天不改，不会让学生和家长承受无规律的工作节奏之苦。

根本没有	几乎没有	一般	相当大	极大
1	2	3	4	5

6. 耐心

教师在履行职业活动时需要具备不同寻常的耐心。他们必须经常给成绩差的学生几天甚至几个星期反复解释同样的学习内容，必须每天为班级缺少的社会行为操心，或者也许某个早上在校健身房里必须提醒20次不要在下垂的绳索上爬上爬下以免受伤。紧张的一个上午上课结束时或者在学年临结束前的忙碌阶段，教师很难做到对所有学生都继续保持耐心，这点肯定让人容易理解。

根本没有	几乎没有	一般	相当大	极大
1	2	3	4	5

7. 榜样行为

社会学习很大程度上实现于榜样学习。即使在其他领域，如工作态度方面，特别是那些年龄尚小的学生，会以教师的榜样为取向。以身作则这种持久性义务会变得非常累人。特别对那些居住在工作所在地的教师而言更是如此。首先在比较小的社区里，即使在业余时间，他们往往也会因此受到监督，是否起以身作则和起模范带头作用，情况如何。

根本没有	几乎没有	一般	相当大	极大
1	2	3	4	5

8. 嗓音

教师职业属于言语职业组群。如果课堂教学不得不在不利条件下进行，比如班级人数多，也很吵闹，或教室靠近交通要道，那么说话大多会成为嗓音的负担。此外，许多教师不但废话连篇，而且经常说错。因而，许多教师的嗓音有问题，而且大约 1/3 的教师患有嗓音疾病是不足为奇的。

根本没有	几乎没有	一般	相当大	极大
1	2	3	4	5

9. 组织才能

在学校的日常生活中，必须不断采取组织措施。比如，及时购置或分发教学资料，让学生分组学习，结构化教学过程，调整教室和课时，规划课程、徒步旅行和郊游，或准备班级和学校节日。为了使这些活动顺利而有效地进行，特殊的组织才能是必不可少的。

根本没有	几乎没有	一般	相当大	极大
1	2	3	4	5

10. 政治独立性

所有的国家和社会制度过去和现在都在尝试，通过学校对年轻的国民施加影响。此外，回顾我们的历史可以证明，教师在政治上容易上当受骗和容易被人操纵。但问题不可能是教师幼稚地附庸于当时的政治趋势，或者仅仅是出于机会原因加入某个党派。相反，不追求利益的政治独立受到追捧。但是，这种独立性的前提是在必要时具备不怕困难和不怕难堪的意愿。

根本没有	几乎没有	一般	相当大	极大
1	2	3	4	5

11. 身体和心理承受力

课堂教学是一项非常辛苦的活动，因此许多教师上完 5—6 节课后就精疲力尽了。不断要求他们全神贯注，各种要求、愿望和必须做的事情的同时发生，对问题学生和问题班级的处理，等等，都可能导致教师出现各种心理和身体反应，比如脉搏率和呼吸频率加快，免疫反应减弱，或者导致这样的事实：教师的肾上腺素含量有时大大高于考驾驶执照的人。为了能够在三四十年的在职工作中对付这样的压力，肯定需要特别的承受力。

根本没有	几乎没有	一般	相当大	极大
1	2	3	4	5

二、不同领域的特殊要求和困难

1. 问题学生

差不多每个班级都有几个学生在遵守规章制度以及与别人友好相处方面有困难。这些孩子在小学往往很难退回，他们无法安心坐着听课，或者表现出好斗。年纪大一些的学生往往会扰乱课堂、侮辱同学或有意挑衅教师。但往往也正是这些学生需要教师以特殊的方式理解、帮助他们，以特殊的责任心对待他们。

根本没有	几乎没有	一般	相当大	极大
1	2	3	4	5

2. 家长

教师一方面要与对其孩子在学校的成绩几乎一点也不关心的冷漠家长打交道，另一方面必须与积极性高涨、具备教育素养的、能言善辩的家长交换意见。这些家长或许经常询问、批评教师的工作情况，并希望教师按照自己的想法加以改变。与私人领域不同，教师职业生活中的不愉快接触是不那么容易中断的，一般情况下必须根据每个学生的兴趣加以维持或重新联系。

根本没有	几乎没有	一般	相当大	极大
1	2	3	4	5

3. 同事

每个学校既有宽容、坦率、乐于助人的教师，也有情况相反的教师，他们不愿意暴露自己的意图，不重视意见交流，不信任别人的工作，放学后尽可能快地躲得远远的，使个别人好心好意的合作努力成为徒劳。有时，抱成团的小团体也成问题，他们觉得热心的新同事打搅了他们，并因此做出相应的反应。

根本没有	几乎没有	一般	相当大	极大
1	2	3	4	5

4. 校领导

当然，有的学校的校长非常关心自己的学校以及在此工作和学习的师生，认真致力于解决教育和教学问题。当然也有一些校长整天提心吊胆地关心着自己的地位是否得到法律保障，利用会议标榜自己，没完没了地一言堂，沉醉于小事之中，或者想方设法以超前的服从给学校的上级机构留下印象。

根本没有	几乎没有	一般	相当大	极大
1	2	3	4	5

5. 学校等级

在小企业里，大家往往可以共同讨论及灵活实施有待做出的决定。与小企业不同，学校和学校管理组织等级非常森严。申请、询问及指示等都必须通过行政手续转交到相关部门（即县教育局、地区教育局或州文教部）来处理。在这种情况下，即使当地各个学校的教师不喜欢上级部门做出的决定，也必须执行。

根本没有	几乎没有	一般	相当大	极大
1	2	3	4	5

6. 工作地点

由于边远地区和毫无魅力可言的地方的学生同样有权利享有高水平教学，所以总是有教师不能根据自己的选择到自己喜欢的地方任教，也总有教师不得不一再换学校或者同时在多个学校任教。此外还有一个特别的难题就是，由于各州享有文化主权，这种情况可能会让打算到其他州任教的教师，如为了能够与自己的配偶共同生活，几年后才能实现自己的愿望。

根本没有	几乎没有	一般	相当大	极大
1	2	3	4	5

7. 职业形象

在我们的社会中，教师的职业形象并不特别高大。但是自己不教书也不了解教师职业高压力的人，他们眼中看到的往往只是表面上的一些优势，尤其是所谓闲暇的下午以及许多节假日。凡是早上上五六个小时课，并且必须让几百个不同的学生明白自己所上的课，以及不得不做基础性教育工作，然后感觉相当疲惫，而下午又得备课和改作业的人，如果有人经常提到他们"只需半天工作而收入不错"，或者说他们是"世界度假冠军"，就让人觉得非常烦恼。

根本没有	几乎没有	一般	相当大	极大
1	2	3	4	5

8. 认可

在许多行业，人们很容易获得认可，要么是顾客高兴，要么是患者治愈，要么是上级满意或者事业本身很成功。教师却相反，他们往往为某些学生操心好几个月却收效甚微，定期认真备课却几乎得不到别人的半点赞扬，反而不得不一次又一次注意听取家长、校长和学生的批评。学生赞扬教师课上得好或赞扬教师和蔼可亲的情况相当少见。

根本没有	几乎没有	一般	相当大	极大
1	2	3	4	5

9. 不愉快的任务

在评估教师职业时往往会忽视，除了教学工作外还有其他任务，而这些任务长此以往可能会成为相当大的负担。所以担任语文或英语课的教师必须花好几个小时的时间修改学生的作文和作业。班主任必须定期撰写成绩报告单或报告；在学生发生冲突的情况下，他们还要联系有关机构或青少年福利局。因为学校董事会办学往往非常无情或者甚至让其损坏，教师得花很多时间与学生一起构建自己的学校或教室。即使是年龄较大的教师，也被期待和班级学生一起去进行冒险性郊游以及到不怎么舒适的青年旅社过夜。所有教师都必须承担课间监督学生的工作，这时往往要经常面对学生的暴力行为。

根本没有	几乎没有	一般	相当大	极大
1	2	3	4	5

10. 收入和晋升机会

与许多其他学术职业或与处在领导岗位的职员相比，教师的收入并不高。教师尽管应该按照苏格拉底的说法"不为获得金钱而牺牲教育这个崇高的事业"，但正是那些每周工作 40 多个小时、认真负责的年轻教师常常无法明白，他们为什么不是按成绩而是按工作年限获得报酬。此外，教师的晋升机会相对较少，而且承担许多较高级别的活动，如辅导大学生和教育研修班学员等，也没有经济奖励。

根本没有	几乎没有	一般	相当大	极大
1	2	3	4	5

请合计所有得分。数一下所选的（"极大"）5分值有几个。

总分：

评分标准

35分以下：测试结果如果在此范围内，那么对教师职业的想法可能不现实。不过这也可能是对自己在上述领域的能力和机会评价过高。因此，我们强烈建议开始大学的师范教育前先到社会机构或中小学去实习几个星期。

介于36分和63分之间，最高两次打出5分（"极大值"）：测试结果在这个范围内，可以推测，对中小学和教学的活动及压力有比较切合实际的看法。因此，我们认为可以开始所计划的大学师范教育的学习，或者把已经开始的大学师范教育学习继续下去。

64分和64分以上，或者至少三次打出5分（"极大值"）：检查一遍，觉得哪些要求特别严格和特别有压力？是否在其他情景中经历过类似的压力？这种情况很容易让人有这样的猜测，即不具备教师职业必不可少的条件或不愿意或不能承受一些压力。因此，我们建议重新考虑自己的职业愿望，或许转向其他职业。如果还不能完全确定，我们强烈建议尽快到社会机构，或者最好到中小学去实习几个星期，这样可以重新考虑批判性的自我评价。

二、他评

德国各高校实施的这种在线入学定向测评或入学能力测评可以让师范专业申请者熟悉内容丰富的测验，最终的目的是让候选人了解自己今后是否能从事教师职业，能否愉快从事教师职业，对此科学要求可以说是合情合理的一种愿望。然而，这种心理诊断式的测评肯定不可能实现这一愿望。所以德国各高校还采取了一种补充形式，即在线入学定向或能力自评基础上的他评。

他评并非在入学前，而是在师范生的中小学实习和大学上课期间进行。执行者为大学聘请的中小学指导教师或咨询教师。他们通过对师范生的观察后结合其自评结果给出专业性反馈。一般情况下，中小学指导教师是当面给出指导和反馈意见，而咨询教师则是利用某一咨询主线或者某一（在线）他评程序给出咨询式反馈。他评措施的实施更有助于选择师范专业的学生清楚自己是否适合该工作，是否对此真正感兴趣，它为把好教师职业入门第一关提供了进一步的保障。

三、评价中心测试手段

评价中心测试手段 1920 年源于德国,是近几十年来西方企业中流行的集多种测试方法于一体的一种选拔和评估管理人员尤其是中高层管理人员的人事诊断方法,用于系统掌握人的行为效率或行为缺陷。多位观察员根据规定的规则按事先明确的要求范围同时对一位或多位受试者的成绩进行评价。该测试手段由于各种各样的原因,尚未在德国各高校全面展开。目前只有卡塞尔大学和吕内堡大学已经在师范专业中全面展开;一些大学,如帕绍大学等尚在模式试验中,而其他一些大学则尚在犹豫观望中。下面介绍的是德国帕绍大学赛博特(Norbert Seibert)教授及其项目团队研发的以评价中心为基础的部分测试操作方法与内容。

(一)能力诊断的对象

能力诊断主要是面向已注册的第一学期的师范生。每天诊断一组,每组 12 位师范生。

(二)能力诊断小组成员的组成

整套入职能力诊断程序由一个 8 人小组负责执行,成员包括 2 名教育科学教授、4 名来自不同类型学校的中小学教师、2 名州或市教育部门督学。诊断小组成员每年在举办师范生入学诊断前必须参加为期一天的培训。

(三)能力诊断程序的流程

能力诊断的时间为一天。在此期间,师范生必须按照自我展示、小组讨论、情感移入练习、角色扮演、咨询式反馈谈话的流程,完成涉及认知、动机、情感、社会这四个方面的四种不同类型的活动,模拟所要求的各项任务,这些任务再现了与职业成功与否相关的工作情况。下面是帕绍大学赛博特教授提供的有关资料,我们可以从中窥知一二。

1. 自我展示活动

自我展示活动

请用5 分钟时间向观察人员做自我介绍,让他们可以对您有一个全面的印象。介绍过程中要特别就以下几个问题谈谈自己的看法:

为什么决定就读师范专业?

请说明选择就读师范专业、学校类型和执教科目组合的理由。

基于个人特质，您认为自己适合就读师范专业和从事教师职业吗？

自我展示有10分钟的准备时间和5分钟的展示时间。

展示报告时可以利用各种多媒体（投影仪、活动挂图、钉板）。

最后向学生提问，时间最多5分钟。问题应包括以下几个方面：

社会公益活动的参与和社会经验：

到现在为止，您在学校或您个人（在俱乐部、家教……）与儿童和年轻人的交往中积累了哪些经验？您认为自己在此过程中成功吗？为什么？

您有榜样吗？这个人为什么是您的榜样？您的榜样也可以来自校外。

克服压力和应对挑战：

您认为自身的弱点在哪里，如何对待这些弱点？（鉴于自己的师范专业学习和即将到来的学校实习）

您在学习中将面临的最大挑战是什么？

您将会如何应对这些挑战或紧张状态？

2. 小组活动

小组讨论"对中小学教师的要求"

姓名：

活动任务：

以下10种说法是对教师的要求。请根据个人看法依照"要求"的重要程度由高到低排序，在空格栏中分别填入数字1—10。最重要的为1，最不重要的为10。

我的排序

A	教师必须因人而异给予学生个性化促进	
B	定期参加培训是教师了解自我的一部分	
C	学生作业必须及时、认真地加以批改	
D	教师必须重视自己的身体健康	
E	与家长的积极合作是学校正常生活的基础	
F	学生的学习成果主要取决于教师的教育能力	
G	教师要时刻认真听取学生的每个问题	
H	优秀的课堂教学以学生的独立学习和反思性思维为取向	
I	优秀的课堂教学主要取决于教师的专业能力	
J	教师要公正地评价每个学生	

排序时间：5分钟。

为什么选择该顺序？请说明理由。接下来还有机会对此进行讨论。

（四）具体测评标准

在师范生能力诊断过程中，诊断小组成员根据规定的特定能力标准对学员的认知（包括工作作风与方式、语言表达方式、专业知识或学科知识）、动机（包括专业选择动机、积极性、外倾）、情感（对自身优势的评定、应对身心负担）、社会（社会能力、对他人的敏感度）这四个方面的能力进行测评。下面请参看帕绍大学对自我展示和小组活动的测评标准：

1. 自我展示的观察标准

自我展示——观察标准

维度	增分项	减分项
工作作风	+以简短导入开始	-开始没有导入
	+回答了所有规定任务	-没有回答或很少回答规定任务
	+主次分明	-陷于细节
	+注意时间	-没有时间概念
	+应用直观化手段（比如用媒体）	-没有应用直观化手段
	+表现出井然有序的工作方式	-表现出马虎草率的工作方式
语言	+说话声音（适当）响亮、清晰	-说话声音太轻或太响、不清楚
	+说话（适当）流利	-说话磕磕绊绊
	+说话语调抑扬顿挫	-说话声音单调
	+表达有层次	-表达混乱、没层次
	+正确使用术语和外来词，目的明确	-不使用或不能正确使用术语和外来词
	+尽可能不用语助词	-用干扰性语助词（"嗯、嗯"，"这个、这个"……）
	+内容表达容易理解	-表达漫无边际、让人无法理解
	+讲标准语为主，适当情景下用方言	-用口语表达方式
专业知识	+提出（众多）内容方面的观点	-没有提出或很少提出内容方面的观点
	+具体解释相互关系	-没有解释相互关系、搁置不管
	+提出论证且说服力强	-提出的论证让人无法理解，漏洞百出
	+讲到了与儿童、青少年交往的经验、认识	-没有或很少讲到与儿童及青少年交往的经验、认识
动机	+列举了众多的选择就读本专业的动机	-没有列举（具有说服力的）选择就读本专业的动机
	+对专业和职业的选择动机进行反思	-对专业和职业的选择动机没有斟酌
	+与学生一起学习或相处，能够感觉到其情感上的积极投入、热情	-就和学生一起学习或相处而言，给人的感觉是无所谓或情感上有距离

续表

维度	增分项	减分项
积极性及外倾	+承担责任	−把责任推卸给他人
	+表现坦率而开明（外倾）	−显得沉默寡言（内向）
	+表现出高度的责任心、积极性	−显得无所谓、不积极
	+讲到了与儿童、青少年交往的经验、认识	−没有或很少讲到与儿童及青少年交往的经验、认识
情感承受力	+指出自己的优势和不足	−没有指出自己的优势和不足
	+相信自己的能力	−怀疑自己的能力，表现悲观
	+身体姿势挺拔，表情和手势恰到好处，保持眼神交流	−身体姿势不恰当，表情或手势夸张，没有或很少有眼神交流
	+遇到提问反应泰然自若	−遇到提问容易心慌意乱
	+做事可靠	−举止不可靠或不怎么可靠
	+表现热情、欢快	−显得情感上有距离感
应对精神负担	+提出众多（适当的）应对策略	−没有提出众多（适当的）应对策略
	+谈到了其他人的支持（社会支持）	−没有谈到其他人的支持（社会支持）

2. 小组讨论的观察标准

小组讨论——观察标准

领域	维度	增分项	减分项
认识领域	工作作风	+注意时间	−没有时间概念
		+主次分明	−陷于细节
		+对进一步行动提供建设性意见	−对活动没有任何建议
		+对结果进行总结	−对结果没有总结
	语言	+说话声音（适当）响亮、清晰	−说话声音太轻或太响、不清楚
		+说话（适当）流利	+说话（适当）流利
		+说话语调抑扬顿挫	−说话声音单调
		+表达有层次	−表达混乱、没层次
		+尽可能不用语助词	−用干扰性语助词（"嗯、嗯"，"这个、这个"……）
		+内容表达浅显易懂	−表达漫无边际、让人无法理解
		+讲标准语言为主,适当情景下用方言	−用口语表达方式
	专业知识	+提出（众多）内容方面的观点	−没有提出或很少提出内容方面的观点
		+区分看法与事实	−把（自己的）看法作为事实来描述
		+具体解释相互关系	−没有解释相互关系、搁置不管
		+提出论证且说服力强	−提出的论证让人无法理解，漏洞百出

续表

领域	维度	增分项	减分项
认识领域	专业知识	+认识到矛盾	-无视矛盾
		+应对反论根据充分	-不知如何应对反论
情感领域	情感承受力	+维护自己的立场	-没有自己的立场
		+相信自己的能力	-怀疑自己的能力,显得缺乏自信
		+身体姿势挺拔,表情和手势恰到好处,保持眼神交流	-身体姿势不恰当,表情或手势夸张,没有或很少有眼神交流
		+遇到提问反应泰然自若	-遇到提问容易心慌意乱
		+做事可靠	-举止不可靠或不怎么可靠
		+表现热情、欢快	-显得情感上有距离感
	应对精神负担	+提出众多(适当的)应对策略	-没有或很少提出应对策略
社会领域	社会能力	+从不同的角度出发考虑问题	-没有从不同的角度出发考虑问题
		+尊重对方	-贬低他人
		+积极倾听	-倾听时显得心不在焉或不怎么专注
		+让对方把话讲完	-打断对方的话
		+表达第一人称的信息	-综合表达
		+直接与对方攀谈	-不把对方拉进来
		+引导讨论	-没有进行过程调控
		+客观表达反对意见	-没有客观地表达反对意见
		+客观地接受对方的批评和反对意见	-对批评和反对意见反应不当
		+努力寻求共同的解决方法	-只追求自己的目标

(五)入学资格测试手段或教师职业能力倾向性诊断的发展趋势

根据德国吕内堡大学应用健康科学中心比尔吉特·尼斯肯斯(Birgit Nieskens)博士和奥地利克拉根福大学教学与学校发展研究所海克·德玛勒莫塞尔(Heike Demarle-Meusel)博士的调查,德国各州都非常关注教师职业能力倾向性诊断这一课题,有大约一半的州还在教师职前教育法中对教师职业能力倾向性诊断的目标、内容、时间、组织实施以及检查评估过程等做了相应规定。其他州也在不断跟进。

教师职业能力倾向性诊断虽然在德国实行的途径和方法各异,且名称也不一样,但其趋势相同,并具备一个共同特点,即不把目标放在外部调控的对教师职业感兴趣者的选拔上面,而是放在支持未来教师进行自我反思上面。因此,申请阶段的职业倾向测试成了反思性专业化进程的一个组成部分。自我职业倾向性诊断不再是入学前的一种手段。师范生在踏入职业生涯之前必须要经常进行自我职业倾向性诊断，并在职前培养过程中随时进行反思。这也是德国文教部长联席会议建议的体现。

德国各州对教师职业的职业能力倾向性诊断的重视可以从以下几个方面体现出来：①加大各部门之间的合作。比如在北莱茵—威斯特法伦州，文教部负责师范生大学之间的时间安排和教师教育第二阶段，而科技部负责的是大学的学习。所以，职业倾向性测试必须得两个部委共同负责，所以两者之间的密切合作非常重要。②加大人力和物力方面的投入。比如，北莱茵—威斯特法伦州加大对培养实践指导教师的投入；绝大多数州为这方面的评估和研究提供财政支持。③举行各种高中毕业博览会、举办了师范体验夏（冬）令营、提供丰富多彩的咨询形式以及发行特定的信息小册子以引发学生对教师专业的兴趣，吸引优秀高中毕业生攻读师范专业。

附录 3　帕绍大学的 PArcours 课程

1. 什么是 PArcours？

PArcours 是一项自愿的、免费的能力咨询项目，专门为帕绍大学教育学院的师范生而设计。

2. PArcours 的目标是什么？

PArcours 记录有关教师职业和教师教育的重要素养和个人特征。结合过往经验，参与者被建议是否适合教师教育和教师职业。

在 2020—2021 冬季学期实施.

3. 参与者可以收获什么？

PArcours 结束时，参与者将获得有关他们是否适合教师教育和教师职业的评估。通过这种方式可以再次反映学生的选择，并为学生设计个人学习课程提出具体建议。

适用性建议包括：

- 与一位学校教育领域的专家进行大约 20 分钟的反馈讨论。
- 有关个人素养的 12 页书面结果反馈。
- 可选择向 Norbert Seibert（学校教育主席）进一步咨询。

4. 谁可以参加 PArcours？

所有师范专业的（准）新生都有资格参加。

目前,PArcours 是一项咨询服务。无论结果如何,您都可以保留您的学习名额。

5. PArcours 包括哪些练习?

在"PArcours 日"期间,参与者将完成以下三个练习:个人展示、小组讨论和电影分析。这些练习鼓励参与者反思自己是否适应教学行业和对教师的要求。此外,参与者还要分析示例教学。除了练习,还包括兴趣测试和性格测试。

6. PArcours 涵盖哪些素养?

练习期间,受过训练的观察员将评估参与者的多种素养和人格特征,比如沟通和合作的能力、语言组织能力以及接纳观点的能力。

"PArcours 日"结束时,参与者将在个人反馈和观点的讨论中获得其素养和人格特征的全面反馈。人们讨论参与者的优势和发展机会,并为他/她参加研讨会和发展个人素养提出具体建议。

7. PArcours 持续多长时间?

"PArcours 日"从 8:30 开始,约 17 时结束。

您可以在午休时间到帕绍大学的食堂享用午餐。

附录4 浙江外国语学院国际化卓越教师培养创新实验班成长手册

一、国际化卓越教师培养创新实验班培养方案

"国际化卓越教师培养创新实验班"是浙江外国语学院开展的一次变革型试验,旨在探究优秀教师的专业发展规律,建构师范生培养的实践模式,同时也是我院基于六十余载教育积淀,对《教育部关于实施卓越教师培养计划的意见》理念的主动回应与践行。实验班面向全校二年级 300 余名师范生进行选拔,要求专业成绩排名占本专业前 30%,经"个人+小组合作"面试,确定立志从事教师职业、专业功底扎实和综合素养较高的 30 名学生作为实验班的培养对象。实验班汇聚校内外的优质资源,采用"理论濡染+实践浸润"的双重培养模式,辅之以"任务驱动+共同体协作+成果产出""三导师制"等特色培养方式,培养既掌握系统化理论知识又能躬行实践,既熟知国际教育前沿又能积极参与本土化教育变革,

既具有教育领导力又善于协作的未来卓越教师。

（一）培养目标

遵循"国际化"与"卓越"的内在要求，围绕未来教师必须涵养的"教育教学能力"与"自我发展能力"，实验班将教师的发展目标设定如下：

1）具有坚定的教育理想，能够形成自己的教育见解。
2）具备开阔的国际视野，能够紧跟国际教育动态，增进国际理解。
3）具备较强的职业认同感与教育服务意识，能够积极投身教育公益事业。
4）具备系统的教育知识，精湛的教学技能，科学的教学设计能力。
5）具备一定的课程意识与规范的课程建构能力。
6）具备敏锐的教育研究意识与能力。

（二）培养年限与学时

学制为两年，具体培养时间是二年级（下）至四年级（上），其中最后一个学期为专门的实践月。

每学期160学时，具体分布如下：

1）每周四下午4学时，约18周，计18×4=72学时。
2）每学期1个实践周，5天，计5×8=40学时。
3）每年寒暑期各1个集训周，5天，计5×8=40学时。
4）每学期预留8个机动学时，学生可自主选听教师培训学院研发的各类主题讲座，也可用来开展与中小学段学困生的结对帮扶等教育公益类活动等。

（三）培养模式

培养模式包括"理论濡染+实践浸润""任务驱动+共同体协作 + 成果产出""三导师制"：理论导师+实践导师+励志导师。学生任务清单中的十项卓越包括：①每学期精读1本经典著作；②发现1名儿童；③观察1个班级；④评估1所学校；⑤访谈1位名师；⑥研究1个国家的教育概况；⑦精心研磨1堂课；⑧研发1门微课程；⑨掌握1项艺术特长；⑩绘制1份可行的教育职业生涯规划。

（四）课程模块与开课计划

在综合考量学生所属院系的课程方案之后，我们研发了三类课程，即原理类课程、实践类课程与通识类课程。三类课程共有16门微课程，每门微课程皆是一个独立的主题,每个主题开展的学时数依据该门微课程的内容与学生需求而定。

课程类别	课程模块	微课程名称	实施学期
Ⅰ:原理类课程	教育思想与哲学	研读经典:观点争鸣	二年级(下) 三年级(上) 三年级(下) 四年级(上)
		放眼世界:教育联合国	
	教师专业发展	规划自我:职业生涯绘制	
		访谈名师:走进卓越	
Ⅱ:实践类课程	教育	发现学校:学校文化与运作	二年级(下)
		发现班级:班集体治理	三年级(上)
		发现儿童:结成学习伙伴	三年级(下)
	教学	课堂观察:课堂教学实录	三年级(上)
		教学设计:设计一堂课	三年级(下)
		教学实施:上好一堂课	四年级(上)
		课程研发:开发一门微课	四年级(上)
	教育咨询	答学生问:学生学习与成长解惑	四年级(上)
		答家长问:家长常见教育问题解答	四年级(上)
Ⅲ:通识类课程	文化涵养	东西方文化的起源与变迁	二年级(下)
	艺术修养	研习并形成一门艺术特长	三年级(上)
	教育技术	现代教育技术	三年级(下)

注:①"发现学校"设在二(下),对不同类别的学校进行观测与评估;②"发现班级"设在三(上),担任班主任助理,考核形式为一篇班级观察报告;③"发现儿童"设在三(下),形成一篇关于儿童话语、心理与行为分析报告。

(五)班集体建设:增进班级归属与认同

1. 外在的文化建设

1)公共学习空间设计:文三校区设 1 个专用卓越学习室,存放相关图书资料与学生成长档案。

2)形成班级文化标识:鼓励学生自主设计班训、班徽、班歌与班服等。

2. 内化的班级制度

1)通过集体协商,形成班委会与班级公约。

2)建立班级交流的网络通道,如借助微信群与公共论坛等。

二、班级公约

第一条 参与:只有互动参与,才能证实自己的存在。
第二条 行动:只有行动才能化知识为实践。

第三条　自制：为自己的行为负责。
第四条　守时：准时上下课。
第五条　信赖：信赖过程、信赖伙伴。
第六条　尊重：尊重老师、尊重伙伴。
第七条　放开：上课时尽量放开自己，活动时尽情放松自己。
第八条　激励：激励伙伴、激励自己。

三、"国际化卓越教师培养创新实验班"学生信息表

"国际化卓越教师培养创新实验班"学生信息表

基本情况	姓名		性别		民族		1寸照
	出生年月		政治面貌		生源地区		
	家庭地址				家庭电话		
教育背景	所在院系				攻读学位		
	专业名称				学号		
预期的从业年段	请在后面相应的年段打钩	小学	初中		高中	预期的从教学科	
联系方式	联系地址				QQ号码		
	电子信箱				联系电话		
自我认知	（如职业愿景、兴趣、优势与不足等）						
我未来两年的学习规划	（如阅读书目、知识拓展与技能提升等）						
我理想中的课程设置、导师形象与授课方式	（课程体系、导师形象与授课方式）						
我所期待的实验班	（班级精神、班级制度与教室设计等）						

个人签名：　　　　年　月　日

四、分学期课表

二（下）——开课计划与时间安排

单周：实践浸润—走进教育现场

时间：3月17日、3月31日、4月14日、4月28日、5月12日、5月26日、6月9日、6月2日（备注：具体安排以与学校协商结果为准）

微课程名称	学校类别	走访学校	观察主题	课程评价
微课程1 发现学校：学校文化与运作	小学3所	崇文实验学校	学校管理与运作	小组合作：针对4种不同类别的学校，每个小组分别形成4份相应的学校观察报告。
		建新小学	教育阅读	
		学军小学（之江）	学习环境设计	
	初中2所	建兰中学	学校文化与管理	
		杭州市第十五中学	集团化办学模式	
	高中2所	杭州高级中学	学校文化的历史传承	
		杭州第二中学	办学理念与课程	
	特殊学校1所	杨绫子学校	尊重生命——教育的意义	

双周：理论濡染—集中学习研讨

微课程名称	课程目标	课程内容	课程评价	开课时间
微课程1 东西方传统文化导论	体验与鉴赏中西方文化的特质，增进文化底蕴。	东方文化专题研究	个人作业：听课感悟	第2周3月24日
		西方文化专题研究		第4周4月7日
微课程2 访谈名师：走进卓越	聆听卓越教师的成长史，挖掘教师专业发展规律。	班级群访名师。访谈对象：唐彩斌、滕梅芳	个人作业：梳理1名教师的成长历程	第6周4月21日
				第8周5月5日
微课程3 研读经典：观点争鸣	以《立场》一书为阅读线索，对话教育先贤，养成分析问题的辩证性思维。	书目：Taking Sides 立场辩证思维训练：教育篇（第17版前3章）（每次课2组）	小组作业：小组合作翻译改组参与论辩的1篇文章；自选1位教育家，介绍其生平与主要教育思想	第10周5月19日
				第12周6月2日
				第14周6月16日
自选专题	提升挖掘与运用学习资源的能力。	教师培训学院开设的职后特色专题	个人作业：听取2次专题讲座，记录听课感悟	机动

注：①联系8所参观学校，敲定大致日期与主题，周四下午半天；②聘请实践导师，全权指导学生实践周的学习；③联系唐彩斌和滕梅芳两位名师，敲定访谈日期，各半天；④聘请1位阅读导师，3次课；⑤聘请2位老师，分别讲授东西方文化，各1次课；⑥购买至少30本Taking Sides立场：辩证思维训练（教育篇）第17版。

五、成长记录

(一) 成长记录（Ⅰ）：原理类课程

研读经典：观点争鸣（教育思想与哲学）

课程目标	以《立场》一书为阅读线索，对话教育先贤，养成分析问题的辩证性思维
章节内容	
小组名称	
时间	年　　月　　日　　　　学生姓名：
译文	
教育家生平及其教育思想	
评语	

班主任签字：

日期：

（二）成长记录（Ⅰ）：原理类课程

访谈名师：走进卓越——班级群访名师（教师专业发展）

课程目标	聆听卓越教师的成长史，挖掘教师专业发展规律
访谈对象	
时间	年　　月　　日　　　　学生姓名：
名师成长经历	
评语	

班主任签字：

日期：

（三）成长记录（Ⅱ）：实践类课程

发现学校：学校文化与运作（教育）

学校名称与类别	
观察主题	
小组名称	
时间	年　　月　　日　　　　学生姓名：
学校观察报告	
评语	

班主任签字：

日期：

习支持系统

（Ⅲ）：通识类课程

自选专题

内容	提升挖掘与运用学习资源的能力
时间	年　　月　　日　　　学生姓名：
听课感悟	
评语	

班主任签字：

日期：

☐ 支持系统

（特色2）：晨读

	年　　月　　日	学生姓名：
晨读感悟		

班主任签字：

日期：

六、自我总结

自我总结（二下）

请各位学员从思想、学习、生活三方面对本学期做总结。

学生签名：

日期：

七、班主任和学院考评

班主任签字：

学院签章：

217